Johan Galtung
Lösungsszenarien für 100 Konflikte in aller Welt
Der Diagnose-Prognose-Therapie-Ansatz

D1620768

EDITION Neueste Veröffentlichungen Johan Galtungs

Band 1

Lösungsszenarien für 100 Konflikte in aller Welt

Der Diagnose-Prognose-Therapie-Ansatz

von

Johan Galtung

Aus dem Englischen von Ingrid von Heiseler

TRANSCEND University Press German/Deutsch

Tectum Verlag

Johan Galtung

Lösungsszenarien für 100 Konflikte in aller Welt – Der Diagnose-Prognose-Therapie-Ansatz.
Aus dem Englischen von Ingrid von Heiseler.

EDITION Neueste Veröffentlichungen Johan Galtungs; Bd. 1

ISBN 978-3-8288-2831-5

TRANSCEND University Press German/Deutsch
In Partnerschaft mit dem Galtung-Institut für Friedenstheorie und Friedenspraxis

© Tectum Verlag Marburg, 2011

Umschlagabbildung: © David Lisbona – http://upload.wikimedia.org/wikipedia/commons/
thumb/1/1a/Johan_Galtung.jpg/220px-Johan_Galtung.jpg

Bibliografische Informationen der Deutschen Bibliothek

Die Deutsche Bibliothek verzeichnet diese Publikation in der Deutschen Nationalbibliografie;
detaillierte bibliografische Angaben sind im Internet über http://dnb.ddb.de abrufbar.

»Das Problem ist, dass nichts dergleichen bisher geschehen ist.«
(Kapitel 36, Schlusssatz)

Inhalt

Vorwort

Das, was in erster Linie dieses Buch und die große Arbeit, die darin steckt, rechtfertigt, ist seine Lösungsorientiertheit. Wenn die Leserinnen und Leser das Dreigestirn Diagnose – Prognose – Therapie aus der Medizin als Analyse-Voraussage-Lösungsansatz begreifen, dann werden sie finden, dass es im akademischen Kontext Analyse im Überfluss, etwas weniger Voraussage und fast gar keine Lösungsansätze gibt. Nennenswerte Ausnahmen sind die Medizin, die Ingenieurswissenschaften sowie die Architektur.

Das vorliegende Buch handelt, wie Gesundheitsbücher, von Problemen, die Tausende, Millionen, ja Milliarden von Menschen betreffen. Vernünftig wäre es, riesige Mengen menschlicher Talente zu mobilisieren, um Auswege und Lösungen zu finden, wie das bei medizinischen und ingenieurswissenschaftlichen Problemen Usus ist. Stattdessen werden wir mit Nachrichten über Gewalt auf allen Ebenen menschlicher Vergesellschaftung regelrecht bombardiert, als ob Gewalt plötzlich ex nihilo auftauche. Von Lösungen ist äußerst selten die Rede. Warum?

Nach eingehender Betrachtung erschließen sich hierfür recht schnell einige der Gründe. Eingangs wurden bereits die Lehren von Gesundheit und Medizin im Zusammenhang mit dem Untersuchungsansatz von Diagnose, Prognose und Therapie erwähnt. Die modernen Gesundheitspraktiken stammen allerdings erst aus der Zeit der Aufklärung. Fraglich ist, ob es handfeste Interessen gibt, die rationalen Herangehensweisen entgegenstehen?

Es fehlte vor dieser Zeit weder an Diagnose – Prognose – Therapie noch an Fachkundigen, die sich mit einigen Aspekten von Krankheit und Möglichkeiten für Gesundheit und Wohlbefinden befassten. Das Problem war ihr Ansatz. Da Krankheit schlecht ist, muss auch ihr Auslöser schlecht sein. Das letztgültig Schlechte ist das Böse, das von Satan verkörpert wird. Also kann Krankheit das Werk Satans sein oder auch Gottes Strafe für diejenigen, die von Satan beherrscht werden. Das impliziert wiederum, dass Gesundheit Gottes Belohnung sein kann. Sowohl Krankheit (illness) als auch Wohlbefinden (well-ness) können Gottes Werk sein. Je mehr sich die Kranken vom Weg Satans abwenden und sich dem Gottes zuwenden, desto besser ist es für sie.

Dazu wurde professioneller Beistand einer Priesterkaste mitsamt ihrer Ausbildung, ihrer Sprache und ihren Ritualen gebraucht, ob es nun Schamanen, Kleriker der abrahimitischen Religionen oder andere waren. Ihre Logik war tadellos: Die Kranken könnten sterben. Wenn Gott und Satan das Jenseits regieren, dann folglich auch den Weg dorthin. Leuchtet es dann nicht ein, dass die Theologen, die Gottes Wege kennen, auch die sichersten Wege aus der Krankheit und zum Wohlbefinden aufzuzeigen vermögen?

Der ungarische Arzt Ignaz Semmelweis stellte all das 1847 mit seiner Entdeckung einer ganz anderen allumfassenden Formel infrage, welche gänzlich ohne Gott auskam: »Hygiene«. Wenn sich der Arzt die Hände mit Chlorkalk wusch, dann ging die Müttersterblichkeit im Kindbett von 20 Prozent auf unter ein Prozent zurück. Die ärztlichen Krankenhäuser, in denen diese Entdeckung keine Berücksichtigung fand, trugen zu dem Problem bei, nicht aber zu seiner Lösung. Er wurde nicht beachtet, lächerlich gemacht und zurückgewiesen. Ich will die Analogie nicht zu weit treiben, aber dies ist eine der vielen Formeln des vorliegenden Buches: »Konflikthygiene«, mit deren Hilfe der zugrunde liegende Konflikt gelöst werden soll.

Im konfliktbezogenen Duktus wird das Selbst oftmals als das Gute und der Andere als das Böse wahrgenommen. So gesehen, liegt die folgende Therapie nahe: den Anderen durch Millionen Angehörige von Polizei und Militär kontrollieren, abschrecken, verhaften, töten. Angeordnet von Politikern, abgesegnet vom Klerus. Im Gegensatz hierzu stelle man sich nun diese Millionen von Menschen bei dem Versuch vor, Konflikte zu lösen, Traumata zu heilen und grundsätzlich Gewalt beizulegen. Rationalen Einfällen wäre damit eine Chance gegeben. Dies würde die Gleichung maßgeblich verändern.

Gegen die Lösungsorientiertheit, für die das vorliegende Buch eintritt, gibt es handfeste Interessen. Politiker und Diplomaten streben nach dem Monopol.

Einige in der akademischen Landschaft bestehen darauf, dass die Wissenschaft »wertfrei« sei, was allerdings an sich schon ein wertender Standpunkt ist. Diesem Buch liegen die folgenden Werte zugrunde: weniger Gewalt und mehr Harmonie. Das entspricht den grundlegenden Werten in der Medizin: weniger Krankheit und mehr Kraft. Diese Werte stehen zur Diskussion – mit einem lösungsorientierten Anspruch.

Meine tiefe Dankbarkeit gilt meinem Dialogpartner Dietrich Fischer und meiner Dialogpartnerin Fumiko Nishimura für ihre Ermutigung.

Alfaz und Kyoto, Frühjahr 2008

Johan Galtung

Dem ehemaligen norwegischen Ministerpräsidenten Einar Gerhardsen

Sie schufen – friedlich – einen umfassenden norwegischen Sozialstaat.
Sie boten dem Empire – gewaltfrei – die Stirn.
Sie arbeiteten – konstruktiv – an einer friedlichen Koexistenz.

Das vorliegende Buch handelt von Politik, und zwar von Friedenspolitik, und ich widme es dem Meister der Politik Einar Gerhardsen (1897–1987), dem ehemaligen Straßenarbeiter, der von 1945-51, 1955-63 und 1963–1965 Norwegens Ministerpräsident (von der Sozialdemokratischen Arbeiterpartei) war. Er war nicht nur der Hauptarchitekt des norwegischen Wohlfahrtsstaates (der jetzt verfällt), sondern der Baumeister, Landsfaderen, der Vater der Nation, der hinsichtlich aller Zwecke eine einzige Klasse in Norwegen schuf, indem er die Unteren anhob. Er bot bei dem NATO-Treffen 1957 in Paris dem Empire die Stirn und vertrat, als Premier eines an die Sowjetunion grenzenden Landes, dieser gegenüber eine provokationsfreie Politik: weder Atomwaffen noch ausländische Militärbasen in Friedenszeiten auf norwegischem Boden noch Provokationen in der Nähe sowjetischer Grenzgebiete. Er depolarisierte und integrierte Norwegen und verfolgte auch international die gleichen Ziele.

Er war 1940 und 1945 Bürgermeister von Oslo, vor und nach der deutschen Invasion. Mein Vater war Jahre zuvor stellvertretender Bürgermeister gewesen, zwar aus einer anderen Klasse für eine andere Partei, aber er bewunderte Einar Gerhardsen. Ich stand ihm ideologisch viel näher und bewunderte ihn ebenfalls. Ich trat der Jugendorganisation seiner Partei bei, aber ich verließ sie wieder, als ihre Mitglieder sich kollektiv in die Propagandaorganisation Volk und Verteidigung einschreiben ließen, die ebenfalls von Gerhardsen ins Leben gerufen worden war.

Er war zwar Kriegsdienstverweigerer, aber vielleicht weniger aus Pazifismus als aus sozialistischen Gründen. Ich weiß aus sicherer Quelle, dass meine Verweigerung jedes alternativen Dienstes, der keinen Friedensinhalt hätte, 1954 seine Sympathie fand. Aber die Stimmen des Außen- und des Verteidigungsministers waren lauter.

Er war dabei behilflich, die junge Friedensforschungsinitiative durch einen Rat für Konflikt- und Friedensforschung in der Staatsstruktur zu verankern, und er tat für das Komitee, das die Möglichkeiten für ein Friedenskorps erforschte, das Gleiche. Für das Letztere war Aake Anker Ording, ein Mitglied derselben Partei und einer der Gründer von UNICEF, ein ausgezeichneter Vermittler. Für eine weitere Friedensinitiative, ein Friedensministerium, leistete Professor Anders Bratholm ausgezeichnete Arbeit. Die Idee genoss eindeutig

Gerhardsens Sympathie, aber auch diesmal waren der Außen- und der Verteidigungsminister stärker. Gerhardsen war vor allem Pragmatiker.

Als Vorsitzender der Arbeitergesellschaft – er war schon im Ruhestand – lud er mich in den frühen 1980er-Jahren zu einem Gespräch über Religion in der Weltpolitik ein. Es war eine herzliche Begegnung: »Wenn Galtung Recht hat, dann wird Religion eine wichtige Rolle in der Weltpolitik spielen.«

Seine Priorität war natürlich die Innen-, nicht die Außenpolitik. In Halvard Lange hatte er einen begabten und sehr atlantizistischen Außenminister zur Seite. Ich kooperierte sogar mit ihm (vgl. Kapitel 15 dieses Buches). Auch hier gab es einen Vermittler: Knut Frydenlund, Staatssekretär, später Außenminister und ein sehr guter Freund. Aber diese Zusammenarbeit zerbrach am Thema Vietnam: wegen seiner Solidarität mit den USA und meiner mit der Region, in die ich hineingeheiratet hatte, letztlich wegen meiner Ablehnung des Empires.

Die Friedensforschung in Norwegen fuhr in der frühen Phase zweigleisig: Sie wurde vom privaten Sektor durch Erik und Sigurd Rinde finanziert und von der Spitze des öffentlichen Sektors protegiert und gefördert. In den ersten zehn Vorschlägen wird ein Eindruck von dem vermittelt, was damals geschah.

Einführung

Die hier vorgestellten einhundert Perspektiven sind im Großen und Ganzen chronologisch geordnet; manchmal sind sie aus derselben Zeit, zum gleichen Konflikt oder zum gleichen Thema zusammengestellt, um das Lesen zu erleichtern.

Die Grundidee ist bei allen dieselbe: Es ist eine lösungsorientierte Konfliktperspektive. Einer vernünftigen Friedensidee steht irgendetwas im Weg – vielleicht ist es die ebenso vernünftige Idee des Betrachters? Gibt es einen Ausweg aus dem Dilemma?

Die ersten zehn Perspektiven aus den späten 1950er- und aus den 1960er-Jahren sind allgemeiner Natur, die übrigen konzentrieren sich auf konkrete Konflikte. Die ersten zehn wurden in *Forsvar uten militærvesen*[1], in *Norske Fredsinitiativ: 20 forslag*[2] und als Forschungspapiere in *Essays in Peace Research*[3] sowie vom *Lehrstuhl für Friedens- und Konfliktforschung* der Universität Oslo veröffentlicht. Die Formulierungen stammen aus diesen Büchern und wurden später dem Diagnose-Prognose-Therapie-Format angepasst, das erst nach der Entstehung der genannten Veröffentlichungen entwickelt wurde. All diese Texte waren Versuche, das große Gebiet von Konflikt und Frieden konstruktiv und kreativ zu kartografieren.

Perspektive Nummer 1 widmet sich selbstverständlich der Friedensforschung. Diese Idee hatte ich, als ich 1951 den Antrag auf Anerkennung der Kriegsdienstverweigerung stellte: »Der Weg zur Regelung von Konflikten zwischen Menschen führt über Kenntnisse, die auf dieselbe Weise erworben wurden wie Kenntnisse, mit deren Hilfe wir die Natur beherrschen.« Daraus entstand ein Konflikt- und Friedensforschungsinstitut, das im Januar 1959 gegründet wurde. Heutzutage sind dort allerdings Lösungen und Friedensperspektiven eher spärlich gesät.

Perspektive Nummer 2 ist, ebenso selbstverständlich, ein Friedensdienst für Verweigerer, die nicht nur den Kriegsdienst verweigern. Das Ergebnis von meinem Versuch, diese Idee in die Tat umzusetzen, war ein halbes Jahr Gefängnis in Oslo, 1954 bis 1955.

Perspektive Nummer 3, die Friedenskorps-Brigaden, schlug ich im August 1960 vor. Ein repräsentatives »Galtung-Komitee« unterbreitete 1961 dem Außenminister einen entsprechenden Vorschlag. Daraus ergab sich ein Entwicklungs-, aber kein Friedenskorps.

---

[1]   »Nicht-Militärische Verteidigung«, heute würde ich sagen »Defensive Verteidigung«, Oslo 1959, S. 111 ff.

[2]   »Norwegische Friedensinitiativen: 20 Vorschläge«, heute würde ich »norwegisch« weglassen, Oslo 1964, S. 48 ff.

[3]   Essays in Peace Research I–VI, Kopenhagen 1975+.

Über die Perspektiven Nummer 4 bis 8 wurde in Norwegen debattiert, aber sie hinterließen nur verbale Spuren.

Kapitel Nummer 9 und 10 thematisieren die wichtigsten Konfliktformationen der damaligen Zeit. Diese Analysen übten damals in Norwegen keine dauerhafte Wirkung aus, ebenso wenig wie die meisten anderen der oben genannten Perspektiven.

Aber ich stand und stehe dahinter, also führte ich sie überall ein (z. B. verteilte ich während der sowjetischen Invasion in Prag Informationen über gewaltfreien Widerstand). Die Ergebnisse sind unterschiedlich: Es gibt keine für die Nummern 1 und 2, für die Nummern 4, 5 und 6 könnte es möglicherweise Entwicklungen geben und bei den Nummern 7 und 8 sieht es nicht schlecht aus.

Wie eingangs erwähnt, sind die Perspektiven von den späten 1950er- bis in die frühen 1980er-Jahre (Nummern 11 bis 20), in der norwegischen Periode, konkreter. Die Perspektive Nummer 11, welche ich im Jahr 1958 verfasste, markiert den Zeitpunkt ab dem ich mich, über die Konzeption von Vorschlägen hinaus, auch für deren Umsetzung engagierte – in diesem Fall als Mediator im Konflikt in Charlottesville, Virginia zwischen Schwarzen, weißen Integrationisten und Segregationisten. Darüber hinaus gab ich im Herbst 1958 als Assistenzprofessor im Fach Soziologie meinen ersten Kurs in Konfliktanalyse – ebenfalls in den USA: an der Columbia University, New York.

Das war das Jahr, in dem ich meine Arbeit zweigleisig anlegte: als Friedensforschung und als Friedensarbeit.

Von den späten 1970er-Jahren bis in die 1980er-Jahre widmete ich mich dem Thema Entwicklung. Ich arbeitete in verschiedenen Dienststellen und Universitäten überall in der Welt als »Experte« der UN. Mit der Gründung von TRANSCEND, einem Netzwerk für Frieden und Entwicklung, im Jahr 1993, begann ich, mit Konfliktperspektiven zu arbeiten. Die Perspektiven gründen allesamt auf einer Vielzahl von Dialogen mit Konfliktparteien unter Berücksichtigung sämtlicher Konstellationen vor Ort. Einige nahmen die Form der *Mediation* an und andere die der *Versöhnung* (Perspektiven Nummer 81–90). Wir hatten häufig Kontakt mit den Entscheidungsträgern und den Medien, vgl. www.transcend.org und TRANSCEND Mediaservice www.transcend.org/tms.

Sind die Vorschläge realistisch? Ein Kettenraucher mag den Rat, er solle nicht mehr rauchen, als ebenso unrealistisch bezeichnen wie ein Alkoholiker, dem man rät, nicht mehr zu trinken. Aber trotzdem müssen derartige Therapien vorgeschlagen werden. Und »Kriegoholiker« (*waroholics*) – die gibt es tatsächlich – halten Frieden für »unrealistisch«.

Es ist nahezu unmöglich, den Einfluss, den meine Arbeit bisher hatte, nachzuzeichnen. Letztlich hatten auch andere ähnliche Ideen wie ich. Neben den »Erfolgen« (etwa zehn Prozent) gibt es Fälle, in denen die Ereignisse die Vorschläge überholten, und ebenso gibt es »Misserfolge«. Aber könnte nicht schließlich ein Misserfolg ein »Noch-nicht-Erfolg« und ein Erfolg ein »Noch-nicht-Misserfolg« sein? Es bleibt offen. Eines kann mit Gewissheit gesagt werden: In diesem Buch gibt es viel Lösungsorientierung, viel Konfliktlösung und viel Friedenskultur.

Friedens- und Konflikt-perspektiven 1 bis 100

1 | Friedensforschung:
eine Friedens- und Konfliktperspektive

[1] Diagnose. Rationales Denken geht davon aus, dass jeder Zustand voraussetzungsvoll und bedingt ist. Wenn man diese Bedingungen schafft, dann entsteht der entsprechende Zustand. Ist der Zustand unerwünscht, dann entferne man die entsprechenden Bedingungen. Man schaffe also die Bedingungen für Frieden, und Frieden entsteht. Um diese Bedingungen zu erkennen, suchen und forschen wir unentwegt: Was ist dort, wo Frieden vorhanden ist, außerdem vorhanden?

Ursachen sind zwingende, notwendige und hinreichende Bedingungen, wie die vier Ursachenarten nach Aristoteles: causa efficiens (Wirkursache eines Kausalprozesses), materialis und formalis (die Materie sowie die Form [Struktur und Kultur], durch die der Kausalprozess sich konkretisiert) und finalis, die von uns verbindlich angestrebte Zweckursache – in diesem Fall Frieden. Betrachten wir das Beispiel Impfung: Sie stärkt das Immunsystem durch Atome und deren molekulare Struktur mit dem Zweck der Gesundheit – auch wenn diese nur negativ als Abwesenheit von Krankheit definiert wird.

Mein Weg begann – als ich einen Antrag auf Anerkennung als Kriegsdienstverweigerer stellte – mit der Entdeckung, dass es so etwas wie Friedenswissenschaft oder -forschung oder -studien nicht gab. Selbstverständlich gab es kriegstheoretische und militärpolitische Forschungen. Als ich nach einem Modell suchte, bot sich vor allen anderen angewandten Wissenschaften die Medizin an, weil auch hier sämtliche Bemühungen der vielen Gesundheitsberufe dem Menschen gelten. Genauso wie dies bei der Auseinandersetzung mit Frieden und Gewalt der Fall ist. Zudem hatte die Wissenschaft der Medizin kurz zuvor Widerstände überwunden, die schlüssige Analogien aufwiesen.

In der Medizin gibt es eine deutlich dreiteilige Methode: Diagnose – Prognose – Therapie, Analyse – Voraussage – Lösung. Sie hatte mit dem Problem der kartesischen akademischen Tradition zu kämpfen. Diese unterteilt Wissen in Disziplinen, die Akademiker dazu disziplinieren, bei ihren jeweiligen Leisten zu bleiben, nämlich die conditio humana in intra- und interpersonal, intra- und intergruppal, inner- und intergesellschaftlich, inner- und interweltlich zu unterteilen. Es herrschte eine strenge Norm gegen wertegeleitete Untersuchung und Forschung und eine ebenso strenge Norm gegen Versuche, solche Werte der Wissenschaft einzuverleiben. Gleichzeitig aber galt es als selbstverständlich, dass Akademiker ihrem Nationalstaat dienen müssten. Die Medizin hatte mit derartigen Regeln gebrochen, indem sie ein weites Spektrum wissenschaftlicher Untersuchung von Physik und Chemie bis Anatomie, Physiologie und Pathologie umspannte. Sie suchte nach Lösungen, die sie Therapien nannte, und verband Theorie mit Praxis. Selbst der »wertfreieste« Wissenschaftler, der einen Arzt aufsucht, will von einem Praktiker behandelt werden, dessen Wertesystem von »Gesundheit« als causa finalis ausgeht, und er würde einen wertfreien Arzt zurückweisen, der nur an Analyse – Prognose interessiert ist, was den unmittelbaren Tod zur Folge hätte. Im Lichte des hippokratischen Eides dürfen Ärzte mit diesem nach Gesundheit strebenden Wertesystem es selbst dann nicht zur Disposition stellen, wenn etwa ein »Feind« sie mit starken Schmerzen in der Bauchspeicheldrüse aufsucht.

[2] Prognose. Bei akademischen Grundregeln, die derlei Werte verbieten, würde keine Friedensforschung entstehen. Sie bieten nur einer Forschung Raum, die ein geringes Spektrum der conditio humana abdeckt, die nur dem eigenen Staat oder der eigenen Region dient und die, wenn sie die Normen der Wertneutralität und der Inaktivität bricht, das nur heimlich täte. Eine solche Disziplin existiert: Ihr Name ist »Sicherheitsforschung«.

[3] Therapie. Die Therapie musste eine Wissenschaftskonzeption mit folgenden Eigenschaften sein:

- trans-disziplinär: d. h. sich nicht nur inter- und multidisziplinär auf vorhandene Disziplinen gründen, sondern eigene Grunddefinitionen und -diskurse schaffen und eigene Axiome und Theorie festsetzen,
- mehrere Ebenen umfassend (trans-level): d. h. Gewalt und Frieden auf allen Organisationsebenen der conditio humana erkennen, von Ähnlichkeiten und Unterschieden inspiriert werden und Kausalprozesse verfolgen,
- grenzüberschreitend (trans-border): d. h. keiner Zivilisation, Region, Nation, keinem Staat, keiner Gruppe oder Person in dieser Angelegenheit ein Monopol auf die Wahrheit zuzuschreiben. Die Wahrheiten aller Seiten sollten zu einer höheren Wahrheit in einer Synthese zusammenfließen,
- lösungsorientiert: d. h. die Bedingungen für Frieden zu erkennen,
- Friedenspraxis, Friedensarbeit einschließend: d. h. kreativ, konstruktiv, konkret zu handeln, um durch die empirische Überprüfung von Erfolg/ Misserfolg diese Bedingungen herbeizuführen, frei von Akteuren wie bspw. Staaten und/oder Diplomaten, die ein Monopol innehaben.

Daraus ergaben sich das Journal of Peace Research (1964) mit Zusammenfassungen in Russisch und Policy-Implikationen, die International Peace Research Association (1964) mit einer weltumspannenden Reichweite, das Bulletin of Peace Proposals (1971) und meine Ost-West-Friedensarbeit (ausspioniert von der norwegischen Geheimpolizei). Friedensforschung ohne Beachtung dieser Punkte ist nur dem Namen nach Friedensforschung.

2 | Friedensdienst:
eine Friedens- und Konfliktperspektive

[1] Diagnose. Machiavelli schlug 1505 den obligatorischen Militärdienst vor und Frankreich führte ihn 1793 ein. Damit sollten die Menschen*rechte* durch die Pflicht ergänzt werden, sein Leben zu geben, wenn der Staat es verlangte. Der europäische militärische Ansatz zur Konfliktlösung war auch die Folge der zunehmenden Demokratisierung – allerdings nur für Männer.

Mit dem Militärdienst betrat die *Kriegsdienstverweigerung* aus Gewissensgründen (George Fox [1624–1691]) die Weltbühne. Damit die Kriegsdienstverweigerung stärker wiegt als die Pflicht, dem Staat zu dienen, muss die Argumentation auf etwas Höherem als dem Staat selbst fußen: derartige Legitimationsquellen wären etwa: Gott, ein Superstaat wie die Vereinten Nationen oder die Vernunft selbst.

Damit die Wehrpflicht verbindlich ist, *sollte die Begründung dafür öffentlich stattfinden*, wie dies in manchen Ländern beim Antrag auf Anerkennung als Kriegsdienstverweigerer der Fall ist. Die *Begründung muss* außerdem *verallgemeinerbar* (Kant) d. h. für alle, die sich in derselben Situation befinden, anwendbar sein. Wenn die Wehrpflicht überzeugend und verallgemeinerbar wäre, sie wäre längst in eine Demokratie gestorben.

Religiöse, politische und pazfistische Gründe tauchten auf, und ein Konflikt zwischen der Staatsregierung einerseits und dem höchsten Wesen andererseits nähme Gestalt an: zwischen der Staatsraison und der menschlichen Vernunft, zwischen der Sozialstatus-Pflicht und der Gruppen-Individuum-Pflicht (»Gruppe« bedeutet für diejenigen »Klasse«, für die die »regierende Macht die Macht der regierenden Klasse« ist). Für den Staat ist ein Konkordat mit der Kirche, wenn nicht mit Gott, obligatorisch. Warum sollten nur die Verweigerer ihren Standpunkt rechtfertigen und warum sollten nicht auch die Militärangehörigen ihren Glauben an das Töten rechtfertigen?

Einen weiteren Konflikt gibt es darüber, wie mit den Kriegsdienstverweigerern umzugehen ist. Die Antworten haben sich von der Hinrichtung der Verweigerer als Deserteure über die Aberkennung der Staatszugehörigkeit und Zwangsarbeit bis hin zum Zivildienst entwickelt. Dieser belastet mit längerer Dauer und harter Arbeit (Holzfällen, Gräbenziehen, Dienst in Sozialinstitutionen), um nicht zu verlockend zu sein.

Die beiden Konflikte sind miteinander verbunden: Wenn der Militärdienst obligatorisch ist, dann lässt sich unter Prämissen der Gerechtigkeit ein ebenfalls obligatorischer Zivildienst für Kriegsdienstverweigerer ableiten. Einige Verweigerer können dann darauf bestehen, dass sie ein *Recht* darauf haben, einen Dienst abzuleisten, der inhaltlich mit dem Grund ihrer Verweigerung in Beziehung steht:

für die religiös Motivierten ein geistliches Amt für ihren Gott, für die politisch Motivierten eine Stelle bei der UN-Friedenssicherung, für die pazifistisch Motivierten eine adäquate Friedensarbeit. Das führt vom formalen Standpunkt aus zu einem Widerspruch zwischen Staat und Bürger und von einem evolutionären Standpunkt aus eröffnet es neue Friedensprozesse.

[2] Prognose. Die Prognose ist positiv, denn es ist absurd, Menschen, die Friedensdienst leisten wollen, das Recht darauf zu verweigern. (Eine Absurdität ist die Disjunktion zwischen erklärten Zielen und der Realität.) Das Dilemma des Staates ist offensichtlich: Je effektiver der Zivildienst dem Frieden dient, desto schwieriger ist es, ihn abzulehnen. Die Debatte über den Einsatz von Militärmacht zur Konfliktlösung entwickelt sich:

Bellizist: Es gibt keine Alternative zum Militär. Wenn Kriegsdienstverweigerung anerkannt wird, dann sollte der in diesem Fall zu leistende Dienst weniger attraktiv als der Militärdienst sein. Frauen sollten das Recht haben, auf allen militärischen Ebenen zu dienen.

Pazifist: Es gibt viele Alternativen zum militärischen Lösungsansatz für Konflikt, z. B. einen Friedensentwicklungsdienst, der auch Frauen offensteht – wodurch Zivildienst nicht nur ein Grundrecht, sondern gute Friedenspolitik wäre.

Die Vorstellung, Militärdienst sei »obligatorisch«, muss fallen gelassen werden. Damit löst man die Bindung der Staatsbürgerschaft ans Militär und hebt die Ächtung friedensfördernder Alternativen auf.

[3] Therapie. Wenn nicht-militärische Ansätze wie friedliche Verteidigung, Friedensbrigaden und Friedenskorps sich entwickeln und heranreifen, wird die Nachfrage nach ihrem Einsatz und damit nach Teilnehmern zunehmen. Wenn es weiterhin Wehrpflicht gibt, kann das ein möglicher alternativer Dienst für Kriegsdienstverweigerer werden.

Kriegsdienstverweigerer müssen ihr *Nein* zum Militärdienst rechtfertigen, während die, die ihn annehmen, ihr *Ja* nicht zu rechtfertigen brauchen. Um diese Ungerechtigkeit zu überwinden, gibt es drei Ansätze:

Symmetrie herstellen,

- indem beide sich bewerben und ihren Standpunkt rechtfertigen müssen,
- indem man die Menschen die Art ihres Dienstes – mit oder ohne Waffe – selbst wählen lässt,
- indem man die Wehrpflicht abschafft.

(1959, 1964)

3 | Friedliche Verteidigung:
eine Friedens- und Konfliktperspektive

[1] Diagnose. In *Forsvar uten militærvesen* (»Nicht-militärische Verteidigung«, Oslo 1959, S. 63–94) schrieb ich, dass zur Verteidigung eines Landes viel mehr gehöre, als nur Kontrolle über das eigene Territorium sowie politische Selbstbestimmung, letztlich: Freiheit von Besetzung jeglicher Art, das Recht zur freien Meinungsäußerung sowie eine rechtsstaatliche Ordnung im Rahmen einer Demokratie sind ebenso erforderlich. Dies gilt auch für einen angemessenen Lebensstandard, nationale Würde, Erhaltung von Menschenleben und Daseinssicherung, die Fähigkeit zur Konfliktlösung, die Chance, in Zukunft nicht in ähnliche Konflikte verwickelt zu werden sowie die Aufrechterhaltung von moralischen und ethischen Maßstäben. All diese Werte gelten gleichermaßen für die andere Seite. Es liegt in unserem Interesse, auch die andere Seite zu verteidigen, um eine bessere gemeinsame Zukunft zu erreichen.

[2] Prognose. Die militärische Verteidigung eines Landes mit Gewalt hat eine dermaßen enorme technische Entwicklung erlebt, d. h., konventionelle und nukleare Waffen sind so zerstörerisch für Menschen und materiellen Besitz geworden, dass eine Neubewertung unbedingt notwendig ist. Der wirksame Einsatz aller dieser militärischen Mittel kann gegebenenfalls soziale und psychologische Wirkungen entfalten, welche mit sämtlichen oben genannten Zielen unvereinbar wären. Damit würde das Territorium zwar möglicherweise von Feinden frei gehalten, aber auf Kosten alles Übrigen.

Jedoch auch die gewaltfreie, nicht-militärische Verteidigung hat eine enorme Entwicklung durchgemacht. Vieles davon ist mit dem Namen Gandhi verbunden und einiges wurde im Zweiten Weltkrieg praktiziert. Die entgegengesetzte Prognose kann sein: Gewaltfreiheit kann alle oben angeführten Ziele bewahren außer dem, das Territorium von Feinden freizuhalten. Was hat in dem Fall Priorität?

[3] Therapie. Gewaltfreie Verteidigung gründet sich auf elf Dinge:
Gewaltfreie Verteidigung
- setzt Planung, Vorbereitung und Training voraus,
- muss umfassend sein und die ganze Bevölkerung einschließen,
- setzt gewaltfreie Einstellung als einen wichtigen Bestandteil voraus,
- setzt Empathie mit dem Antagonisten voraus,
- setzt klare Ziele voraus – wie die oben genannten –,
- richtet sich gegen Handlungen und nicht die Person des anderen,
- muss mit den Zielen der Verteidigung vereinbar sein,
- schließt Nichtzusammenarbeit mit dem Antagonisten ein,
- bedeutet einen minimalen Einsatz von Zwang,

- fordert Opferbereitschaft zur Erreichung der Ziele,
- wird dann obsolet, wenn die Ziele erreicht worden sind.

Ein zentrales Organ sollte für Planung, Vorbereitung und Training von gewaltfreier, nicht-militärischer Verteidigung verantwortlich zeichnen. Dies könnte ein Bestandteil der gesamten Landesverteidigung sein, vorausgesetzt, der militärische Ansatz ist nicht zu ansteckend. Schließlich gibt es einen grundlegenden Unterschied zwischen dem Ziel des Militärs, den Feind kampfunfähig zu machen – selbst wenn nicht unbedingt dadurch, dass er getötet wird –, und dem nichtmilitärischen Ziel, so zu kämpfen, dass das Leben des Feindes bewahrt wird.

Eine mögliche Arbeitsteilung könnte darin bestehen, dass die territoriale Verteidigung – Grenzen und Staatsgebiet – dem Militär überlassen bleibt und die gesellschaftliche Verteidigung dem Nicht-Militär übertragen wird, diese zwei Komponenten würden somit die gesamte Verteidungsstrategie darstellen. Sie können zeitgleich – und müssen nicht nacheinander – operieren und können somit Angreifer gemeinsam abschrecken.

Später habe ich in *There are Alternatives* (1984) diese Idee zu einem dreigliedrigen Konzept der defensiven Verteidigung weiterentwickelt, in dem es keine offensiven, provokativen Waffen gibt: eine konventionelle militärische Verteidigung der territorialen Grenzen, eine paramilitärische Verteidigung des territorialen Raums und eine nicht militärische gesellschaftliche Verteidigung.

Die gesamte Verteidigung sollte abschrecken, jedoch nicht provozieren: Wenn die Grenzen überschritten werden, gibt es überall noch lokale Verteidigungsvorrichtungen. Wenn diese zusammenbrechen und das Land besetzt wird, gibt es noch die gesellschaftliche Verteidigung.

Folgender Einwand wird vonseiten politischer Entscheidungsträger erhoben: Gewaltfreier Widerstand kann gegen legitime Befehlsgewalt eingesetzt werden, eine demokratische Herrschaft unterminieren und zu Anarchie statt zu Demokratie ermutigen. Der Gegeneinwand hierzu lautet: Gewaltfreie Verteidigung richtet sich, ebenso wie militärische, ausschließlich gegen illegitime Herrschaft, und, wenn sie in einer Demokratie angewandt wird, nur gegen illegitime Entscheidungen, die auf menschenverachtendem Recht fußen.

(1959, 1964, 1984)

4 | Friedensbrigaden und Friedenskorps:
eine Friedens- und Konfliktperspektive

[1] **Diagnose.** In *Forsvar uten militærvesen* (»Nicht militärische Verteidigung«, Oslo 1959, S. 45–62) werden fünf nicht-militärische Ansätze für Friedensbrigaden bzw. Friedenskorps zur Vermeidung von Krieg genannt:

- nach Kriegen, Epidemien, Naturkatastrophen und Missernten, die die Lebensgrundlage für Gruppen oder ganze Völker vermindert haben, *das Elend verringern,*
- dauerhafteres Elend durch *direktes und konstruktives Engagement* lindern,
- durch *Konfliktanalyse* mit einer Diagnose, in welcher der Einschätzung des Konfliktes durch die Konfliktparteien und Beobachter Rechnung getragen wird, eine Konfliktlösung vorbereiten,
- *Gemeinschaftsgeist fördern,*
- *supra-nationale Symbole schaffen,* die alle Menschen umfassen.

Diesen Punkten liegt die Überlegung zugrunde, dass alles, was getan wird, um in einer Notlage zu helfen, ein Eingriff ist, welcher künftige Gewaltanwendung verhindern kann. Verfolgt man zwei Ziele gleichzeitig, dann verliert keines von beiden allein dadurch an moralischem Wert. Gemeinschaftssinn kann dadurch entstehen, dass jedes Land einmal in Schwierigkeiten geraten und auch jedes Land etwas zur Linderung der Leiden anderer beitragen kann.

[2] **Prognose.** Wenn Menschen von anderen Gutes und Hilfe erfahren, dann kann sich das auch in dem Fall positiv auswirken, dass es zu Konflikten oder Gewaltdrohungen kommt, und es kann verhindern, dass diese Menschen ebenjene anderen für schlecht halten, selbst wenn die Propaganda in den Medien dem entgegenwirkt.

Es gibt Grenzen in der Welt, die Menschen, welche unter akuter oder dauerhafter Not leiden, von denen trennen, die nicht Not leiden, und Grenzen, die Konfliktparteien mit einander widerstreitenden Zielen trennen. Diese Grenzen verschieben sich und können sich gegebenenfalls überschneiden. Gute Taten über diese Grenzen hinweg hinterlassen Spuren im Bewusstsein der Menschen, die noch lange nachdem Hilfe geleistet und in Anspruch genommen wurde bestehen.

[3] **Therapie.** Internationale Friedensbrigaden (IFB) sollten alle fünf Ansätze nutzen, um einem Krieg vorzubeugen. Henry Dunants Rotes Kreuz sollte ursprünglich diesem Zweck dienen und er selbst wies Bemühungen zurück, die Zuständigkeit des Roten Kreuzes auf Leidensminderung zu reduzieren. William James' *The Moral Equivalent of War* (1906) deutete in diese Richtung, ebenso die Arbeit der Quäker (Gesellschaft der Freunde) in aller Welt. Es folgen zehn konkrete Punkte:

- Die IFB sollten von einer übernationalen Organisation wie der UN verwaltet werden,
- die IFB sollten international zusammengesetzt sein,
- die IFB sollten aus Freiwilligen und Wehrpflichtigen (bei Ländern mit Wehrpflicht) bestehen,
- die IFB werden wie das Militär organisiert, aber wesentlich demokratischer,
- die IFB werden von den Regierungen finanziert und Freiwillige in ihren Heimatländern ausgebildet,
- die IFB sind unbewaffnet,
- die IFB-Organisation, -Ausrüstung und -Aktionspläne werden dem jeweiligen Projekt angepasst,
- die IFB sollten den bestmöglichen Kontakt mit der Bevölkerung vor Ort haben,
- die IFB sind ideologisch neutral und arbeiten, ohne politische Bedingungen zu stellen,
- die IFB-Errungenschaften müssen weiträumig publik gemacht werden.

Diese Punkte wurden im August 1960 in Norwegen als Projekt für die *War Resisters' International* (WRI: Internationale der Kriegsdienstgegner/innen) vorgeschlagen. Ein weiterer Vorschlag wurde von einem Komitee vorgelegt, in dem alle großen Organisationen vertreten waren. Von den im Folgenden genannten vier Punkten wurde allerdings nur der erste verwirklicht:

- Entwicklungsdienst für die Bedürftigsten der Weltgemeinschaft leisten,
- dieser Dienst soll gegenseitig sein, nicht nur von den Reichen für die Armen, dabei können menschliche und soziale Entwicklungsdienste gegen technische Zusammenarbeit ausgetauscht werden,
- auch als Konfliktlösungskorps für Menschen: junge und alte, Männer und Frauen, kann der Dienst eingesetzt werden; seine Mitglieder würden sich im Konfliktgebiet angemessen verhalten, Dienste als Zeugen, Mediatoren bei der Konfliktlösung und der Versöhnung leisten und soziale Netzwerke sowie *Empowerment* für Frieden und Friedenszonen schaffen,
- das Korps international besetzen (wie die Freiwilligendienste der Vereinten Nationen); damit würde auch vermieden, dass es als Propagandamittel für entsendende Länder eingesetzt werden könnte.

Friedenskorps, die diese Punkte nicht erfüllen, sind nur dem Namen nach Friedenskorps.

(1959, August 1960, Juli 1951, Juni 1964)

5 | Friedensjournalismus: eine Friedens- und Konfliktperspektive

[1] Diagnose. In einer Theorie, die ich erstmals 1961 in »The Structure of Foreign News« (zusammen mit Mari Holmboe Ruge, vgl. *Essays*, Band IV, S. 118–151) entwickelte, wurden zwölf Faktoren ermittelt, die den *Nachrichtenwert* eines Ereignisses bestimmen, d. h. die ein Ereignis zu einem für die Berichterstattung geeigneten Moment machen. Die Metapher der Wahl war weniger das eines flächendeckenden Scans der Welt, sondern das eines Drehknopfes zur Sendereinstellung, wie an einem alten Radio. Zwölf Faktoren wurden untersucht:

F1: die Frequenz muss innerhalb der Skala liegen,

F2: das Signal muss stark genug sein (Schwellenfaktor),

F3: das Signal muss eindeutig sein (kein Rauschen),

F4: das Signal muss bedeutsam sein (Bedeutsamkeit),

F5: das Signal muss mit dem übereinstimmen, was man zu hören erwartet (Konsonanz),

F6: das Signal muss ein Element der Überraschung an sich haben,

F7: das Signal, das bereits läuft, hat eine größere Chance, kontinuiert zu werden (Kontinuität),

F8: ein neues Signal wird mit größerer Wahrscheinlichkeit eingeschaltet (Variation).

F5 und F6 sowie F7 und F8 wirken widersprüchlich, aber sie bedeuten nur, dass sowohl das Vertraute als auch das Nicht-Vertraute und sowohl das, was längst als Nachricht definiert wurde, als auch Eilmeldungen gute Chancen haben. Einfach ausgedrückt: Vertrautheit, Stärke, Klarheit, Bedeutung, das Erwartete, das Unerwartete, das Gleiche und das Neue sind im Stoff der Berichterstattung miteinander verwoben.

Vier eher soziale Faktoren kommen hinzu:

F9: Ereignisse, die Elite-Nationen betreffen,

F10: Ereignisse, die Elite-Personen betreffen,

F11: Ereignisse, die personalisiert sind, sprich: Handlungen als Ereignis (Personalisierung),

F12: negative Ereignisse (Negativität).

Die Faktoren wirken additiv: Je mehr von ihnen – von 0 bis 12 – erfüllt sind, desto wahrscheinlicher ist es, dass das Ereignis den Schwellenwert überschreitet und zu einer Nachricht wird.

[2] Prognose. Alledem wurde noch eine subtilere Prognose hinzugefügt, die starke Implikationen für die Struktur ausländischer Nachrichten hat. Nur bei sehr wenigen Ereignissen werden alle zwölf Faktoren saturiert (ein damaliges Beispiel wäre gewesen: Kennedy und Chruschtschow töten sich bei einem Gipfeltreffen gegenseitig). Die Hypothese war, dass, wenn einem Ereignis einige Faktoren fehlten, es das damit »kompensieren« müsse, dass es in anderen Faktoren umso höher läge. Wenn also »gewöhnlichen« Menschen in peripheren Ländern etwas zustößt, wie etwa bei einer Naturkatastrophe, dann muss das schon sehr negativ sein, über hundert Tote, schon in die Tausende, während nur eine Person für eine Nachricht ausreicht, wenn es sich um eine Elite-Person in einer Elite-Nation handelt. Wenn wir nur von den letzten vier Faktoren ausgehen und jeweils immer zwei davon miteinander in Zusammenhang setzen, ergeben sich ingesamt sechs mögliche Paare (F9-F10, F9-F11, F9-F12, F10-F11, F10-F12, F11-F12). Die Annahmte lautet schlicht, dass, wenn der erste fehlt oder niedrig ist, der zweite vorhanden und sehr hoch sein muss. Ein Gipfeltreffen ist ideal, aber wenn eines der Länder keine Elite-Nation vertritt, dann zählt ein Staatsbesuch, er zählt allerdings viel weniger, wenn beide »gewöhnlich« sind. Wenn zwei Berühmtheiten heiraten, ist das ideal, ist einer der Partner »gewöhnlich«, hat es immer noch Nachrichtenwert, dagegen hat es keinen, wenn beide »gewöhnlich« sind. Eine akteursinduzierte Handlung zählt mehr als ein strukturinduziertes Ereignis, wie etwa die immer wiederkehrenden Hungersnöte. Im Allgemeinen wird das Augenmerk auf den Konflikt gelegt, jedoch nicht auf Versöhnung. Dies ist umso mehr der Fall, je niedriger der Rang der Nation und der Menschen ist.

[3] Therapie. Der ersten Definition von Friedensjournalismus lag die folgende Handlungsanweisung zugrunde: Versuche allen zwölf Faktoren entgegenzuhandeln. Wähle das am wenigsten Nachrichtenwürdige, damit ein ausgewogeneres Bild entsteht. Besonders wichtig ist es, über Nationen und Menschen, die nicht den Eliten angehören, über unpersönliche (z. B. strukturelle) Ursachen von Ereignissen sowie vermehrt über positive Ereignisse zu berichten. Sei dir der vorherrschenden Tendenz in der Berichterstattung bewusst, Nicht-Eliten in ein negatives Licht zu setzen, das Strukturelle zu vernachlässigen und dem Negativen, z. B. Gewalt, gegenüber dem Positiven, z. B. Lösungen, den Vorzug zu geben.

(1961)

6 | Friedensministerien:
eine Friedens- und Konfliktperspektive

[1] **Diagnose.** In dem Vorschlag, den ich im Juni 1964 (*20 forslag*, S. 46 f.) vorlegte, stellte ich fest, dass der Druck auf die Regierungen in Richtung Friedenspolitik seit dem Zweiten Weltkrieg stark zugenommen hatte. Allerdings spiegelt sich das nicht in zusätzlichen Mittelzuweisungen für die Außenministerien wider, während die innenpolitisch zuständigen Ministerien verhältnismäßig gut ausgestattet sind. Des Weiteren ist die Friedensarbeit nicht kohärent abgestimmt. Es gibt keinen übergeordneten Rahmen, in dem all diese Initiativen einander begegnen können, um sich gegenseitig zu bereichern.

In der Regierung sollte es eine Stelle geben, welche den Austausch zwischen der Friedensbewegung und Regierungsbehörden ermöglicht, sodass sie positiv und nicht nur kritisch auf diese wirken kann. Heutzutage werden so viel guter Wille und Initiative verschwendet und die Friedensbewegung ist in Gefahr, nicht selbst Verantwortung zu übernehmen. Die bedeutenden Wirtschaftsorganisationen und die zentralen Ministerien interagieren miteinander, aber eine derart institutionalisierte Interaktion zwischen der Friedensbewegung und dem Außenministerium findet nicht statt. Es steht die Forderung nach entsprechenden Organisationsstrukturen im Raum: so bspw. die Initiativen von Richter Bonnevies (er fordert ein Friedensministerium mit beratendem Mitglied in der Regierung), den Professoren Aubert und Bratholm sowie des UN-Botschafters von Honduras Francisco Milla Bermudez, der im Dezember 1961 dieses Anliegen in einem Resolutionsentwurf für die UN-Generalversammlung formulierte.

[2] **Prognose.** Wenn »Frieden« zwischen vielen Ministerien aufgeteilt wird, dann fehlt der koordinierte Impuls, der bei solchen schwierigen Anliegen notwendig ist und durch schwerwiegende Argumente, finanzielle Förderung und politischen Rückhalt unterstützt werden muss. Andererseits besteht auch die Gefahr, dass eine solche Koordinierung zur Bildung eines unbedeutenden Ministeriums bzw. einer Abteilung führt, deren Bedeutungslosigkeit auch auf den Amtsinhaber ausstrahlen könnte, womit insgesamt ein falsches Zeichen gesetzt wäre. Das kann jedoch auch ein Prozess sein, den eine solche Initiative zu durchlaufen hat. Daher wäre eine Friedensabteilung für den Anfang besser als gar nichts.

[3] **Therapie.** In der Regierung eines jeden Landes sollte eine koordinierende Behörde für Frieden eingerichtet werden, im Idealfall ein Ministerium, es kann aber auch eine Abteilung sein. Der Neuankömmling wird sich wahrscheinlich mit Alteingesessenen, den Außen- und Verteidigungsministerien, auf Kollisionskurs befinden. Diese könnten monieren, dass ein solches Ministerium Zweifel an der Eindeutigkeit der offiziellen Verhandlungsposition und der sicherheitspolitischen

Linie des Landes aufkommen lassen könnte. Diesen Einwand könnte man dadurch entkräften, dass das Friedensministerium – jenseits solcher Diskrepanzen – in der Behörde des Regierungschefs untergebracht würde. Das setzt allerdings voraus, dass der Regierungschef sich für Frieden engagiert. (Diese Annahme war damals begründet, da der Regierungschef sowohl das Friedenskorps als auch den Rat für Friedens- und Konfliktforschung gefördert hat.)

Konkret gesprochen, bestand der Vorschlag aus drei Komponenten:

- eine Friedensabteilung in der Behörde des Regierungschefs [in Deutschland: Kanzleramt], um die Friedensinitiativen im Ausland zu koordinieren. Einzelheiten kann diese Abteilung gemeinsam mit den anderen zuständigen Ministerien ausarbeiten;
- der Abteilungsleiter ist beratender Minister, der das Recht hat, an den Regierungssitzungen teilzunehmen,
- ein mit Vertretern von Friedensorganisationen besetzter staatlicher Friedensrat, der Belange und Vorschläge an die Behörden, in erster Linie an die Friedensabteilung, weiterleitet und eine beratende Stellung hat. Jugend- und Sportringe, wie bspw. der Deutsche Bundesjugendring, können hierfür als Modell dienen.

Wenn ein Friedensministerium eingerichtet würde, dann würde das zeigen, dass Frieden ernst genommen wird. Frieden hätte bei internationalen Regierungstreffen einen Wortführer in der Regierung, ja selbst im Ministerrat, eine Person, die die Ideen der Friedensbewegungen und anderer Akteure weitergibt und vor allem innerhalb der Regierung einen Fürsprecher. Die Koordinierung wird zweifellos auch zu neuen Spannungen führen und neue Kräfte schaffen, die nicht alle gleichermaßen friedlich sein werden.

Im Laufe der Zeit wird sich das Friedensministerium gemäß seinen Aufgaben in verschiedene Zuständigkeitsbereiche unterteilen: Zum Beispiel in eine Forschungsabteilung, die auch dem Parlament Vorschläge unterbreitet, eine Abteilung für Abrüstung, eine Abteilung für friedensrelevante Aspekte der Entwicklungshilfe – insbesondere die Friedenskorps –, eine Abteilung für Völkerrecht und eine Abteilung für internationale Friedenssicherung und gewaltfreie Verteidigung.

(1964)

7 | Friedenserziehung:
eine Friedens- und Konfliktperspektive

[1] Diagnose. In dem Ansatz, den ich zuerst 1971 in »Education For and With Peace: Is ist Possible?« (Ist eine friedliche Erziehung für den Frieden möglich? Vgl. *Essays*, Band I, S. 317–333) entwickelt habe, weise ich darauf hin, dass der Anstoß zur Friedensforschung eher von Forschungsinstituten als von Universitäten aufgegriffen wurde, welche der Friedenserziehung und Friedensaktivitäten einen geringeren Stellenwert zumaßen.

Neun Methoden für die Friedenserziehung – auch in öffentlichen Schulen:

- programmatischer Unterricht
- Friedensspiele,
- audio-visuelle Mittel,
- Universität unter freiem Himmel (Fernuniversitäten und -schulen),
- individuelle Forschungsprojekte als Teil des Unterrichts/der Ausbildung,
- Gruppenforschungsprojekte als Teil des Unterrichts/der Ausbildung,
- Rollenspiele und Theater,
- Sommerkurse über Theorie und Praxis, über das Allgemeine und Besondere, empirische, kritische und konstruktive Ansätze,
- Weltuniversitäten mit Friedensforschungsfakultät.

[2] Prognose. Die Trennung der Friedensforschung von Friedenserziehung und -aktivität entspräche der Trennung der medizinischen Forschung von der Gesundheitserziehung (z. B. die Hygiene und die alltägliche Gesundheitspraxis aller) und von der Praxis in den medizinischen Berufen. Das Ergebnis wäre immer, dass die Wissenschaftler in ihrem Elfenbeinturm blieben.

[3] Therapie. Friedenserziehung sollte nicht nur Forschungsergebnisse mitteilen, sondern vor allem in Form und Inhalt mit Frieden vereinbar sein.

In ihrer *Form* sollte die *Friedenserziehung* jede strukturelle Gewalt vermeiden. Das kann sie dadurch erreichen, dass sie (a) Feedback ermöglicht, (b) Menschen zum Zweck der Erziehung gemeinsame Aufgaben stellt, statt sie beim Lernen zu vereinzeln, (c) allen die Teilnahme ermöglicht und (d) eine Erziehung anregt, die ihre eigene Veränderung ermöglicht. Kurz gesagt: In der Erziehung ist der Dialog, und nicht ausschließlich der Lerninhalt, maßgeblich.

Der *Inhalt der Friedenserziehung* lässt sich den fünf Phasen jedes Friedensforschungsprojekts angleichen: Analyse, Zielbestimmung, Kritik, Empfehlungen und Praxis.

Analyse: Die *Analyse* meint die Auseinandersetzung mit der Friedenssituation unter Berücksichtigung des thematischen Kontextes (also allem, was mit den Herausforderungen zu tun hat, die mit Gerechtigkeits- (*equity*) und Freiheitsansprüchen einhergehen), der temporalen Parameter (Wie kann sich die Situation zum Besseren oder Schlechteren verändern?) und theoretischer Annahmen (wobei von besonderer Relevanz ist, dass für die Erklärung desselben Datensatzes verschiedene Theorien infrage kommen). Man geht ähnlich wie in den herkömmlichen Sozialwissenschaften vor. Allerdings reicht deren Analysestandard jedoch für Friedensstudien nicht aus.

Zielbestimmung: Diese geht über die Analyse hinaus, indem sie die im Sinne des Friedens zu verfolgenden Werte explizit herausstellt und deren Bedeutung kontextabhängig verdeutlicht. Dabei wird untersucht, ob das aus diesen friedensinduzierenden Werten bestimmte und anzustrebende Ziel empirisch konkretisierbar ist: Ist es *nur* eine Utopie oder ist es eine »Utopie«, die verwirklicht werden kann?

Kritik: Die *Kritik* verknüpft die Daten aus der Analyse mit den in der Zielbestimmung genannten Werten zu einem interpretativen Deutungsnetz, das über unsere Welt gelegt wird. Das Ergebnis sind Schlussfolgerungen und Feststellungen in einem an besagten Werten orientierten Duktus. Aus dieser Kombination ergibt sich die Substanz, auf der die Diagnose fußt. Denn dadurch, dass die Daten an explizierten Werten gemessen werden, lässt sich eine qualifizierte Zustandsbestimmung vornehmen.

Empfehlungen: Auf der Grundlage konzeptioneller Vorarbeiten werden konkrete Handlungsempfehlungen darüber formuliert, wie man von der realen (in Daten erfassbaren) Welt hin zu den erwünschten (friedensinduzierenden) Zielen fortschreiten kann. Es geht darum, einen Übergang zu finden. Dabei wird vorgeschlagen, was von wem wann, wo und warum zu tun ist.

Friedensaktionen mit friedlichen Mitteln: Demonstrationen, Friedensdienst in Friedenssicherungs- oder Friedenskorps könnten im Erziehungszusammenhang problematisch sein. Der könnte allerdings als Forschungsstätte dienen. Die entstandenen Energien könnten zu Aktionen führen, mit denen Erziehungsinstitutionen verbessert würden. Dabei würde die »Unruhe der Schüler« dazu benutzt, die »Ruhe der Lehrer« zu überwinden. Aber vor allem sollte die Energie auf Entwicklungsprobleme, Konflikte (über Werte, Ziele, Interessen), Frieden (Überwinden direkter und struktureller Gewalt) und Zukunft (alles Genannten) verwendet werden.

(Oktober 1971)

8 | Gegenseitige Entwicklungshilfe:
eine Friedens- und Konfliktperspektive

[1] **Diagnose.** In dem Vorschlag, den ich im Juni 1964 vorlegte (*20 forslag*, S. 12–14), wurde als ein guter Grund für Entwicklungshilfe für arme Länder und besonders für die Armen in den armen Ländern genannt, dass sie nicht menschenwürdig lebten. Aber die Idee, dass das Verringern der Kluft zwischen den Lebensstandards Frieden konsolidieren sollte, gehörte nicht zu den Gründen. Viele Arme sind apathisch, und viele arme Länder sind traditionsgebunden und lokal orientiert und sie bedrohen kein anderes Land. Im Gegenteil: Erst wenn Menschen und Länder sich entwickeln, können sie aggressiv werden. Das soll nicht heißen, Entwicklungshilfe wäre nicht relevant für den Frieden. Relevant für den Frieden wird sie allerdings nicht dadurch, dass sie die Unterschiede der Lebensstandards verringert, sondern nur dadurch, dass sie zur Integration der armen Länder in die Weltgemeinschaft beiträgt und ihre Solidarität mit übernationalen Institutionen und ihre Bindung an sie fördert.

Der Ansatz, der heute üblich ist, folgt jedoch grundsätzlich dem *Einweg*-Modell der Entwicklungshilfe, d. h. die Hilfe kommt von den entwickelteren Ländern und geht an die weniger entwickelten Länder. Entwickeltere Länder sind ihrer Definition nach entwickelt. Sie können den anderen ja so vieles beibringen und großzügig Hilfe leisten! Dagegen sind die weniger entwickelten Länder weniger entwickelt, also müssen sie noch so viel lernen und vor allem die Hilfe dankbar annehmen.

Die Unterscheidung ist unrealistisch und lässt Entwicklung zu einem geografischen Konzept, Nord gegenüber Süd, werden, während es tatsächlich ein funktionales Konzept ist. Alle Länder haben Bereiche, die unterentwickelt sind (wie Straßen, Gefängnisse und Sozialarbeit in Norwegen es waren). Diese Einteilung in entwickeltere und weniger entwickelte Länder zementiert die Einteilung der Länder der Welt in Klassen. Am schlimmsten sind das psychische Trauma des Minderwertigkeitsgefühls, das entsteht, wenn man immer als Empfänger von Wohltaten behandelt wird, und das Überlegenheitsgefühl, das entsteht, wenn man immer der Spender davon ist. Die zuerst Genannten sind unaufhörlich von der Pflicht zur Dankbarkeit besessen, selbst wenn sie einige Hilfe als Entschädigung für koloniale Unterdrückung und Ausbeutung deuten, und die anderen von der Hoffnung, dass sich ihre Großzügigkeit einmal für sie auszahlen werde.

[2] **Prognose.** Dieses Problem wird sich wahrscheinlich verstärken, wenn es nicht in Angriff genommen wird. Die Abhängigkeit von Hilfe ist schon schlimm genug. Traumata und Unterlegenheitsgefühl werden ebenso wie der Entwicklung auch dem Frieden entgegenwirken. Jedes Anzeichen dafür, dass

ein Geberland aus seiner Hilfe Nutzen zieht, werden die Empfänger begierig aufgreifen und es wird den Konflikt anfachen. Entwicklungshilfe wird zu einem Instrument der Demütigung statt zu einem der Friedenskonsolidierung.

[3] Therapie. Die grundlegende Maßnahme ist eine Struktur von Hilfe, die auf *Gegenseitigkeit* beruht, sodass alle Länder sowohl zu Gebern als auch zu Empfängern von Hilfeleistungen werden. Das darf nicht mit gemeinsamer Hilfe von entwickelteren und weniger entwickelten Ländern für weniger entwickelte Länder verwechselt werden.

Es folgen vier konkrete Vorschläge für die Bereitstellung von Hilfeleistungen:
- darauf achten, dass Entwicklungshilfe als etwas Gegenseitiges verstanden wird, indem man nicht mehr von Gebern und Empfängern spricht, selbst wenn die meisten Hilfeleistungen weiterhin, besonders wenn es sich um Geld handelt, von den reichen zu den armen Ländern fließen,
- UN-Experten nach Norwegen holen, besonders welche aus armen Ländern. Dadurch würde der Beitrag Norwegens zum UN-Entwicklungs-Programm vergrößert werden. Einige Beispiele: Gastprofessoren in Anthropologie und Geografie, Experten der Wirtschaftsplanung, sodass Norwegen aus ihren Erfahrungen für den Straßenbau und den sozialen Sektor Nutzen ziehen kann,
- Friedenskorps aus Entwicklungsländern, besonders aus Ländern, die Friedenskorps aus Norwegen beherbergen, wie Uganda. Ihre Aufgaben lägen im Bereich der Bildung, sowohl im Elementar- als auch im Sekundarbereich. Sie könnten Schüler und Studenten in Sprachen, Geografie und Kultur unterrichten und darüber hinaus auch Lehrer aller Schulstufen,
- verarbeitete Güter aus Entwicklungsländern einführen und nicht, wie bisher, nur Nahrungsmittel, Naturressourcen und Brennstoffe. Gegenseitigkeit bedeutet Handel mit Waren auf derselben Stufe der Verarbeitung und Offenheit der Märkte für alle anderen, selbst wenn sie für die norwegische Industrie eine Konkurrenz darstellen.

Auf die Dauer ist das die einzige psychisch und ökonomisch haltbare Lösung.

(Juni 1964)

9 | Nord-Süd-Konflikt:
eine Friedens- und Konfliktperspektive

[1] Diagnose. Was diesen riesigen Komplex zu einem Konflikt-Komplex macht, ist nicht der Umstand, dass einige Menschen reich und einige arm sind, dass die Grundbedürfnisse der einen erfüllt werden und die der anderen nicht, sondern dass einige Menschen deshalb arm sind, weil andere reich sind und umgekehrt. Das nennt man Ausbeutung (oder sanfter ausgedrückt: Unfairness), und sie ist allgegenwärtig. Dadurch wird weder Armut noch Reichtum erklärt. Viele andere Faktoren sind am Werk: Einer ist harte Arbeit, ein anderer Gier, aber ein dritter Faktor ist sicherlich der Mangel an Rücksicht und die damit verbundene Ausbeutung.

Der Mangel an Rücksicht ist tief im Ökonomismus als Ideologie eingewurzelt, die das Wirtschaftswachstum als Risikobereitschaft unter Bedingungen, die nur der freie Markt bietet, definiert, wobei man hofft, durch das Schaffen von Arbeitsplätzen die Wirkung bzw. Verteilung nach unten weiterzuleiten.

Unter gewissen Bedingungen geschieht das tatsächlich, besonders in den Ländern an der Spitze der Weltwirtschaft. Aber die Nebenwirkungen sind für gewöhnlich für die Armen negativ und für die Reichen positiv: Die Fähigkeiten eines Menschen, der das Rohmaterial für den Export ausgräbt, sind viel weniger gefordert als die von jemandem, der mit den Problemen der Verarbeitung von Rohmaterial zu ringen hat. Anforderungen, Training im Zusammenarbeiten, Verschmutzung und Abnahme der Ressourcen, all diese asymmetrisch verteilten Nebenwirkungen wirtschaftlicher Aktivität, fügen sich zu einem asymmetrischen Austausch zusammen, der die solide Grundlage bildet, auf der sich die westliche Überlegenheit aufbaut. Da die Wirtschafts-Wissenschaft der Grund dafür ist, ist genau sie der Ort, wo die Heilmittel gefunden werden müssen: *in einer alternativen Wirtschaft.* Sie zu schaffen ist eine wichtige intellektuelle Herausforderung. Viele Menschen arbeiten daran.

Inzwischen geht im Westen die wirtschaftliche Globalisierung weiter, nachdem der rote und der grüne Sozialismus zugunsten einer ständig wachsenden Ungleichheit überall auf der Welt fürs Erste besiegt sind. Der geschaffene Reichtum kann nicht einmal die reichen Gesellschaften gegen Arbeitslosigkeit, Elend und Krisen schützen.

[2] Prognose. Es wird in vielen Gesellschaften Wirtschaftswachstum geben, d. h. durchschnittlich eine Aufwärtsbewegung in der Welt und in vielen Gesellschaften, und es wird eine ständig zunehmende Ungleichheit zwischen reichen und armen Ländern und reichen und armen Menschen in den meisten Ländern geben, wenn die Ideologie des Ökonomismus (Neoliberalismus, Neoklassizismus) tiefer in der Praxis verwurzelt sein wird. In vielen Teilen der südlichen bzw. Dritten Welt wird das zu noch massiverem Elend, zu Gewalt und Migration führen. Im Norden wird es zu massiver Arbeitslosigkeit führen.

[3] **Therapie.** Wenn man die von der Natur gesetzten Grenzen bedenkt, wird deutlich, dass der Lebensstandard der Reichsten für die meisten Menschen unerreichbar und vielleicht auch nicht wünschenswert ist. Aber eine anständige Lebensgrundlage für alle ist eine vollkommen realistische Vorstellung. Um diese zu erreichen, ist die Einhaltung einiger Richtlinien notwendig:

- *Alternative Wirtschaft*: Das Augenmerk der Wirtschaft vom Wachstum weg und auf die Bedürfniserfüllung aller richten. Dazu gehört offensichtlich auch das »Verinnerlichen der Äußerlichkeiten« (d. h. das, was bisher aus dem Ausland kam, wird im Inland hergestellt) und Bedenken aller Nebenwirkungen.
- *Selbstständigkeit I*: Die örtliche Produktion der Mittel des Grundbedarfs anregen, besonders auf den Gebieten Ernährung, Kleidung, Obdach, Gesundheitsfürsorge und Erziehung, und über die Erfüllung der Grundbedürfnisse hinaus zu weiteren einfachen Konsumgütern fortschreiten, wobei Herausforderungen angenommen, Luftverschmutzung durch Transport reduziert, Ressourcen besser genutzt und die Nachhaltigkeit geschützt werden.
- *Selbstständigkeit II*: Darüber hinaus Handel mit Partnern auf derselben Ebene, um Abhängigkeiten zu vermeiden. Gemeint sind Süd-Süd-Handel und Süd-Süd-Zusammenarbeit jeder Art.
- *Gegenseitige Entwicklungshilfe*: Aus demselben Grund soll man Entwicklungshilfe nur von solchen Partnern (Ländern) annehmen, die ihrerseits bereit sind, im Tausch Entwicklungshilfe anzunehmen. Arme Länder können menschliche und soziale Hilfe im Austausch gegen technische und wirtschaftliche Hilfe anbieten. Das baut Fairness auf.

Vieles davon hängt vom politischen Willen des Nordens ab, den Süden als Quelle des Lernens anzusehen, aber auch von den – sehr ungleichen – Fähigkeiten der Zivilgesellschaften, d. h. der örtlichen Behörden und der NGOs.

(Juni 1964, 1978)

10 | Ost gegenüber West: erster Kalter Krieg
eine Friedens- und Konfliktperspektive

[1] Diagnose. Der Kern dieses Konflikts ist der zwischenstaatliche Klassenkonflikt gegen die reiche, dominierende nordwestliche Ecke Europas und der Welt, die »Erste Welt«. Er ist mit den innerstaatlichen Klassenkonflikten der Arbeiter gegen die obere und die Mittelklasse und denen zwischen Farbigen und Weißen verbunden. Zu diesen populistischen Aufständen können wir auch den Faschismus in Südeuropa, den Nazismus in Zentraleuropa, den Kommunismus in Osteuropa und der Sowjetunion sowie die Entkolonialisierungskämpfe zählen. Der Zweite Weltkrieg wurde dazu benutzt, Nazismus und Faschismus zu bekämpfen, Neokolonialismus wurde benutzt, um Entkolonialisierung zu bekämpfen, und der Kalte Krieg dazu, die absurde Sowjetunion zu bekämpfen, die schließlich implodierte. In diesem Kampf zwischen Nordwesteuropa und der Sowjetunion über Osteuropa stellte der Nordwesten den Konflikt als den zwischen Demokratie bzw. freier Marktwirtschaft und Diktatur bzw. Planwirtschaft dar statt als Weltkonflikt und Konflikt zwischen sozialen Klassen und reduzierte damit den viel komplexeren Konflikt auf einen zwischen zwei Parteien über ein einziges Problem. Dazu kam, dass ein möglicher verheerender Metakonflikt über die Bedrohung durch Kernwaffen und ihren Gebrauch die Aufmerksamkeit zu Ungunsten Osteuropas und der idealen Gesellschaft ausschließlich auf sich zog.

[2] Prognose. Die Prognose war Krieg, aber nicht in dem ost-westlichen Kerngebiet in Europa mit der möglichen Ausnahme, dass die beiden Berlins bzw. Deutschlands als Schlachtfeld hätten dienen können (daher die verbreiteten Friedens- und Dissidentenbewegungen in Deutschland). Örtlich verschobene Kriege über die Zugehörigkeit Dritter-Welt-Länder wie Korea und Vietnam waren wahrscheinlicher als beispielsweise der Fast-Krieg um Kuba. Und doch war eine nukleare Eskalation im Kerngebiet nicht unmöglich.

Aber es gab auch eine andere Prognose: den Zusammenbruch der Sowjetunion als einer absurden Gesellschaft mit einer unerträglichen Diskrepanz zwischen Mythos und Realität, und das war schließlich genau das, was eintrat.

[3] Therapie. Unter anderem wurden während des Kalten Krieges die folgenden Gegenmittel vorgeschlagen:

- *Zur Konflikttransformation* eine ständige Organisation für Dialog und Kontrolle der Durchführung unter der Schirmherrschaft der Vereinten Nationen in Genf: *eine Sicherheitskommission für Europa*, die nach dem

Modell der UN-Wirtschaftskommission für Europa (ECE)[4] geschaffen würde,

- *gegen den Rüstungswettkampf bzw. die Kriegsdrohung*: GRIT[5] und defensive Verteidigung[6], die auf konventionellen para- und nicht militärischen Komponenten beruhen,
- *Volksdiplomatie*: mit Friedens- und Dissidentenbewegungen.

(Juni 1964, 1984)

---

[4] Vgl. Johan Galtung: »Regional Security Commissions: A Proposal«, Kapitel 6 in Johan Galtung und Sverre Lodgaard, Hg., *Co-operation in Europe*, Olso: Norwegian Universities Press 1970, S. 73–83, besonders 77–80. Der Vorschlag (S. 77) ist ein »*System ,Vereinter Nationen' von regionalen Sicherheitskommissionen*, die in derselben Beziehung zum Sicherheitsrat der UN (UN Charta 8, Artikel 52, 53 und 54) stehen wie die regionalen Wirtschafts-Kommissionen (ECE in Genf für Europa, ECLA in Santiago de Chile für Lateinamerika, ECA in Addis Abeba für Afrika und ECAFE in Bangkok für Asien) zu ECOSOC, dem Wirtschafts- und Sozial-Rat. Wir schlagen also einen SCE, SCLA, SCA und SCAFE vor« (S. 77: SCAFE wäre heute SCAP, »Asien-Pazifik«).

[5] »Gradual Reciprocated Initiatives in Tension-reduction« von Charles Osgood, in *An Alternative to War and Surrender*, Urbana, University of Illinois Press 1967. Das ist vielleicht die wichtigste Idee, die während des Kalten Krieges bei den Friedensstudien der USA herauskam.

[6] Vgl. Johan Galtung, *There Are Alternatives*, Nottingham: Spokesman 1984, in acht Sprachen, besonders Kapitel 5.

11 | Beziehungen zwischen »Rassen« in einer Gemeinde: eine Friedens- und Konfliktperspektive

[1] Diagnose. Unter dieser allgemeinen Überschrift wurde 1958–1960 ein Forschungsprojekt in Charlottesville, Virginia, USA, durchgeführt. Das Projekt war eine breit gefächerte Diskussions-Studie von Eliten der Stadt und der größten Organisationen der Segregationisten (Räte der weißen Bürger), der Desegregationisten (Räte der menschlichen Beziehungen) und der Schwarzen (NAACP). Darüber hinaus wurden zu verschiedenen Zeiten zwei Gutachten über die Einstellungen einer Zufallsstichprobe der Bevölkerung des Bezirks angefertigt. Das ergab sehr viel Forschungsmaterial.

Die Bevölkerung war nervös. Der Ku-Klux-Klan hatte ein Kreuz verbrannt. Ein gewaltsamer Metakonflikt lag in der Luft, der dem Grundkonflikt über gleiche, nicht separate Bürgerschaft für Schwarze und Weiße gemäß der Entscheidung des Obersten Gerichtshofs vom 17. Mai 1954 übergestülpt wurde. Der Konflikt war nicht zwei-, sondern dreiseitig. Die beiden weißen Gruppen unterschieden sich nicht nur im Hinblick auf ihre Meinung zum Problem (wobei Schulen stellvertretend für den übrigen öffentlichen Raum standen: Theater, Toiletten, Hotels und anderes), sondern sie hatten auch sehr unterschiedliche Stellungen in der Gemeinde, wo sie die Rollen der »Bodenständigen« bzw. der »Kosmopoliten« spielten. Die Segregationisten waren tief verwurzelt und mehr nach innen gekehrt, die Desegregationisten (die in einigen Fällen sogar Integrationisten waren, da sie den Wert der Zusammengehörigkeit in ihrem Privatleben praktizierten) waren Migranten, oft Akademiker, nach außen gewendet. Beide Seiten legitimierten deutlich ihre Positionen: »Nur die, die hier ihre Wurzeln haben, haben ein Recht auf Meinungsäußerung«, sagten die einen. »Die Nation bzw. die Welt draußen bewegt sich vorwärts. Ihr bleibt zurück«, sagten die anderen. Aber alles ging nur verbal vonstatten und war eine Frage der Macht in der Gemeinde. Niemand fühlte sich zur Gewalt als Ausdruck oder als Konfliktmechanismus gedrängt. Aber die Mitglieder der drei Parteien trafen einander fast nie. Es gab keine Transparenz.

[2] Prognose. Da Frustration und Hass sich zwischen den weißen Segregationisten und der Gemeinschaft der Schwarzen aufbauten, wurde fast automatisch ein Ausbruch von Gewalt erwartet, was dazu führte, dass einige Weiße sich zunehmend nach Möglichkeiten zur Selbstverteidigung und vielleicht auch präventiver Gewalt umsahen. Die Erwartungen konnten zu einer sich selbst erfüllenden Prophezeiung werden, umso eher als die gewünschten Ergebnisse einander entgegengesetzt waren. Ein Dualismus entstand: Es gab in der Vorstellung der Menschen nur zwei Möglichkeiten: Entweder bleiben die Schüler in den öffentlichen Schulen getrennt oder sie gehen in gemeinsame Schulen. Daraus erwuchs ein sich selbst verstärkender Dualismus.

[3] Therapie. Drei Ansätze wurden vorgeschlagen:

- Den Teilnehmern sollte die Situation durch Medien, Versammlungen und Erklären ihrer Positionen transparent gemacht werden, wobei man alle gleich ernst nahm und an dem Punkt ansetzte, an dem sie stecken geblieben waren. Gleichzeitig musste man darauf hinweisen, dass es zwar Angst vor Gewalt gab, aber keine Seite tatsächlich zur Gewalt drängte. Andererseits waren die Mechanismen der sich selbst erfüllenden Prophezeiung zu erklären und besonders, wie übertreibende Wahrnehmungen zu Gewalt führen können.
- Die Gespräche umfassten auch die Vermittlung elementarer Kenntnisse über Konflikte. Es wurde erklärt, dass es sich dabei um nicht zu vereinbarende Ziele handelte und dass sie nicht gleichbedeutend mit Gewalt seien. Erklärt wurde auch, dass sich Polarisierung ergebe, wenn man nur zwei mögliche Ergebnisse sehe, und wie das den Extremisten in die Hände spiele und den Konflikt verstärke. Es wurde gesagt, dass es wichtig sei, etwas für beide Seiten Akzeptables zu finden, und dass Menschen, die von außen kämen, manchmal mögliche Lösungen sähen, die den Konfliktparteien verborgen seien. Das alles geschah – in Zusammenarbeit mit fähigen örtlichen Journalisten –, um die Konflikt-Alphabetisierung zu fördern.
- Eine dritte Möglichkeit könnten private Schulen mit ihren Vorteilen (freie Wahl, eine Lösung für weiße Extremisten) und Nachteilen (beträchtliche Kosten, Segregation des privaten Raums) sein.

Das Ergebnis war Deeskalierung, eine Öffnung für andere Positionen und schließlich Aufhebung der Rassentrennung.

(Oktober 1958, Juni 1960)

12 | Kuba:
eine Friedens- und Konfliktperspektive

[1] Diagnose. Die Wurzeln des Konflikts liegen historisch sehr tief: Sie reichen bis in den spanischen Kolonialismus. Seit der Wende zum 20. Jahrhundert, genauer: 1898, wurden die Überreste des spanischen Imperiums von der zweiten Welle des Imperialismus der USA überrollt (Kuba, Puerto Rico, Guam, Ostsamoa, die Philippinen; die erste Welle war die Eroberung der kontinentalen USA 1607, 1621). Fidel Castro ist auf sehr reale Weise der Nachfolger eines José Marti, der einen Brückenkopf-Imperialismus bekämpfte, der von einer kleinen, überwiegend weißen Oberklasse betrieben wurde, die einer imperialen Macht Waren lieferte, mit der zusammen sie eine breite, zum großen Teil schwarze Unterklasse unterdrückte, ausbeutete und sich selbst entfremdete. Dazu kommen noch die Traumata und Zerstörungen durch revolutionäre und konterrevolutionäre Gewalt. Wenn eine neue imperiale Macht eine alte ersetzt, werden an sie übertriebene Erwartungen geknüpft, so geschehen, als die USA Spanien ersetzten.

Die USA traten mit ihrem dreistufigen »Manifest Destiny« in die Situation ein: erstens kontinentale USA, dann, wie in der Monroe-Doktrin von 1823 dargelegt, die hegemoniale Kontrolle der westlichen Hemisphäre, und, viel später, die hegemoniale Dominanz der ganzen Welt durch die »Globalisierung«.

Die Sowjetunion trat im Zuge der Logik des Kalten Krieges ein. Sie fügte dem von der alten Imperialmacht organisierten Boykott eine Fortsetzung des kubanischen Exports des Rohmaterials Zucker hinzu, diesmal sogar im Tausch gegen das Rohmaterial Öl plus ein paar zusätzliche Waren, und unterstützte die »Diktatur des Proletariats« durch eine einzige Partei mit örtlichen Komitees – CDR [Komitees zur Verteidigung der Revolution, *Comités de Defensa de la Revolución*, Massenorganisation der kubanischen Bevölkerung] – und allgemeiner Polizeiaufsicht.

Das Ergebnis ist ein Inselland, das trotz unterentwickelter Wirtschaft und bei sehr begrenzter Meinungsfreiheit verzweifelt darum kämpft, die Errungenschaften der Revolution (Nahrung, Kleidung, Unterkunft, Gesundheitsfürsorge und Erziehung, *los bienes fundamentales*, für alle) aufrechtzuerhalten. Die weiße Oberklasse lebt in der Diaspora (Florida). Kuba ist hauptsächlich schwarz.

[2] Prognose. Auf diesem unbefriedigenden Niveau gibt es Stabilität. Es wird weder einen Zusammenbruch noch Verbesserungen, weder eine Übernahme von innen noch eine von außen geben. Ein Grund für die Stabilität ist, dass die kubanische Regierung aufgrund ihrer beträchtlichen Erfahrung dazu fähig ist, mit diesen vier Bedrohungen umzugehen.

[3] Therapie. Wie gewöhnlich sind sehr viele Dialoge zwischen Menschen, die sozial oben stehen, und Menschen, die sozial unten stehen, und zwischen Menschen innerhalb und außerhalb Kubas notwendig:

- *Zunehmend größere wirtschaftliche Selbstständigkeit Kubas.* Es ist eine Schande, dass eine Insel, die so reich an Ressourcen ist und die ausgezeichnete Institutionen zur Alphabetisierung und zu höherer Bildung besitzt, nicht dazu in der Lage ist, ihre Lebensmittel selbst anzubauen und eine kleine Industrie für die Produktion, Verteilung und den Verbrauch der Waren des Grundbedarfs zu schaffen. Man ist immer noch unfähig, das alte Muster zu überwinden, dass man alles im Tausch gegen Zucker bekommt, anstatt das Zuckerrohr auf hunderterlei verschiedene Arten selbst zu verarbeiten. In der jetzigen Situation werden eine große Menge alternativer Energiegewinnung und Land- und Fischwirtschaft gebraucht.

- *Ein zunehmend hohes Niveau an Demokratie*, zu der, wie in den USA, ein Zweiparteiensystem gehört. Kuba könnte dadurch nur gewinnen, dass die unzähligen Debatten aus dem privaten Raum in den öffentlichen Raum gelangten, z. B. könnte es eine sozialistische und eine kommunistische Partei geben. Die Kreativität der Bevölkerung muss ihren legitimen Ausdruck finden, Diskussionen innerhalb einer Partei sind immer unbefriedigend. Aber ein weißes Regime und eine weiße Opposition werden vielleicht in einem Land, das eine überwältigende schwarze Mehrheit besitzt, die Demokratisierung nicht überleben.

- *Eine zunehmende Anzahl von Einzelnen, Organisationen und Ländern, die dem USA/OAS-Boykott entgegenhandeln.* Es ist höchste Zeit, dass er fallen gelassen wird.

- *Zunehmende Bewunderung für ein Regime, das auf der Erfüllung der Grundbedürfnisse als eines grundsätzlichen Menschenrechts besteht.* Es wird höchste Zeit dafür, dass die Welt die Bedeutung dieser Position anerkennt, selbst wenn andere Menschenrechte zu kurz kommen.

(Juni 1960, April 1973, September 1998)

13 | Eine Norwegen-Polen-Achse: eine Friedens- und Konfliktperspektive

[1] Diagnose. In dem Vorschlag, den ich im Juni 1964 (*20 forslag*, S. 19–21) vorlegte, betone ich die Notwendigkeit besserer Kontakte zwischen Ost und West, dem Warschauer Pakt, WAPA, und der NATO. Die Gipfeltreffen zwischen der Sowjetunion und den Vereinigten Staaten im Allgemeinen und die der beiden Führer im Besonderen, sind ein Krisenphänomen, möglicherweise notwendig, aber tatsächlich nicht ausreichend. Die beiden führenden Länder betonen in ihrer Rolle als Fahnenträger der beiden Lager die kontroversen Themen stärker als andere und drücken sie ideologisch aus. Wenn das eintritt, dann ist die Situation nach einem Gipfeltreffen wahrscheinlich, den jeweiligen Umständen entsprechend, entweder unverändert oder schlechter. Es gibt nur eine geringe Chance, dass dabei ein großer Durchbruch erzielt wird. Wenn Kontakte weiter unten in der Herrschaftspyramide stattfinden, dann können sie ein ganz anderes Profil haben: Sie können weniger ideologisch, weniger kontrovers, vielleicht eher technisch sein. Allerdings ist die Chance für einen großen Durchbruch noch geringer als im anderen Fall, da alles, was erreicht worden ist, den Supermächten zur endgültigen Entscheidung vorgelegt werden muss.

[2] Prognose. Tatsächlich gibt es einen Ost-West-Konflikt, aber implizit auch einen ganz gewöhnlichen Machtkonflikt. Beide überschneiden sich. Polarisierung wird der Definition nach den Machtkonflikt unterdrücken und den Ost-West-Konflikt fördern. Daraus folgt, dass das vorsichtige Abgleichen des Machtkonflikts den Ost-West-Konflikt depolarisieren wird. Aber es kann auch dazu führen, dass die Supermächte zusammenhalten, die Abweichungen voneinander hintanstellen und sich darauf einigen, dass Blockdisziplin in beider Interesse liegt.

[3] Therapie. Der Vorschlag bestand darin, direktere Beziehungen auf einer niedrigeren Ebene, speziell zwischen Norwegen und Polen, einzurichten. Die Idee entstand in intensivem Kontakt mit den internationalen Konferenzen über Wissenschaft und Weltangelegenheiten in Pugwash (*Pugwash Conferences on Science and World Affairs*, seit 1957). Beide Länder sind gewöhnliche Blockmitglieder, auch wenn Polen das zweitgrößte Land im WAPA und Norwegen nur Nummer 13 in der NATO ist. Der kulturelle Abstand ist geschichtlich nicht besonders groß, er besteht vor allem in Sprache und Religion. Beide haben innerhalb ihres Blocks eine gewisse Unabhängigkeit bewiesen: Norwegen 1957 durch den Ansatz seines Premierministers Gerhardsen beim NATO-Treffen in Paris und sein Nein zu Atomwaffen, ständigen Militärbasen und jeder Militärstationierung in der Nähe der sowjetischen Grenze und Polen durch den Plan einer atomwaffenfreien Zone in Europa, die aus den beiden deutschen Staaten, Polen und der Tschechoslowakei bestehen sollte, den Außenminister Rapacki vorlegte.

Die Länder können auf gemeinsamen Themen wie den Erfahrungen im Zweiten Weltkrieg aufbauen, auch wenn Norwegen nur 0,3 Prozent und Polen 14,6 Prozent seiner Bevölkerung verlor. Beide Länder blicken auf eine lange Geschichte der Besetzung durch Nachbarländer und der Gebietsverluste zurück. Beide haben einen starken Sinn für Autonomie und sie sind (fast) Nachbarn.

Konkret könnten fünf Maßnahmen von Bedeutung sein, die über die nächstliegende Maßnahme, die Erleichterung des Tourismus für Reisende aus beiden Ländern, hinausgehen:

- mehr kultureller Austausch in Form von Stipendien für Studenten und Forscher, Austausch von Professoren, Zusammenarbeit im Gesundheitswesen und auf dem Gebiet von Radio und Fernsehen, Austausch von Journalisten,
- Entsendung eines multilateralen Friedenskorps in Zusammenarbeit mit den Vereinten Nationen, das z. B. aus gemeinsamen Teams von im Gesundheitswesen Beschäftigten oder Lehrern, vielleicht zehn bis 20 aus jedem Land, besteht, in ein Entwicklungsland, das von den Erfahrungen der Gruppen aus beiden Ländern lernen kann. Zuerst sollten sie sich ein Projekt vornehmen, das nicht zu schwierig ist,
- Entsendung eines multilateralen Universitätsteams in ein Entwicklungsland, auch das wieder, damit dieses Land von den beiden verschiedenen akademischen Traditionen profitieren kann,
- eine ständige norwegisch-polnische Forschungs- und Vorschlagsgruppe für Abrüstung mit ständigem Kontakt und regelmäßigen Treffen mit halboffiziellem Charakter und guten Kontakten mit beiden Regierungen, die mit den Abrüstungskommissionen der beiden Länder zusammenarbeitet,
- Staatsbesuche auf der Ebene der Ministerpräsidenten, um die Kontakte zu festigen.

(Juni 1964)

14 | Chile vs. Peru und Bolivien: eine Friedens- und Konfliktperspektive

[1] **Diagnose.** Der *Guerra del Pacífico* (1879–1884) fand zwischen Chile auf der einen und Bolivien und Peru auf der anderen Seite statt. Chile gewann und annektierte das Gebiet um Antofagasta von Bolivien, was im Friedensvertrag von 1904 endgültig festgelegt wurde. Dadurch verlor Bolivien seinen Zugang zum Pazifik, die *salida al mar*. Chile annektierte auch das Gebiet von Tarapacá und die Provinzen Arica und Tacna von Peru (nach der Schlichtung durch die USA im Jahre 1929 blieb Arica bei Chile und Tacna wurde an Peru zurückgegeben). Das Ergebnis war, dass Chile riesige Gebiete gewann, die reich an Salpeter, Guano und Kupfer waren, welche schließlich das britische Kapital erwarb. Das war die größte geopolitische Veränderung nach der Vertreibung der Kolonialmächte. Sie wurde jedoch vom Pazifischen Krieg überschattet, der mit dem Angriff Japans auf China 1931 begann. Er setzte sich 1941 mit Pearl Harbor fort und endete mit der Niederlage Japans 1945. Argentinien benutzte das Engagement Chiles im Norden, um sich 1881 eine beträchtliche Menge des umstrittenen Gebiets im Süden (1,2 Millionen km²) anzueignen.

[2] **Prognose.** Das Thema war nicht beendet. In den Kriegsplänen der Generalstäbe der drei Länder, die die *Guerra del Pacífico* beendeten, spielte es eine wichtige Rolle, wohl besonders für Bolivien, das keinen Zugang zum Meer mehr hatte. Wenn die drei Armeen nicht so viel damit zu tun gehabt hätten, mit ihren inneren Militärputschen fertigzuwerden, hätte der Krieg durchaus stattfinden können. So schließen manchmal innenpolitisches und internationales Militärtheater einander aus.

[3] **Therapie.** Bisher wurde nur daran gedacht, die Eigentümerschaft des umstrittenen Gebietes oder einiger seiner Teile vom einen Staat auf den anderen zu übertragen. Um Argumente dafür zu finden, die Lage zu verändern bzw. beizubehalten, wurden Tatsachen der Geschichte und Geschichtsschreibung, Dokumente aus der Zeit vor, während und nach dem Krieg gegeneinander abgewogen. Es fragt sich, ob nicht die Zeit dafür gekommen ist, dass beide Länder das Gebiet gemeinsam nutzen, statt dass die Eigentümerschaft geändert würde. Das könnte ja nur durch einen Krieg geschehen und es würde voraussetzen, dass sich das Kräfteverhältnis umkehrt, was nicht leicht zu erreichen wäre. Eine gemeinsame Nutzung könnte durch politische und nicht durch militärische Manöver in die Wege geleitet werden.

Eine der vielen Konferenzen, in denen dieses Thema ventiliert wurde, fand 1965 in Viña del Mar in Chile statt. Dort moderierte ich Gespräche zwischen hochrangigen Teilnehmern aus allen drei Ländern. Natürlich muss jeder politischen Veränderung der Landkarte ein Umschalten der Konzentration von der Vergangenheit – wer hatte oder hat Recht? – auf die Zukunft vorausgehen. Dann stellt sich die Frage: Was wäre im Interesse aller betroffenen Parteien? Wenn man sich diese Frage stellt, dann wird klar, dass es im Interesse keiner der Parteien liegt, dass dieses Thema nicht nur generationen-, sondern jahrhundertelang die nachbarschaftlichen Beziehungen überschattet.

Als Ergebnis ausgiebiger Reisen in dem Gebiet schlug ich 1963 vor, den Bereich Tacna, Arica und einen Korridor auf beiden Seiten der Grenze bis zu dem Ort in den Anden, wo die drei Länder aneinander grenzen, zu einer *dreiseitigen Zone* zu erklären. Die Zone würde von den drei Ländern gemeinsam verwaltet, wobei vielleicht die Organisation Amerikanischer Staaten oder auch die Vereinten Nationen mitwirken und behilflich sein könnten. Auch die Wirtschaftskommission für Lateinamerika der UN könnte sich wegen des beträchtlichen wirtschaftlichen Interesses, das damit verbunden ist, beteiligen.

Das würde die Territorialgewinne Chiles nicht rückgängig machen. Bolivien jedoch, das Land, das am meisten verloren hatte, würde eine *salida al mar* bekommen. Der territoriale Verlust für Chile und Peru wäre minimal, denn eine Straße und ein Schienenstrang verlangen nicht viel Gelände. Die Diskussion würde nicht mehr um Territorium geführt, sondern sie würde von den Beziehungen der drei Länder zueinander handeln. Die Verbesserung der nachbarschaftlichen Beziehungen brächte allen Vorteile, hätte bedeutende wirtschaftliche, politische und soziale Auswirkungen und könnte außerdem anderen als Modell dienen. Wenn Arica und Tacna, die praktisch Zwillingsstädte sind, zum Freihafen für die drei Länder werden, dann werden angesichts der Naturressourcen die Wirtschaftsgewinne beträchtlich sein.

(März 1965)

15 | Zypern:
eine Friedens- und Konfliktperspektive

[1] Diagnose. Der Konflikt ist eindeutig und hat eine lange Geschichte. Zuerst einmal die grundlegende Unvereinbarkeit zwischen

- *enosis*, Vereinigung der gesamten Insel mit Griechenland für die Griechen und
- *taksim*, Unabhängigkeit des Nordteils für die Türken.

Das war bei der starken Mischung der Bevölkerung schwierig, bevor die Gewalt 1964 eine »ethnische Säuberung« mit sich brachte. Zweitens,

- der Hintergrund eines jahrhundertelangen Konflikts zwischen den beiden Staaten.

Nach vielen Dialogen wurde vorgeschlagen, die türkischen Ansprüche auf die Dodekanes im Tausch für enosis zu erfüllen. Aber das wird den türkisch-zypriotischen Gefühlen nicht gerecht.

Die Konfrontation 1974, als einem Putsch der griechischen Nationalgarde für enosis einen Monat später eine türkische militärische Operation für taksim folgte, bewies unnötigerweise, dass die Positionen tief verankert waren. Nur Ankara erkannte Nordzypern an.

1990 bewarb sich die (griechisch) zypriotische Regierung um die Mitgliedschaft in der Europäischen Union. 1995 und 1998 eröffnete die EU die Verhandlungen. Die ursprünglichen Positionen wurden nun wiederholt:

- *enosis*, Mitgliedschaft in der EU für die ganze Insel für die Griechen,
- *taksim*, in diesem Fall eine militärische Befreiung für die Türken, wenn Zypern nicht als Föderation eines griechischen und eines türkischen Teils beitritt.

Dazu kommt, dass die EU kein tief geteiltes Land als Mitglied haben möchte. (Wenn es eine allgemeingültige Einstellung dazu gäbe, wären die englische und die spanische Mitgliedschaft und in gewissem Maß auch die französische ausgesetzt worden, bis sie ihre Angelegenheiten geklärt hätten.)

Außer den beiden Nationen in Zypern gibt es auch noch zwei Mutterländer, die EU und die UN mit der Resolution 789 von 1992, die den Türken die Verantwortung zuschieben. Russland trat 1997 auf griechisch-zypriotischer Seite (orthodoxes Bruderland) ein und bot S-300-Raketen für die Luftverteidigung an. Da diese Raketen nicht nur als gegen die Türkei, sondern auch als gegen Israel gerichtet angesehen werden, stärkt das die Allianz USA-Türkei-Israel im Nahen Osten. Unter »Türkei« verstehen die USA und Israel die säkulare, gegen den Islam gerichtete militärische Türkei.

Die EU hat die türkische Mitgliedschaft für unbestimmte Zeit aufgeschoben. Deutschland hat sich dieser Position angeschlossen, vielleicht weil es seine wirtschaftlichen Vorteile in der Türkei (oder in Russland) nicht mit anderen EU-Mitgliedern teilen will: Jeder aus Deutschland zurückgekehrte Gastarbeiter ist ein wirtschaftlicher Brückenkopf nach Deutschland.

[2] Prognose. Die Möglichkeit eines Krieges darf nicht vernachlässigt werden, er könnte entlang der europäischen orthodox-muslimischen Bruchlinie ausbrechen (wie in Bosnien, Kosovo/a, Mazedonien, Tschetschenien). Die Türkei ist 80 Kilometer entfernt, Griechenland 400. Der Grundkonflikt bleibt wegen der unflexiblen Inselsituation unlösbar.

[3] Therapie. Die folgenden politischen Maßnahmen reichen für eine Lösung aus, und sie sind wahrscheinlich notwendig:

[1] Überwachung des Rüstungswettkampfs.

[2] Die EU nimmt die Türkei auf, nachdem oder bevor sich die Türkei mit den Kurden geeinigt hat (auch in Nordirland werden die Menschenrechte verletzt).

[3] Die Mitglieder der EU und andere Staaten erkennen die Türkische Republik von Nordzypern an (wie sie Slowenien trotz Krieg anerkannt haben).

[4] Zypern wird eine Föderation mit zwei Teilen und gleichen Chancen für die Angehörigen beider Nationalitäten (z. B. bei der Besetzung von Posten in der föderalen Regierung, dem Recht auf Arbeit und Freizügigkeit).

[5] UNFICYP (United Nations Peacekeeping Force in Cyprus, *Friedenstruppe der Vereinten Nationen in Zypern*) wird nach einer Übergangsperiode abgezogen. Die Mauer öffnet sich zunehmend für die freie Fluktuation von Menschen und Waren.

[6] Die föderale Republik wird auf symmetrische Weise EU-Mitglied: Beide Mutterländer sind EU-Mitglieder.

Wir vermuten, dass nichts den Frieden bringen kann, was nicht die Symmetrie auf allen Ebenen innerhalb und außerhalb Zyperns garantiert, und dass die Alternative eine Pattsituation mit gelegentlichen Kriegen ist.

(Mai 1964, Juni 1997)

16a | Israel vs. Palästina: eine Friedens- und Konfliktperspektive

[1] Diagnose. Der Konflikt findet zwischen kolonialistischen Siedlern und Einheimischen statt und wird durch den Anspruch der Siedler, das auserwählte Volk in dem ihm verheißenen Land zu sein, kompliziert. Das Land und besondere Stellen in Ort und Zeit sind beiden Gruppen heilig, aber einigen auf jeder Seite sind sie heiliger (den Fundamentalisten) als anderen (den Gemäßigten). Es gibt Angehörige beider Gruppen in der Diaspora, die die Länder unterstützen, besonders in den USA (die eine ähnliche Geschichte als ein auserwähltes Volk haben, das im frühen 17. Jahrhundert ein verheißenes Land eroberte, wobei es sich auf die archetypische jüdische Vorstellung bezog, die jetzt für beide auf dem Spiel steht). Die Diasporagruppen sind folglich weit davon entfernt, als neutrale dritte Partei dienen zu können.

Den Oslo- und Wye-Prozessen gelang es ebenso wenig wie Camp David, wo die Palästinenser nicht einmal anwesend waren, zu einem Friedensprozess zu werden:

[1] *Die Fundamentalisten waren ausgeschlossen.* Sie brachten sich durch Gewaltakte wieder in den Prozess ein. Auch sie haben Friedenskonzepte.

[2] *Die Friedensakteure und -Bewegungen beider Seiten waren ausgeschlossen*: Intifada und Peace Now wurden nicht anerkannt. Ihr Handeln ist jedoch unverzichtbar.

[3] *Die USA gehörten nicht zu den Unterzeichnern*, obwohl sie ein Haupt-Akteur auf der Seite Israels sind. Aber sie spielten die Rolle einer »dritten Partei".

[4] *Unterschätzung der Polarisierung innerhalb von Palästina und Israel,* Überschätzung der Verbindlichkeit der Vereinbarung für beide Seiten.

[5] *Unnötig viel Geheimnistuerei,* kein Dialog mit der Öffentlichkeit.

[6] *Keine Symmetrie*: Die Vereinbarung besteht zwischen einem Staat und einer »Autonomiebehörde«, deren Autonomie geringer ist als die der Bantus in Südafrika während der Apartheid.

[7] *Der palästinensische Staat ist nicht definiert.* Welche Beziehungen würde der Staat in militärischer, politischer, wirtschaftlicher und kultureller Hinsicht zu Israel haben?

[8] *Übermäßige Bedeutung von Regierungen und Institutionen.* Die wirtschaftlichen und kulturellen Beziehungen zwischen beiden Seiten wurden nicht deutlich gemacht.

[9] *Keine ernsthaften Bemühungen, die beiden Kulturen miteinander zu verweben.*

[10] *Unterschätzung der Stärke des Einflusses der Religion* als eines Codes, der das Verhalten der Menschen bestimmt. Beispiele: der Mord an einem Ministerpräsidenten, das Hebron-Massaker zu Purim und das vierte Stadium des *dschihad*.

[11] *Unterschätzung der Heiligkeit vieler Stellen in dem Gebiet für die Juden* (*Jabutinski* war einer, der militärische Stärke und eine harte Linie für Israel als beste Garantie für die Sicherheit des Landes befürwortete), im Blickfeld nur das Politische und Militärische.

[12] *Unterschätzung der Möglichkeit ökumenischer Arbeit* zwischen Juden, Muslimen und Christen. Dabei sollten die positiven, sanfteren Aspekte ihres Glaubens betont werden und man sollte sich gegen die härteren Aspekte wenden.

[2] Prognose. Die Prognose heute ist dieselbe wie die vor 50 Jahren: Schwanken zwischen der strukturellen Gewalt der Okkupation, Ausbeutung und Entfremdung und der direkten Gewalt von Bomben und Bombardierungen, Terror und Folter. Auch ist die Wahrscheinlichkeit der Eskalation zu einem Bürgerkrieg in Israel zwischen Gemäßigten und Fundamentalisten groß (ein Fundamentalist tötet einen gemäßigten Premierminister und Selbstmordbombardierung) und nimmt noch dadurch zu, dass sich die »Stunde der Wahrheit«, die Eigenstaatlichkeit Palästinas, nähert.

[3] Therapie. Sechs notwendige Bedingungen müssen erfüllt werden:

- Symmetrie ist wesentlich, das bedeutet die längst überfällige und vollkommene Anerkennung ganz Palästinas und ganz Israels als Staaten durch alle anderen Staaten.
- Der Konflikt kann innerhalb der engen Grenzen des heutigen Israel nicht transformiert werden, aber vielleicht im Kontext mit der längst überfälligen *Conference for Security and Cooperation in the Middle East – CSCME* unter der Schirmherrschaft der UN, in der Art der KSZE-Schlussakte von Helsinki. Dabei soll die Verbindung zum USA/Großbritannien-Irak-Konflikt und zum Kurdenproblem bei vollständiger Anerkennung aller Staaten der Region einbezogen werden.
- Ein Gemeinsamer Markt im Nahen Osten, Regelungen über Waffen, Öl und Wasser usw.
- Benachbarte arabische Staaten sollten überlegen, ob sie einem palästinensischen Staat etwas Territorium abgeben wollen.
- Es muss Pläne geben, die über die Autonomie hinausgehen: ein palästinensischer Staat, der mit seinen Nachbarn, Israel eingeschlossen, konföderiert.

- Es muss auch das Konzept einer palästinensisch-israelischen Konföderation oder sogar eines Föderalstaates geben, in dem die Gemeinschaften lernen, miteinander in Frieden zu leben.

(Mai 1964, September 1993, August 1997)

Die Oslo-Verträge:
Von einem fehlerhaften Prozess zu einem fehlerhaften Ergebnis

I. PROZESS

[1] *Extremisten wurden ausgeschlossen*: Hamas und Likud/Orthodoxe; die Vereinbarung wurde zwischen PLO und Arbeiterpartei/Säkular-Modernen getroffen. Vielleicht hat das etwas mit dem Grundsatz der norwegischen Sozialdemokraten zu tun: »Die Vernunft liegt in der Mitte.« Das funktioniert zwar im gemäßigten Norwegen, aber nicht an einem Ort, an dem sich wohl mehr als 50 Prozent ausgeschlossen fühlen. Auch sie haben Friedenskonzepte und sie meldeten sich zu Wort (indem sie den Ministerpräsidenten Rabin töteten und mit Selbstmordbomben).

[2] *Die Friedensakteure und -Bewegungen beider Seiten waren ausgeschlossen*, Intifadah und Peace Now wurden nicht einmal zur Kenntnis genommen. Ihr Handeln war und ist jedoch unverzichtbar.

[3] *Die USA gehörten nicht zu den Unterzeichnern*, obwohl sie ein Haupt-Akteur auf der Seite Israels sind. Sie geben sich jedoch als »dritte Partei« aus. Funktionierte Oslo zugunsten der USA?

[4] *Eine allgemeine Unterschätzung der Polarisierung innerhalb von Palästina und Israel; Überschätzung der Verbindlichkeit der Vereinbarung für beide Seiten.*

[5] *Unnötig viel Geheimnistuerei*, kein Dialog mit der Öffentlichkeit.

II. ERGEBNIS FÜR DIE STRUKTUR

[6] Keine Symmetrie: Die Vereinbarung besteht zwischen einem Staat und einer »Autonomie«, die sich tatsächlich auf einer niedrigeren Ebene befindet als die der Bantus in Südafrika während der Apartheid.

[7] Nicht in Beziehung gesetzt: Die militärischen, politischen, wirtschaftlichen und kulturellen Beziehungen zwischen beiden Seiten wurden nicht klar dargelegt.

[8] Der palästinensische Staat ist nicht definiert: Es gibt Andeutungen, aber keine Hinweise darauf, in welcher militärischen, politischen, wirtschaftlichen und kulturellen Beziehung der palästinensische Staat zu Israel stehen soll, z. B. als Konföderation (mit Jordanien?).

[9] Übermäßige Bedeutung von Regierungen und Institutionen. Keine ernsthaften Bemühungen, die beiden Kulturen miteinander zu verweben.

III. ERGEBNIS FÜR DIE KULTUR

[10] Unterschätzung, vielleicht verwandt mit dem norwegischen Säkularismus, der Stärke des Einflusses der Religion als eines Codes, der das Verhalten der Menschen steuert, wie beim Mord an einem Ministerpräsidenten, dem Massaker in Hebron zu Purim und dem vierten, selbstmörderischen Stadium des dschihad.

[11] Unterschätzung der Heiligkeit vieler Orte in dem Gebiet für die Juden (Jabutinski war einer, der militärische Stärke und eine harte Linie für Israel als beste Garantie für die Sicherheit des Landes befürwortete.), im Blickfeld nur das Politische und Militärische.

[12] Unterschätzung der Möglichkeit ökumenischer Arbeit zwischen Juden, Muslimen und Christen. Dabei sollten die positiven, sanften Aspekte ihres Glaubens betont werden und man sollte sich gegen die härteren Aspekte wenden.

Diese Fehler sind im August/September 1993 offensichtlich und die Auswirkungen sind, nachdem das Weiße Haus unterzeichnete, leicht zu erkennen. Das Gegenargument ist, dass die Alternative war: gar keine Vereinbarung zu treffen. Aber ist denn wirklich eine in so starkem Maße fehlerhafte Vereinbarung besser als gar keine?

(September 1993, August 1997)

16b | Israel vs. Palästina und Naher Osten: eine Friedens- und Konfliktperspektive

[1] Diagnose. Der Konflikt ist ein klassischer Konflikt zwischen Siedlungskolonialisten und Einheimischen und wird durch den Anspruch der Siedler, das auserwählte Volk in dem ihnen verheißenen Land zu sein, kompliziert. Das Land und darin einige besondere Orte sind beiden Gruppen heilig, aber einigen auf jeder Seite sind sie heiliger (den »Fundamentalisten«) als anderen (den »Gemäßigten«). Im Ausland gibt es eine Diaspora jeder der beiden Gruppen und es gibt ganze Länder, die sie unterstützen.

[2] Prognose. Die Prognose heute ist dieselbe wie die vor 50 Jahren: Schwanken zwischen der strukturellen Gewalt der Okkupation, Ausbeutung und Entfremdung und der direkten Gewalt von Bomben und Bombardierungen, Terror und Folter. Auch ist die Wahrscheinlichkeit der Eskalation zu einem Bürgerkrieg zwischen Gemäßigten und Fundamentalisten in Israel groß, (ein Fundamentalist tötete einen gemäßigten Premierminister), entsprechende Phänomene gibt es in Palästina.

[3] Therapie. Zwei notwendige Bedingungen zeichnen sich ab:

Symmetrie ist wesentlich: Die längst überfällige und vollkommene Anerkennung Palästinas und Israels als Staaten durch alle anderen Staaten.

Der Konflikt kann innerhalb der engen Grenzen des heutigen Israel nicht transformiert werden, aber vielleicht im Kontext mit der längst überfälligen *Conference for Security and Cooperation in the Middle East* – CSCME unter der Schirmherrschaft der UN –, in der Art der KSZE-Schlussakte von Helsinki, offen für die Verbindung zum USA/Großbritannien-Irak-Konflikt und für das Kurdenthema, volle Anerkennung aller Staaten der Region, ein Gemeinsamer Markt im Nahen Osten, Regelungen über Waffen, Öl und Wasser usw. Benachbarte arabische Staaten sollten überlegen, ob sie etwas Territorium für einen palästinensischen Staat abgeben.

Die Versäumnisse des Oslo-Prozesses sind die folgenden:

- *Die Friedensakteure und -Bewegungen beider Seiten waren ausgeschlossen*, Intifadah und Peace Now wurden nicht einmal zur Kenntnis genommen. Ihr Handeln war und ist jedoch unverzichtbar.
- *Die Fundamentalisten waren ausgeschlossen*. Sie brachten sich durch Gewaltakte wieder in den Prozess ein. Ihre Friedenskonzepte müssen in jedem realistischen Friedensprozess berücksichtigt werden

- *Unterschätzung der Polarisierung innerhalb von Palästina und Israel*; Überschätzung der Verbindlichkeit der Vereinbarung für die beiden Seiten.
- *Keine Symmetrie*: Die Vereinbarung besteht zwischen einem Staat und einer »Autonomie«, die sich auf einer niedrigeren Ebene befindet als die der Bantus in Südafrika während der Apartheid.
- *Der palästinensische Staat wurde nicht definiert*: In welcher militärischen, politischen, wirtschaftlichen und kulturellen Beziehung sollte dieser Staat zu Israel stehen?

Ein Prozess, ausgehend von Autonomie über zwei Staaten und weiter zur Zusammenarbeit?

- *Übermäßige Bedeutung von Regierungen und Institutionen.* Keine ernsthaften Bemühungen, die beiden Kulturen miteinander zu verweben.
- *Unterschätzung der Stärke des Einflusses der Religion* als eines Codes, der das Verhalten der Menschen steuert, wie beim Mord an einem Ministerpräsidenten, dem Massaker in Hebron zu Purim und dem allgemeinen vierten Stadium des *dschihad*.
- *Unterschätzung der Heiligkeit vieler Orte in dem Gebiet für Juden und Araber* (Westbank, Jerusalem), im Blickfeld nur das Politische und Militärische.
- *Unterschätzung der Möglichkeit ökumenischer Arbeit* zwischen Juden, Muslimen und Christen. Dabei sollten die positiven, sanften Aspekte ihres Glaubens betont werden und Dialoge mit den Vertretern der harten Linie der Religionen geführt werden.

(1992)

16c | Israel vs. Palästina und Naher Osten:
eine Friedens- und Konfliktperspektive

[1] Diagnose. Unglücklicherweise wurde die Prognose der Perspektive vom Februar 1999 in der zweiten *Intifada* vom Herbst 2000 wahr, und die Diagnose des in so starkem Maß fehlerhaften »Oslo-Prozesses« (vom September 1993, diese Version wurde im August 1997 geschrieben) hat sich wenigstens zum Teil bestätigt. Der Oslo-Prozess starb nicht erst im Herbst 2000; er war schon eine Totgeburt. Die US-amerikanischen und norwegischen Prozessmanager, die die Rolle von dritten Parteien ohne eigene Interessen mimten, tragen, indem sie die Palästinenser frustrierten, einen großen Teil der Verantwortung für die Gewalt.

Es wird Zeit, dass UN, EU und arabische Staaten als Mediatoren auftreten. Das wäre leichter zu erreichen, als es vielleicht scheint. Die Zeit, in der die USA die Politik der Reservationen mit Kasinos und Duty-free-Shops für Eingeborene betrieben, ist ebenso vorbei wie die für die »von Gott erwählten« Weißen in Südafrika. Palästinenser müssen respektvoll behandelt werden.

[2] Prognose. Ein Grund für das Scheitern des Oslo-Prozesses war, dass die dritten Parteien, obwohl sie wussten, dass der Prozess fehlerhaft war, dieses Scheitern Bürgerkriegen vorzogen. In Israel hätte sich ein Bürgerkrieg als Fortsetzung des Mordes an Rabin ergeben können. Beide Verhandlungsparteien wissen, dass mehr Parteien mit einbezogen werden müssen, weil eine Vereinbarung zwischen den »Gemäßigten«, in denen die wirklichen Probleme nur überdeckt werden, ausgedehnt werden müssen, sodass sie auch die »Extremisten« einbeziehen.

Es dauert eine Weile, bis man das herausfindet. Aber es wird irgendwann in der Zukunft Gespräche und Vereinbarungen geben. Die beiden Völker sind nun einmal zur Koexistenz verurteilt, folglich sind sie dazu verurteilt, friedlich zu sein, und beide Völker haben viel Zeit dafür, diese Aufgabe zu lösen.

Gebraucht werden Visionen von möglichen Ergebnissen und nicht nur Prozesse.

[3] Therapie. Die folgenden Visionen sind aus Dialogen hervorgegangen:
[a] Der einzige Ausgangspunkt für den Frieden ist die Resolution 242 des UN-Sicherheitsrates und die Rückkehr zu den Grenzen vom 4. Juni 1967 mit etwas Austausch von Land. Israels »nicht tödliche« Kugeln töten, aber sie überzeugen nicht mehr.
[b] Wenn Israel Frieden will, kann es den haben, aber nicht dadurch, dass es Sicherheitsstudien, sondern dadurch, dass es Friedensstudien als nützliche Führer gebraucht:
- **Der wichtigste Schlüssel zum Frieden** sind *gleiche Rechte*:

Palästinenser haben dasselbe Recht auf einen Staat wie Israelis.
Palästinenser haben dasselbe Recht auf Rückkehr wie Israelis.
Palästinenser haben dasselbe Recht auf eine Hauptstadt in Jerusalem.

- **Ein weiterer wichtiger Schlüssel zum Frieden** ist *faire Kooperation*: gemeinsame Verwaltung von Jerusalem als zwei konföderale Hauptstädte, gemeinsame Bemühungen, den Terrorismus und den Staatsterrorismus zu kontrollieren,
  gemeinsame Unternehmen, die auf gleichen Einlagen und Erträgen basieren,
  gemeinsame Friedenserziehung mit kreativer Konfliktlösung,
  gemeinsamer Friedensjournalismus mit Schwerpunkt auf Konfliktlösung,
  gemeinsamer ökumenischer Schwerpunkt auf den friedlichen Aspekten der Religionen.
- **Ein weiterer wichtiger Schlüssel zum Frieden** ist eine *regionale kooperative Dachorganisation*:
  eine *Middle East Community* aus Israel/arabischen Staaten/Türkei/Kurden mit Regelungen für gerechte Verteilung des Wassers, Waffenkontrolle, Recht auf Rückkehr,
  freier Fluss der Waren/ Dienstleistungen, Personen und Ideen.
- **Ein weiterer wichtiger Schlüssel zum Frieden** ist Friedenssicherung:
  internationale Überwachung Jerusalems,
  internationale Beobachter, die von beiden Seiten ausgewählt wurden, für Inspektionen,
  Experimente mit gemeinsamer Polizei und gemeinsamen gewaltfreien Patrouillen.

[c] Die Anerkennung eines palästinensischen Staates könnte verbunden werden mit:
Vorziehen der Anerkennung vor die endgültige Vereinbarung über die Grenzen,
palästinensischer Staatsbürgerschaft für Israelis und umgekehrt,
israelischen Kantonen in Palästina und palästinensischen Kantonen in Israel.
Ägypten und Jordanien verpachten Palästina angrenzende Territorien.

[d] Über diese Zwei-Staaten-Formel hinaus sind Vorstellungen von einer Konföderation, einer Föderation, von einem Einheitsstaat für die Zukunft notwendig.

[e] Früher oder später ist ein *Wahrheits- und Versöhnungsprozess* notwendig, in dem Untersuchungen der Tatsachen, gemeinsame Geschichtsbücher, Heilung und Abschluss miteinander verbunden werden.

(Dezember 2000)

16d | Israel vs. Palästina und Naher Osten:
eine Friedens- und Konfliktperspektive

Für Israel und Palästina gibt es am Ende dieser Straße der Gewalt keine Sicherheit, sondern nur eine Zunahme an Gewalt und Unsicherheit.

Israel befindet sich jetzt in der gefährlichsten Periode seiner Geschichte: Es militarisiert sich zunehmend, führt nicht zu gewinnende Kriege, seine Isolation nimmt zu, es macht sich immer mehr Feinde und ist Gewalt und gewaltfreiem Widerstand und Boykott von innen und außen ausgesetzt. Die USA werden früher oder später ihre Unterstützung von Zugeständnissen abhängig machen. Dabei kommen einem die grundlegenden inneren und äußeren Veränderungen in Südafrika in den Sinn:

Israels moralischer Kredit sinkt rapide, wahrscheinlich ist er in den meisten Ländern schon negativ und in den USA ändert er sich allmählich.

Israel leidet an einem *De-facto*-Militärputsch. Die Wählerschaft hat die Wahl zwischen verschiedenen Generalen mit eng begrenzten Programmen.

Gewalt und Unnachgiebigkeit Israels mobilisieren Widerstand und Kampf in der arabischen und muslimischen Welt, wenn auch nicht im Sinn eines zwischenstaatlichen Krieges, so doch im postmodernen Sinn von Terrorismus gegen den israelischen Staatsterrorismus. Hoch motivierte Freiwillige, die darauf brennen, sich in den Kampf zu stürzen, stehen in unbegrenzter Zahl zur Verfügung.

Früher oder später wird das auch die 18 Prozent der israelischen Araber einschließen.

Früher oder später kann das zu einem massiven gewaltfreien Kampf führen: 100 000 arabische Frauen in Schwarz, die auf Israel zumarschieren.

Ein Wirtschaftsboykott könnte Israel, wie Südafrika vor dem Ende der Apartheid, auferlegt werden, der dort von NGOs initiiert und von den Behörden übernommen wurde. Er kann, wie in Südafrika, größere Bedeutung in moralischer als in wirtschaftlicher Hinsicht gewinnen.

Die Politik der USA kann sich, auch wie im Fall Südafrika, ändern:

Wirtschaftlich: Israel wird eine Belastung angesichts der Handels-/Öl-Probleme mit den arabischen Ländern, die die USA nicht mehr als dritte Partei anerkennen wollen. Außerdem stehen Boykotte und der Druck, dass Investitionen zurückgenommen werden, nahe bevor.

Militärisch: Israel kann die USA in einen äußerst zweifelhaften Krieg verwickeln, und Militärbasen gibt es schließlich auch anderswo (Türkei, Kosova, Mazedonien).

Politisch: Israel ist in den UN eine Belastung. Die EU und die NATO-Verbündeten werden gewaltsame Interventionen wohl nicht legitimieren. Die

USA könnten eine vernünftige Vereinbarung durchaus der Unterstützung eines Verlierers (wie im Falle des Schahs, Marcos') vorziehen.

Könnte dieses Friedens*paket* für vernünftige Leute anziehender werden, wenn sich der Kontext auf die hier vorgesehene Weise veränderte?

[1] Palästina wird nach Res. 242, 338 des Sicherheitsrates als Staat in den Grenzen vom 4. Juni 1967 anerkannt (mit etwas Austausch von Land).

[2] Die Hauptstadt von Palästina ist Ostjerusalem.

[3] Eine *Middle East Community*, bestehend aus Israel, Palästina, Ägypten, Jordanien, Libanon und Syrien als Vollmitgliedern, trifft Regelungen über Wasser, Waffen und Handel, die auf multilateralem Konsens beruhen, und eine *Organisation für Sicherheit und Kooperation im Nahen Osten* mit einer breiteren Basis wird gebildet.

[4] Die Gemeinschaft wird finanziell und durch Sachwissen beim Aufbau von Institutionen durch die EU, die Nordische Gemeinschaft und ASEAN unterstützt.

[5] Ägypten und Jordanien verpachten Land an Palästina.

[6] Israel und Palästina werden Föderationen mit zwei israelischen Kantonen in Palästina und zwei palästinensischen Kantonen in Israel.

[7] Die beiden benachbarten Hauptstädte werden eine Städte-Konföderation und beherbergen regionale, UN- und ökumenische Institutionen.

[8] Das Recht, auch nach Israel zurückzukehren, wird grundsätzlich akzeptiert, wobei die Zahlen der Kantonformel gemäß ausgehandelt werden müssen.

[9] Israel und Palästina haben gemeinsame Wirtschaftsunternehmen, die Risiken und Gewinne fair teilen, gemeinsame Friedenserziehung und gemeinsame Grenzpatrouillen.

[10] Stationierung von UN-Beobachtungs-Truppen in großem Umfang.

[11] Früher oder später ein Wahrheits- und Versöhnungs-Prozess.

Ein Friedenspaket sollte nicht von einem Land oder einer Ländergruppe in der Konfliktberatung/ Mediation vermittelt werden, sondern von einer Person oder einer Gruppe von Personen, die allgemein Achtung genießt.

(August 2001)

17 | Unabhängigkeit (Simbabwe): eine Friedens- und Konfliktperspektive

[1] Diagnose. Unter dieser allgemeinen Überschrift wurde ein Forschungsprojekt in dem Gebiet, das damals Südrhodesien war, durchgeführt: Einerseits sollte die Wirkung der Wirtschaftssanktionen gegen die weiße Minderheitsregierung (vier Prozent) nach der Einseitigen Unabhängigkeitserklärung (Unilateral Declaration of Independence, UDI) im November 1965 und andererseits die allgemeine Strategie eines Kampfes um Unabhängigkeit erforscht werden. Der Kampf richtete sich gegen den Kolonialismus der weißen Siedler mit ihrem *zivilisatorischen Bekehrungseifer*, der ihre offensichtlich wirtschaftlichen Interessen überdecken sollte. Der Konflikt war dreiseitig; die drei Parteien waren die weißen Siedler, die schwarze Mehrheit (geteilt, aber nicht in dieser Hinsicht) und die sanktionierenden Länder, besonders Großbritannien. Das Ziel der Siedler war es, durch die UDI den Status quo zu erhalten, das Ziel der schwarzen Mehrheit war eine Mehrheitsregierung und das Ziel Großbritanniens war es, den Prozess zu regeln, indem es das aus dem Ruder gelaufene weiße Regime dazu brachte, sich ohne militärische Intervention dem »Mutterland« zu fügen.

[2] Prognose. Die Prognose war, dass die Wirtschaftssanktionen nicht ausreichen würden, um das Regime aus dem Sattel zu heben. Ein Grund unter anderen dafür war, dass die Republik Südafrika und die weißen Siedler-Regime der damaligen portugiesischen Kolonien Angola und Mosambik zur Hilfe kommen würden, ein anderer der, dass Wirtschaftssanktionen die Tendenz haben, die Ziele der Sanktionierten zu stärken und Innovationen zu stimulieren. Aber wichtiger war eine andere Prognose: Die schwarzen Freiheitskämpfer wollten die neuen Herren werden. Wenn sie sich selbst befreiten, würde das eine neue Art von Beziehung zu Großbritannien schaffen, die nicht mehr so sein würde wie die Beziehung zwischen Großbritannien und dem weißen Rhodesien. Anders gesagt: Die Freiheitskämpfer würden lieber den Kampf aufnehmen als darauf warten, dass die Wirtschaftssanktionen greifen. Der Kampf war ein gewaltsamer Guerillakampf, kein Kampf mit friedlichen Mitteln. Zwar waren Wirtschaftssanktionen damals weniger gewaltsam als heute, aber eben auch fast völlig wirkungslos.

[3] Therapie. Der Lösungsvorschlag war ein Freiheitskampf mit völlig gewaltfreien Mitteln. Ein anderer Aspekt der Konflikttransformation, die Kreativität, spielte dabei keine Rolle, denn Kolonialismus kann ebenso wenig wie Sklaverei transformiert werden, er muss abgeschafft werden. Es gibt dabei keinen Platz für Kompromisse. Die einzige Frage war, wie und wann man sich über der Befreiung untergeordnete Probleme einigen würde, z. B. darüber, welche Garantien den Siedlern gegeben werden konnten, die als Bürger Simbabwes im Land bleiben wollten. Führende weiße Sicherheitsfachleute deuteten an, dass das, was sie am meisten fürchteten, massenhafte gewaltfreie Aktionen seien, z. B. ein gewaltfreier Marsch auf das Zentrum des damaligen Salisbury (jetzt Harare), womöglich von Frauen und Kindern. Sie meinten, sie könnten mit Guerillas umgehen, aber nicht mit massenhaften gewaltfreien Aktionen. Aber die Reaktion der Freiheitskämpfer brachte einen anderen Aspekt zu Tage: *den Konflikt über die Eigentümerschaft der Befreiung.* Der Kampf um Unabhängigkeit ist auch ein Kampf der Männlichkeit, der Selbstbestätigung, wenn nötig mit Gewalt, kein »weiblicher Kampf wie Gandhis«. Auch fanden Verhandlungen darin ihre Grenzen, dass sie die Wiederherstellung der Würde nicht mit einbezogen, denn sie berücksichtigten die andere Seite des Kolonialismus, die Erniedrigung und das Elend von Generationen unter weißer Herrschaft, nicht. Dazu kommt noch die Darstellung von Macho-Tapferkeit als Schlüssel zur Macht, wenn der Kampf vorüber ist und die schwarze Mehrheit herrscht. Dieselbe Reaktion war in der Akali-Bewegung für den Sikh-Staat Khalistan, der von Neu-Delhi unabhängig sein wollte, zu beobachten: Singh heißt Löwe! Und in der kurdischen Bewegung für kurdische Autonomie: Das Problem war nicht Wirksamkeit oder Effizienz, sondern: Wer übernimmt in einem fest gefügten Patriarchat die Macht, wenn der Kampf vorbei ist, Männer oder Frauen? Das Problem ist allgemein. Den Gebrauch traditioneller Gewaltmittel beansprucht die Kriegerkaste für sich allein. Klasse und Geschlecht bestimmen weiterhin die soziale Stellung, auch wenn die Akteure wechseln. Beim üblichen gewaltsamen Kampf überlebt das Patriarchat. Die Herausforderung besteht darin, sowohl Unterdrückung und Gewalt *als auch* das Patriarchat zu überwinden. Das ist wahrhaftig eine riesige Aufgabe.

(November 1965 bis 1975)

18 | Korea:
eine Friedens- und Konfliktperspektive

[1] Diagnose. Korea liegt in einem Kraftfeld, das durch vier Großmächte gebildet wird: Die USA und Japan auf der einen Seite, beide gut in Südkorea etabliert, wenn auch von einem Teil der Bevölkerung abgelehnt, und China und die Sowjetunion bzw. Russland auf der anderen Seite mit ihren komplexen Beziehungen zu Nordkorea. Es gibt also eine 2-plus-4- oder eine 2-plus-2-Formel, wenn man nur die USA und China mit ihren erklärten militärischen Allianzen mit je einem Korea zählt. Das Verbrechen, dass 1945 ein Volk geteilt wurde, wird durch das Verbrechen verstärkt, dass in dem stark ausgeprägten Kraftfeld den beiden Koreas die Konfliktautonomie verweigert wird. Japan hat die komplexe Beziehung eines völlig illegitimen Kolonisten und die USA das Trauma, den Koreakrieg nicht gewonnen zu haben. Gleichzeitig hat Nordkorea zunehmend eine absurde Gesellschaft entwickelt, in der Propaganda und Realität tief gespalten sind, was sich in gewissem Maß in Südkorea widerspiegelt, das zwischen seinem Selbstbild als »fortschrittliches, industrialisiertes Land« und einer von Krisen geschüttelten Wirtschaft hin- und herschwankt. Ein hoher Grad an allgemeinem koreanischen Ressentiment (*han*), verbunden mit Missionierungskomplexen, macht die Situation noch komplizierter.

[2] Prognose. Standardprognosen sagen den Zusammenbruch des einen oder des anderen Korea voraus, eine Übernahme des einen durch das andere, eine abgewandelte Spielart des Koreakrieges von 1950–1953. Eine zuverlässigere Prognose: Es bleibt alles, wie es ist. Eine optimistischere Prognose: Es wird eine langsame Bewegung von ersten Schritten der Zusammenarbeit über eine assoziative Beziehung zu einer Konföderation geben, dann eine Föderation und schließlich die Vereinigung. Nach 40 Jahren kommt in manchen Fällen eine neue Generation mit neuen Ansichten über die bitteren, traumatisierenden Konflikte (Spanien 1936–1976, Deutschland 1949–1989) an die Macht. Nach 1950–1953 wäre in Korea 1990–1993 eine Transformation fällig gewesen. Sie fand nicht statt. Sind die Führer zu alt? Zu konfuzianisch? Mangelt ihnen die Autonomie, sind sie von den USA bzw. von China abhängig, die es beide lieber haben, wenn alles beim Alten bleibt?

[3] Therapie. Vier Prämissen könnten beim Übergang helfen:
- Man sollte beide Koreas als in Krisen begriffen verstehen, keins der beiden Systeme ist perfekt; vielleicht hängen beide Koreas, nicht nur eins, einseitigen Ideologien an, die im Norden zu zu wenig und im Süden zu zu viel Handel führen, sodass eine Zusammenarbeit, den Handel eingeschlossen, beiden nützen könnte.

- Man sollte nicht weiter über den Zusammenbruch der beiden Länder spekulieren, sondern stattdessen über die Notwendigkeit einiger sozialer und politischer Veränderungen in beiden Ländern nachdenken.
- Man sollte nicht weiter über die Vereinigung der beiden Länder sprechen, sondern über konkrete Zusammenarbeit zwischen ihnen auf einigen Gebieten.
- Man sollte nicht weiter über die großen bzw. harten militärisch-politischen Themen sprechen, sondern stattdessen über kleine bzw. sanfte Formen wirtschaftlicher, sozialer und kultureller Zusammenarbeit.

Konkrete Beispiele für Zusammenarbeit:
- gesamtkoreanische Zusammenarbeit in alternativer Energieproduktion,
- gesamtkoreanische Zusammenarbeit in ökologischer Landwirtschaft, Aufforstung,
- gesamtkoreanische Zusammenarbeit im Anlegen von Fischkulturen,
- gesamtkoreanische Zusammenarbeit bei der Öffnung für den Transportverkehr auf Schiene und Straße im Zusammenhang mit europäisch-asiatischer Zusammenarbeit und den ESCAP-Plänen (Economic and Social Commission for Asia and the Pacific), Öffnung für umfassenden Verkehr und Verbindungen zwischen Europa und Asien im Allgemeinen und für eine Friedensuniversität auf Rädern im Besonderen.

Perspektiven der Zusammenarbeit:
- direkte Nord-Süd-Verbindungen zwischen Provinzen, Städten und NGOs,
- Schritte auf gemeinsame Wirtschaftsunternehmen zu (anstatt davon weg), die Wirtschaften beider miteinander verzahnen,
- Zusammenarbeit mit ostasiatischen Nachbarn (China, Japan, Vietnam),
- dritte Parteien, die mit beiden Seiten Dialoge führen können, sollten Ideen herausfinden, ohne dass direkte Verhandlungen stattfinden,
- weniger Austausch, stattdessen einseitiges Handeln: Wenn es dem Süden richtig erscheint, dem Norden aus der Hungersnot zu helfen, dann sollte er das tun, ohne Bedingungen zu stellen.
- Keine Ultimaten, kein Wort vom Militär, nicht auf einem Friedensvertrag bestehen: stattdessen viele kleine Schritte aneinanderfügen.

(August 1972 bis Mai 1998)

19 | Die Mittelmeerregion:
eine Friedens- und Konfliktperspektive

[1] Diagnose. Wenn wir den Mittelmeerraum als Verbreitungsgebiet des Öl-baums definieren, kommen wir auf mehr als 30 Länder. Wenn wir die Küsten-staaten und ihre Nachbarn dazu heranziehen, kommen wir auf etwa dieselbe Zahl. Um den Mittelmeerraum zu analysieren, ist es gut, eine *Nord-Süd-Ein-teilung* (Maghreb im Süden, Maschrek[7] – Türkei – Europa im Norden) und eine *Ost-West-Einteilung* im Norden (die Teilung 395 in Spätrömisches und Hochrömisches Reich, etwa dasselbe als Teilung durch das Schisma von 1054) vorzunehmen. Das führt uns zu einer Dreiteilung der Mittelmeerregion, wobei Israel eine Klasse für sich ist:

	WESTEN	OSTEN
NORDEN	Griechische Kultur RÖMISCHES REICH Spätrömisches Reich Karl der Große Napoleon, Hitler frühe Europäische Union	Griechische Kultur RÖMISCHES REICH Hochrömisches Reich Byzantinisches Reich Osmanisches, Persisches Reich erweiterte Europäische Union Umayyadisches Reich (Damaskus) Abassidisches Reich (Bagdad)
SÜDEN	RÖMISCHES REICH OSMANISCHES REICH WESTLICHE REICHE	Fatimidisches Reich (Kairo)

Konflikt, Krieg und Frieden bringen Kultur, harte und weiche Macht hervor. Der Mittelmeerraum brachte die drei abrahamitischen Religionen hervor, die einan-der häufig als häretisch betrachten und gegeneinander Krieg statt miteinander Gespräche führen:

Nordwesten: katholisches Christentum mit protestantischen Nachbarn weiter nördlich,

Nordosten: orthodoxes Christentum mit nicht arabischen Muslimen im Süden und Osten,

Süden: arabische Muslime mit vielen christlichen Bekenntnissen und Judentum und

---

[7] Geografisch: seit der arabisch-islamischen Expansion im 7. Jahrhundert ein Gebiet im Nahen Osten. Politisch Länder mit arabischsprachiger Mehrheit östlich von Ägypten und nördlich von Saudi-Arabien.

Israel als Klasse für sich: Judentum mit vielen christlichen und islamischen Bekenntnissen.

Alle Reiche der Region beherbergen Religionen mit dem Code[8] des harten Okzident I, die noch außerdem durch inner-abrahamitische Kriege verhärtet wurden. Sie alle fühlen sich von Gott auserwählt, glauben an einen Teufel und daran, dass ein einziger Glaube der rechte sei.

Die Bruchlinie von 1054 zwischen katholischem und orthodoxem Christentum und die Bruchlinie von 1096 zwischen Christentum und Islam, die sich in Sarajevo-Bosnien und im Kosovo/a überschneiden, brachten zahllose Kriege hervor. In Poitiers (732), Spanien (1492), Lepanto (1571) und Wien (1683) wurden im Westen und Norden die muslimischen Vorstöße aufgehalten, Dekolonisierung der christlichen Vorstöße nach Süden.

Zur schweren Last der Kultur = Religion + Geschichte auf begrenztem Gebiet kommt die ungleichmäßige Entwicklung der sozioökonomischen Formationen:

Nordwesten: Übergang von modern zu postmodern, reich, stark gesetzlos (anomisch).

Nordosten: Übergang von traditionell zu modern, mittelmäßig reich, wenig anomisch.

Süden: Übergang von urtümlich (nomadisch) zu traditionell, dann zu modern, aber arm.

Hohes Maß an Gesetzlosigkeit steigert Gewalt von unten und oben.

[2] Prognose. Es geht immer so weiter.

[3] Therapie. Die Europäische Union plant für die Mittelmeerregion, nicht umgekehrt. Das muss geändert werden. Die Mittelmeerländer sollten nicht weniger dazu in der Lage sein, der Europäischen Gemeinschaft als Gesamtheit statt einzeln gegenüberzutreten, als das die AKP-Staaten (also die afrikanischen, karibischen, pazifischen Länder) taten, als sie das Lomé-Ankommen aushandelten. Diesen Vertrag mag man kritisieren, aber der Prozess, der dazu führte, war wichtig, denn er schmiedete eine größere Einheit in der Dritten Welt.

Aber die Mittelmeerregion ist nicht nur eine Plattform für die Überwindung von Asymmetrien. Ihr Klima, ihre Schönheit, Kultur und das gesunde Essen – die Mittelmeerdiät –, Weine und menschliche Wärme, die ganze Lebensart ziehen Millionen von Nordeuropäern ins nördliche und südliche Mittelmeergebiet. Wenn es etwas wie eine Mittelmeernation gäbe, würden viele dazugehören wollen. Es ist niemandes *Mare Nostrum*. Die Mittelmeerregion gehört sich selbst.

---

8   Für weitere Erläuterungen zu diesem Begriff aus der Entwicklungs- und Zivilisationstheorie Johan Galtungs siehe »A Theory of Development« und »A Theory of Civilisation«, beide Bücher erscheinen demnächst in deutscher Übersetzung im Tectum Verlag, Marburg.

20 | Die Malwinen: Der Falklandkrieg
eine Friedens- und Konfliktperspektive

[1] Diagnose. Ein Blick auf die Landkarte lässt keinen Zweifel daran, dass die Malwinen der Entfernung (etwa 600–800 km) und der Topografie des Meeresbodens nach zu Argentinien gehören. Ein Blick in die Geschichte bestätigt das. Argentinien wurde 1816 von Spanien unabhängig, erbte den Anspruch auf die Malwinen und diese wurden erst 1833 von Großbritannien besiedelt und annektiert. Dabei wurden sie zu den Falklandinseln. Ein Blick auf die Demografie der kleinen (etwa 3000 Menschen) Bevölkerung bestätigt die Bindung der Insel an Großbritannien, wofür auch demokratische Instrumente wie Volksentscheid und Wahlen weitere Bestätigung liefern. Die Malwinen Falklandinseln stellen einen von vielen Fällen in der Welt dar, in denen einerseits geschichtlich-geografische und andererseits Bevölkerungs-Demografie-Demokratie-Tatsachen gegeneinander stehen.

Ein anderer Fall, der etwas Ähnlichkeit aufweist und in den Großbritannien ebenso verwickelt ist, ist Hongkong. Ein weiterer und sehr ähnlicher Fall ist Gibraltar. 1982 marschierten unter Präsident Galtieri, einem Militär, argentinische Truppen auf den Inseln ein und besetzten sie. Großbritannien unternahm unter Thatcher über beträchtliche Entfernung einen Gegenangriff, siegte militärisch und stellte die Regierung Londons über die Inseln wieder her. Dabei verloren 900 Menschen das Leben, zwei Drittel von ihnen waren Argentinier.

[2] Prognose. Argentiniens Invasion 1982 war ein Fall von Angriff des Südens auf den Norden. Sie kehrte den massenhaften Trend, der zur Zeit von Columbus eingesetzt hatte, um, bei dem der Norden (des Mittelmeergebietes) den Süden angegriffen hatte, dort einmarschiert war und ihn kolonisiert und damit verändert hatte. Das wird vermutlich nicht der letzte Angriff des Südens auf den Norden gewesen sein und aus diesem Grund wird Großbritannien von anderen Teilen des Nordens der Rücken gestärkt.

[3] Therapie. Auch aus ebendiesem Grund war es die traurige Demonstration eines militärischen Spiels mit dem Feuer, denn sowohl Galtieri als auch Thatcher setzten auf die militärische statt auf die politische Karte, ob der eine nun wirklich glaubte, er würde damit durchkommen, und ob die andere wirklich dachte, ihre Sache sei wasserdicht.

Wenn die geschichtlich-geografischen Tatsachen durch Eroberung von den demografischen Tatsachen außer Kraft gesetzt werden, dann kann man noch so viel von Demokratie als moralischer Grundlage reden, ohne dadurch doch Legitimität herstellen zu können. Aus der Gegenposition wird man immer einwenden: Niemand hat euch eingeladen und ein Verbrechen bleibt ein Verbrechen.

Was machte Spanien schließlich mit den umayyadischen Muslimen, die es nicht eingeladen hatte? Es warf sie hinaus. Dasselbe könnten die Marokkaner in Ceuta-Melilla, die Spanier in Gibraltar, die Chinesen in Hongkong machen.

Ein anderer Aspekt des westlichen Denkens kann herangezogen werden: das Menschenrecht, dort zu leben, wo die Vorfahren lebten. Die Legitimität des Bleiberechts ist durchaus mit der Illegitimität des Kolonialismus vereinbar: Das Territorium wird den legitimen Eigentümern, einem Volk oder einem Land, zurückgegeben und die Siedler können bleiben, wenn sie wollen.

Im Falle der Malwinen/Falklandinseln würde das bedeuten: *Eine* Fahne wird eingeholt und eine Garnison zieht aus und eine andere Fahne wird gehisst und eine andere Garnison zieht ein. Das Übrige bleibt so ziemlich dasselbe. Galtieri hatte Recht damit, dass die Zeit für eine Veränderung gekommen sei, aber er hatte Unrecht mit dem Versuch, die Veränderung zu erzwingen. Thatcher hatte das Recht, Gewalt mit Gewalt zu begegnen, aber sie irrte sich darin, dass sie keine Alternative zum Status quo sah. Gemeinsam tanzten sie einen Narrentango und hielten die Uhr der Geschichte an oder drehten sie sogar zurück.

Für Hongkong gibt es eine zeitliche Begrenzung, für die anderen erwähnten Fälle nicht. Das sollte jedoch nicht überbetont werden. Es gibt ein ungeschriebenes Gesetz, das über den Texten erzwungener Verträge steht. Galtieri hätte alle gewaltfreien Mittel, also alles, was Gewaltanwendung ausschließt, ausprobieren und dabei deutlich machen sollen, dass er nicht nur die Menschenrechte, sondern auch die Menschlichkeit der Siedler achten würde. Das hätte zwar die Eiserne Lady wohl nicht erweicht, aber es hätte vielleicht mit einem ihrer Vorgänger oder Nachfolger funktioniert. Es könnte eingewandt werden, dass Spanien etwas in der Richtung versucht hatte, aber damit gescheitert war, aber damals wurde beim Versuch, Gibraltar zu isolieren, Gewalt gebraucht.

Wir bewegen uns auf eine Welt mit offenen Grenzen zu und in dieser Welt werden immer mehr Menschen die Farben einer Fahne gleichgültig. Ebenso gut kann also Gerechtigkeit geschehen.

(April 1982)

21 | Pax Pacifica:
eine Friedens- und Konfliktperspektive

[1] **Diagnose.** Es geht um einen großen Teil der Menschheit:
Zum Gebiet des *Westlichen Pazifik* gehören: Russland (Ostsibierien), Japan, (Han-)China, die »Mini-Japans bzw. -Chinas« Taiwan, Hongkong, Singapur, Süd- und Nordkorea und die zehn ASEAN-Länder: Vietnam, Laos, Kambodscha, Philippinen, Indonesien, Brunei, Singapur (noch einmal), Malaysia, Thailand und Myanmar/Burma.

Zum Gebiet des *Zentral-/Südpazifik* gehören: die Pazifischen Inseln, zusammen Polynesien genannt (mit Hawaii und Tahiti), Melanesien und Mikronesien und die großen Inseln Australien und Neuseeland.

Zum Gebiet des *Östlichen Pazifik* gehören: Kanada (Yukon und British Columbia), die Vereinigten Staaten (Alaska, Washington, Oregon und Kalifornien), Mittelamerika (Mexiko, Guatemala, El Salvador [Honduras], Nicaragua, Costa Rica, Panama) und Südamerika (Kolumbien, Ecuador, Peru [Bolivien], Chile).

Wenn wir nur die Bevölkerung zählen, die auf dem Küstenstreifen der Randländer lebt, haben wir es mit wenigstens zwei, vielleicht 2,5 Milliarden Menschen zu tun; das sind 40 bis 50 Prozent der gesamten Menschheit. Davon leben etwa fünf Millionen auf den Pazifischen Inseln, das ist eine Beziehung von 1:400 oder 1:500, was die extreme Ungeschütztheit gegenüber ihren Nachbarn erklärt, von denen vier zu den heutigen Großmächten gehören, die sehr viel Rest-Kolonialismus aufweisen, und von denen einige sogar den Kolonialismus überlebten. Auch die westlichen und japanischen Überlegenheitskomplexe haben in der Region überlebt, wie man an den französischen Atomtests und der Südpazifischen Kommission sehen kann.

[2] **Prognose.** Die dynamische Vielfalt der pazifischen Hemisphäre kann leicht in massive Gewalt ausbrechen gegen die ehemaligen oder gegenwärtigen Kolonialmächte und untereinander um »Kontrolle« oder darum, die Kontrolle durch die anderen zu verhindern (der Pazifische Krieg zwischen Japan und China von 1931 und zwischen Japan und den USA vom Dezember 1941 sind noch jedem im Gedächtnis, ganz zu schweigen von den USA-Kriegen gegen Korea und Vietnam). Das Fünfergespann USA, EU, Japan, China und Russland beherrscht leicht die Inseln, wenn es nicht durch eine faire Symbiose gezügelt wird.

[3] **Therapie.** Die pazifischen Friedensformen, der *fa'a pasifika*, weisen starke kulturelle Komponenten auf: Die Einheit der Menschheit wird hervorgehoben, an den traditionellen pazifischen Glauben und andere friedliche Religionen wie

den Buddhismus, das Quäkertum, Bahai und andere bedenkenswerte Traditionen dialogischer und gewaltfreier Muster der Konfliktlösung könnte angeknüpft werden. Auch die Probleme direkten und strukturellen Friedens kämen zur Sprache, und zwar nicht nur die Probleme von heute, sondern auch die der Vergangenheit und der Zukunft.

Es besteht die Notwendigkeit zur Versöhnung wegen der Schrecken des Kolonialismus und des Pazifischen Krieges. Der *Karma*-Ansatz bei der Behandlung von Traumata: »Wir leiden gemeinsam daran«, ein nie endender Prozess von Heilung, Entschädigung und Entschuldigungen, kann mit vollständiger Entkolonialisierung verbunden werden, um die Souveränität umkämpfter Gebiete wie Hawaii, Tahiti und Neukaledonien mithilfe von Formeln wie Zweikammersystem und Zweisprachigkeit wiederherzustellen.

Das Gebiet hätte große Vorteile davon, wenn die vielen dreisten und offensiven Stationierungen aufgehoben würden (der USA, Russlands, Chinas, Japans in AMPO, Nordkoreas) und – was die USA angeht – die Aufhebung von JCS 570/2 (Anspruch der USA auf Hegemonie, 1944). Entfernen aller Atomwaffen aus dem gesamten Gebiet, nicht nur von einigen kleinen Inseln, wäre ein großer Schritt vorwärts in Richtung auf ein friedliches Pazifikgebiet. Was den wirtschaftlichen Aspekt angeht: Sowohl *Selbstverantwortung I* (so viel, wie man kann, alleine tun) als auch *Selbstverantwortung II* (mit anderen gleichberechtigt zusammenarbeiten, sodass keine Abhängigkeiten entstehen) wären hilfreich zusammen mit dichten Kommunikations- und Transport-Netzwerken, eher für den Handel mit Dienstleistungen als für den mit Waren.

Für die Zukunft: Viel mehr Staaten ohne Armeen – es gibt davon schon viele im Pazifik –, Umwandlung der noch übrigen Truppen (wie in Hawaii) in UN-Friedenssicherungstruppen zum Einsatz in nicht militarisierten Gegenden, Umwandlung der übrigen in ausschließlich nicht offensive Verteidigungsmittel, massiver Gebrauch von kreativer Konfliktlösung und ein regionales Forum für das ganze Gebiet, das von keiner Großmacht beherrscht wird – ein *Forum der Pazifischen Hemisphäre*.

(April 1989)

22a | Der Golfkonflikt 1990/1991: eine Friedens- und Konfliktperspektive

[1] **Diagnose.** Man musste schon sehr unwissend sein, um sich vom Golfkrieg überraschen zu lassen. Kuwait war das Ergebnis des westlichen politischen und wirtschaftlichen Kolonialismus. Die Grenze war künstlich und umstritten, und viele andere Probleme (Zugang zum Golf, Ölfelder unterhalb der Grenze, Währungsprobleme nach dem irakisch-iranischen Krieg) und Akteure waren in dem überaus komplexen Konflikt miteinander verwickelt.

Es war klar, dass die Bush-Regierung der USA hart zuschlagen und den Krieg dazu benutzen würde, »dem Vietnam-Syndrom einen Tritt zu versetzen«, sodass Krieg in der öffentlichen Meinung der USA wieder legitim würde. In der Hitze des Gefechts reduzierten alle Parteien die Komplexität auf die »Zwei Parteien, ein Problem«-Formel. Sie agierten die Ideen vom auserwählten Volk und von Ruhm und Trauma in den USA und dem Nahen Osten aus.

Die Schlüsselerinnerung waren *die Kreuzzüge* und das Massaker in Bagdad 1258. Der Krieg wurde zur Armageddon-Schlacht zwischen Gott und Satan. Man war über die Äußerung des Botschafters der USA, man solle nicht in einen Konflikt zwischen zwei befreundeten Ländern eingreifen, geteilter Meinung.

[2] **Prognose.** Wenn man von dem jahrtausendalten Kreuzzugsyndrom ausging, konnte man – entsprechend den verfügbaren Mitteln – Völkermordversuche erwarten: Dieses Mal waren es Bombardierungen und Wirtschaftssanktionen.

Wenn man von den Beduinenwerten Würde, Mut und Ehre ausging und der Meinung war, je mehr jemand davon besitze, umso eher würde er den Feind überwinden, kann der Irak den Sieg für sich beanspruchen.

[3] **Therapie.** Die historische und kulturelle Komplexität des Konflikts muss berücksichtigt und viel mehr Parteien, Ziele und Probleme müssen folglich mit einbezogen werden. Wenn man den Konflikt als bilateral, also als Konflikt nur zwischen dem Irak und den USA sieht (von alten englischen Kolonialmacht-Traumata gestützt, wozu auch die britische chemische Kriegsführung im Irak 1920 führte), ist keine akzeptable und nachhaltige Konflikttransformation zu erwarten.

Aber eine *Konferenz für Sicherheit und Zusammenarbeit im Nahen Osten* (CSCME/KSZNO) kann vielleicht eines Tages in etwa das Folgende erreichen:

EIN 12-PUNKTE-PLAN FÜR DEN NAHEN OSTEN

(1) Der Irak zieht sich aus Kuwait zurück, aber Kuwait tritt in Verhandlungen mit dem Irak über Veränderungen der nördlichen Grenze Kuwaits.

(2) Der Irak nimmt Verhandlungen mit den Kurden über Menschenrechte und Autonomie mit Aussicht auf deren Souveränität auf und regt andere Staaten mit kurdischer Bevölkerung in der Region dazu an, dasselbe zu tun.

(3) Israel ermutigt zur Gründung eines palästinensischen Staates, unterstützt diesen und erkennt ihn an, wie es in der PNC-Resolution vom 15. November 1988 niedergelegt wurde. Palästina erkennt Israel völlig an.

(4) Die Golanhöhen werden an Syrien zurückgegeben. Syrien erkennt Israel an.

(5) Alle arabischen Staaten erkennen Israel an und schließen Nicht-Angriffs-Verträge mit ihm ab.

(6) Die UN organisieren in Zusammenarbeit mit der Arabischen Liga eine umfassende UN-Friedens-Sicherungs-Operation mit einigen Hunderttausend Polizisten, die auf beiden Seiten von Grenzen im Gebiet stationiert werden.

(7) Alle ausländischen Soldaten werden nicht nur aus Kuwait, sondern auch aus Palästina, dem Libanon, Saudi-Arabien, der Türkei usw. abgezogen.

(8) Ein *Waffen-Kontroll-System* nach dem Modell des europäischen Prozesses wird eingeführt; Priorität dabei haben die Vernichtung von Massenvernichtungswaffen in der Region, vertrauensbildende Maßnahmen und Inspektionen nach Bedarf unter UN-Satelliten-Überwachung.

(9) Ein *System der Wasserverteilung* in der Region wird ausgearbeitet und verhandelt.

(10) Ein *Öl-System* wird im ständigen Dialog zwischen den Öl importierenden und den Öl exportierenden Ländern, vielleicht unter der Schirmherrschaft der UN, ausgearbeitet und verhandelt.

(11) *Ein System der Menschenrechte* wird eingeführt, das den Ländern in der Region die Achtung der Menschenrechte, Demokratie und die Herrschaft des Rechts näherbringen soll.

(12) Der Plan für einen *Gemeinsamen Markt des Nahen Ostens* mit Israel als vollwertigem Mitglied wird ausgearbeitet und verhandelt.

(Oktober 1990)

22b | Der Golfkonflikt 1998:
eine Friedens- und Konfliktperspektive

[1] **Diagnose.**

Motivationen der Iraker:

- Bedarf an Waffen, also ein Element der Verheimlichung,
- sehr aggressiv, Gas in Halabdscha 1988 (Großbritannien im Sommer 1920), Kuwait,
- beduinische Kriegerlogik: Waffen als Zeichen von Würde, Mut und Ehre,
- die Zukunft der Region und ihre historische Mission stehen auf dem Spiel.

Motivationen der USA bzw. Großbritanniens:

- Hussein als »Volksfeind" (Orwells 1984),
- sehr aggressiv, 310 000 wurden 1991 getötet (Internationale Ärzte für die Verhinderung eines Atomkrieges), 2 Millionen durch das Embargo (UNICEF 1 210 000 Kinder, 960 000 Erwachsene),
- USA-englische Kriegerlogik: Kriege gewinnen, um den Führungsstatus zu gewinnen,
- den Nahen Osten als Interessensphäre von USA und Großbritannien kennzeichnen.

Konfliktformation: Ein großer Krieg aus Gründen der Waffeninspektion findet zurzeit nicht die Zustimmung des UN-Sicherheitsrats. USA und Großbritannien haben ihre Bereitschaft signalisiert, allein gegen den Irak anzugehen, gegen Art. 2 (4) der UN-Charta. Die USA werden von den neuen NATO-Mitgliedern Tschechische Republik, Ungarn und Polen unterstützt, Großbritannien von seinen ehemaligen Kolonien Kanada, Neuseeland und Australien. Außerdem haben sich Argentinien, Spanien und Portugal, Norwegen und Deutschland angeschlossen. Kuwait und Oman werden zur Werbung benutzt. Aber es gab weniger als die Hälfte der Unterstützung als beim letzten Mal und hauptsächlich von weit entfernten Ländern.

[2] **Prognose.** Durch Bombardements wird die Zerstörung versteckter Waffen nicht erreicht, da dafür nur sehr kleine Areale gebraucht werden, z. B. in den Bergen. Eine Besetzung könnte das erreichen, aber nach traditioneller Berechnung wäre dazu wenigstens ein Zehntel der Bevölkerungszahl an Soldaten nötig.

- Nach der Bombardierung wird die Inspektion wahrscheinlich unmöglich sein.
- Das Anwachsen des Fundamentalismus in der Türkei, in Saudi-Arabien, Syrien, im Libanon und in Jordanien kann zu Regimewechseln in diesen Ländern führen.

- Die Organisation der islamischen Zusammenarbeit kann zu einem Block werden.
- Die durch die NATO/AMPO-Expansion hervorgerufene russisch-chinesische Zusammenarbeit und militärische Allianz vertieft sich und kann *de facto* Irak/Iran einbeziehen.

[3] Therapie. *Ein Sieben-Punkte-Plan*:
Russland, China, Frankreich und dem UN-Sicherheitsrat soll mehr Zeit gelassen werden, um akzeptable Kompromisse auszuhandeln; die Inspektoren sollen eine weniger grobe Sprache benutzen.

Man soll auf die seit 1990 vom Irak erhobene Forderung nach einem Dialog eingehen und ihm dabei die Möglichkeit geben, seine Sorgen, einschließlich der Sorge um Souveränität, auszusprechen. Nur sehr schwache Menschen sind nicht dazu bereit, sich die Argumente der anderen Seite anzuhören.

Einen Kompromiss erreichen, bei dem für unbeschränkte repräsentative UNSCOM-Arbeit (United Nations Special Commission: Sonderkommission der Vereinten Nationen) im Gegenzug das Eingehen auf wertvolle Punkte der irakischen Position angeboten wird.

Aber ein breiteres Programm wird benötigt, deshalb soll man Schritte unternehmen, um eine UN-*Konferenz für Sicherheit und Zusammenarbeit im Nahen Osten* (CSCME) nach dem Modell von Helsinki (1973–1975) zu organisieren; in dieses Programm sollen auch die israelisch-palästinensischen und kurdischen Themen aufgenommen und die Möglichkeiten eines Palästinenserstaates und der kurdischen Autonomie bzw. eines Kurdenstaates nicht ausgeschlossen werden. Den Vorsitz in dieser Konferenz sollte keine Großmacht führen, sondern ein Land der Region, z. B. Jordanien (König Hussein und sein Bruder).

- Die UN organisieren in Zusammenarbeit mit der Arabischen Liga eine umfassende UN-Friedens-Sicherungs-Operation in der Region mit einigen Hunderttausend auf beiden Seiten kritischer Grenzen stationierten Soldaten.
- Systeme für Waffenkontrolle, Wasserverteilung, Öl und Menschenrechte für das ganze Gebiet werden erforscht.
- Der Plan für einen *Gemeinsamen Markt des Nahen Ostens* mit Israel als vollwertigem Mitglied wird ausgearbeitet und verhandelt.

Wichtig ist, dass das Problem der Waffenkontrolle/Inspektion/Fügsamkeit des Irak nicht von den übrigen Problemen isoliert behandelt wird. Es gibt keinen Ausweg aus dem gegenwärtigen Durcheinander, wenn man diese engstirnige Logik beibehält. Wenn man das Programm nicht für alle in der Region vorhandenen Probleme öffnet, wird sich die Situation nur noch weiter verschlechtern.

(Februar 1998)

23 | Die Kurden:
eine Friedens- und Konfliktperspektive

[1] Diagnose. Die Kurden sind eine Nation ohne Staat. Etwa 25 Millionen Kurden verteilen sich auf fünf Staaten (Türkei, Irak, Iran, Syrien und Armenien) und haben eine beträchtliche Diaspora in Europa. Wie jede andere staatenlose geteilte Nation sehnen sie sich nicht nur danach zusammenzukommen, sondern auch danach, von ihresgleichen regiert zu werden, was grundlegend für eine Demokratie ist. Ihr Problem bildet einen wichtigen Teil des ausgebreiteten und komplexen Nahost-Konflikt-Syndroms, nicht nur, weil Konflikte über die Beziehung zwischen Staat und Nation in allen fünf Ländern leicht in Gewalt übergehen kann, sondern auch, weil ein Kurdenstaat einen Präzedenzfall für eine andere staatenlose Nation in der Region schaffen kann, die Palästinenser. Außerdem gibt es offensichtlich Öl- und Wasser-Probleme, die über den Nahen Osten hinausgehen. Das kann die Kurden in Gegensatz zu der *De-facto*-Allianz von USA, Türkei und Israel bringen, auch wenn der Irak der gemeinsame Feind ist.

[2] Prognose. Sich hinziehende endlose Gewalt, Terrorismus und Folter in der Region, dazu kommt der Export von Gewalt nach Europa und darüber hinaus.

[3] Therapie. Die Kurden haben ein Drei-Stadien-Programm:
* *Menschenrechte* für Kurden in den Ländern, die die kurdische Nation zerteilen,
* *Autonomie* innerhalb der Länder und Kurdisch als anerkannte Sprache und
* *ein Kurdistan*, vielleicht als eine (Kon-)Föderation der Autonomien, womit der kurdischen Nation das gegeben würde, was sie für ihr Recht erachtet: ein Staat.

An diesem Programm ist nichts Extremistisches, wenn man nicht Nationalismus an sich für extremistisch hält. Wenn dieser Nationalismus jemals zu einem kurdischen Einheitsstaat führte, würde sich die Landkarte des Nahen Ostens beträchtlich verändern. Bis vor Kurzem waren die Kurden im Grunde eine Nomadennation, und Nomaden beanspruchen viel Platz. Extremistisch hingegen ist die Gewalt auf allen Seiten. Sie wird durch Macho- und Gewalt-Kulturen aller Teile der Konfliktformation legitimiert.

Im Juli 1994 bei der Rambouillet-Konferenz argumentierte TRANSCEND (vergeblich) für einen gewaltfreien Ansatz und mehr Frauen in politischen Führungspositionen im kurdischen Kampf, wobei wir uns auf die Tatsache bezogen, dass kurdische Frauen, die demonstriert und gewaltfrei argumentiert hatten, die beiden kurdischen Fraktionen im Nordirak dazu gebracht hatten, ihren Kampf gegeneinander zu beenden. Eines Tages könnte sich das in großem Maßstab wiederholen. Aber die Gewalt ist tief verwurzelt; sie wird durch Racheforderungen und die Vorstellungen von Ehre und männlicher Wendigkeit verstärkt, die sich in männlichen Akten mutiger Gewalt beweisen. Das hält Frauen aus der Politik heraus.

Die Kurden sind außerdem ihre eigenen Feinde. Aber damit stehen sie nicht allein, dasselbe trifft auch auf viele der anderen Parteien zu.

Kreative Lösungen, bei denen der Nordirak zur Übung in Staatenbildung und komplexer Konfliktpolitik benutzt würde, enthielten das Folgende:

- Ein innerhalb der Länder demokratisch und geheim gewähltes *kurdisches Parlament im Ausland*. Ein Grundproblem ist, dass Kurden naive, ja sogar gewaltsame politische Kämpfe zu bevorzugen scheinen und sich bereitwillig von denen benutzen lassen, die vorgeben, ihnen etwas als Gegenleistung zu bieten, wie die Türken (als Gegenleistung für das Töten der Armenier) und die USA (als Gegenleistung dafür, dass sie sich gegen Iran und Irak wenden).

- *Eine kurdische Regierung im Exil*, die Exekutive des Parlaments bekommt den Auftrag, ein Muster zu organisieren von

- einer *doppelten Staatsbürgerschaft*. Die Kurden bekommen einen zusätzlichen Pass zu dem, den ihnen das Land, in dem sie wohnen, gibt. Sie werden dadurch gleichzeitig eher als Nation erkennbar und anerkannt, was eines Tages in der Zukunft die virtuelle Realität in reale Realität transformieren kann, z. B. in eine Konföderation von Autonomien.

Allerdings gibt es eine Bedingung dafür, dass dies alles eintreten kann, und diese Bedingung gilt auch für die Kurden: Auch sie müssen die Gewalt abbauen. Für alle, die das nicht aus ethischen Gründen bedenken wollen, gibt es einen militärischen Grund: Gewalt gegen dermaßen überlegene Feinde wird die Kurden nirgendwo hinführen!

(Dezember 1990)

24 | Japan/Russland/die Ainu:
eine Friedens- und Konfliktperspektive

[1] **Diagnose.** Das leidige Problem leitet sich aus Geschichte und Geografie ab und weist in verschiedene Richtungen. Die vier Inseln, eine davon ein kleines Archipel, die die Japaner »Nördliche Territorien« nennen, wurden 1634 von den Russen »entdeckt« und von ihnen besiedelt. 1875 gingen die Inseln im Tausch gegen Sachalin an Japan. In Jalta versprach Roosevelt der Sowjetunion die vier Inseln, wenn sie in den Pazifischen Krieg einträte, vielleicht als Ersatz dafür, dass er ihnen sonst Hokkaidō hätte versprechen müssen. 1972 stimmte die Sowjetunion der Rückgabe von Chabomai und Schikotan zu, aber die Eigentümerschaft der größeren und am weitesten südlich gelegenen Inseln Etorofu und Kunaschir ist noch immer umstritten.

Die Teilung Koreas hatte einen ähnlichen Hintergrund. Beide können als typische Beispiele dafür gelten, wie Großmächte gemäß ihren Neigungen und Interessen und ohne Rücksicht auf Menschen, Kultur, Geschichte und Geografie zerschneiden, teilen und zusammenfügen.

[2] **Prognose.** Die gegenwärtige Situation hält seit mehr als 50 Jahren an und kommt jetzt wahrscheinlich zu einem Ende. Es gibt keine negative Prognose, wenn alles bleibt, wie es ist, es wird z. B. keinen Krieg geben, aber es gibt eine positive Prognose: stark verbesserte Beziehungen zwischen Japan und Russland, wenn das Problem auf für beide Seiten akzeptable und nachhaltige Weise gelöst würde.

[3] **Therapie.** Wenn man eine Lösung sucht, findet man sie nicht einfach in der komplexen Geschichte, die erzählt, wie es dazu kam, dass ein Anwärter sich an diesem Ort und zu diesem Zeitpunkt niederließ. Um eine Lösung zu finden, geht man vielleicht besser von der Bedeutung der Eigentümerschaft für die Beteiligten aus: Der wirtschaftliche und militärische Wert der Inseln als solcher scheint für die Sowjetunion bzw. Russland gering zu sein. Eine ganz andere Sache ist der Preis, den Russland für die Rückgabe der Inseln erwarten kann, wenn es sie als Pfand in einem Handel gebraucht, d. h. sie gegen Geld, Waren und/oder Dienstleistungen eintauscht.

Zweifellos kann dieser Ansatz benutzt werden und wird auch benutzt, wenn Immobilien den Besitzer wechseln. Aber wenn an die Stelle der militärischen und wirtschaftlichen Werte der kulturelle Wert tritt, geht es nicht darum.

Japan kann nicht behaupten, eine lang andauernde Beziehung zu den Inseln zu haben, aber es kann behaupten, dass die Inseln wegen ihrer Nähe »natürlich« zu Japan gehörten (wie es die Türkei für den Besitz der Dodekanes in der Ägäis ins Feld führt, die von der Türkei an Italien und dann an Griechenland gingen, und Argentinien für die Malwinen).

Wenn man Japan als das von der Sonnengöttin *Amaterasu ō-mi-kami* auserwählte Land sieht, bekommen die Inseln einen höheren Wert. Sie bekommen einen unschätzbaren Wert, weil sie heiliges Land sind, nicht weil dort vielleicht Mineralerze lagern oder Ähnliches, wie eine materialistische Kultur betonen würde. Solchen Orten sollte man sich mit Ehrfurcht und nicht mit Geld im Sinn nähern. Die Japaner waren mit dem Erwerb von Eigentum in den USA drauf und dran, diese Regel zu verletzen, und die Russen tun das im Hinblick auf die Kurilen bzw. die nördlichen Territorien. Daraus ergibt sich:

• Wenn eine Sache für die andere Seite einen unbegrenzten Wert hat und für einen selbst nur einen begrenzten, dann sollte man sie zurückgeben, weil das das einzig Richtige ist. Man sollte nicht schachern, sondern großzügig sein, dann kann daraus auch auf der anderen Seite Großzügigkeit entstehen.

• Je weniger man davon redet oder auch nur daran denkt, dass man etwas dafür haben möchte, umso reichlicher kann man dafür belohnt werden. Je mehr man schachert, umso weniger bekommt man. Dem Heiligen kommt man mit Profanität nicht näher.

Das könnte mit dem Zwischenschritt *gemeinsame Souveränität* für die beiden umstrittenen Inseln für eine Zeit von x Jahren verbunden werden, nach denen sie entweder Japan zurückgegeben werden oder ein Kondominium bleiben (X ist auszuhandeln). Das Letztere würde einen brauchbaren Präzedenzfall für die Lösung von territorialen Konflikte bilden, die nicht durch Selbstbestimmung entschieden werden können. Gegenseitige Großzügigkeit wird dabei nicht ausgeschlossen.

Das gilt auch für Japans Beziehungen zu den Ainu. Bisher wurden sie vertrieben, und ihre Kultur wurde nicht respektiert. Eine Möglichkeit, die Wunden zu heilen, könnte sein, den Ainu eine der Inseln zuzusprechen.

(Juni 1991)

25 | Japan/USA/ Ryūkyū-Inseln:
eine Friedens- und Konfliktperspektive

[1] Diagnose. Die Situation zwischen Japan und den USA ist ernst, wenn man die vier Phasen von der frühen Meiji-Reformzeit (1868) bis zum Pazifischen Krieg (1931–1945) als Modell nimmt: Erste Phase: »Öffnung«, 2. Phase: »Die Japaner lernen begeistert«, 3. Phase: »Japan praktiziert, was es gelernt hat, mit wachsender Spannung zum eigenen Vorteil«, 4. Phase: »Krieg oder kriegsähnliche Aktivitäten«. Die Okkupation war die erste Phase des Zyklus nach 1945, danach kam gleich die zweite Phase, die dritte Phase begann etwa 1970 und hält bis heute an. Wird es eine vierte Phase geben?

Die krasse Inkongruenz verschärft die Situation: Die USA besitzen mehr politische und militärische Macht (*de facto* okkupieren sie Japan), und Japan reagierte lange Zeit über mit größerer wirtschaftlicher Macht: Es verkaufte dringend benötigte Produkte, als der Yen nicht so stark war, und kaufte US-Besitz, als der Yen stark war; es übernahm Verschuldungen der USA, indem es USA-Wertpapiere kaufte. Beide nutzten ihren vergleichsweisen Vorteil auf Kosten des jeweils anderen, damit stieg die Spannung.

Die USA erwähnt zweifellos den Pazifischen Krieg, um Japan gefügiger zu machen; Japan benutzt seine politisch-militärische Fügsamkeit, um wirtschaftlich mehr Zugang zu bekommen; die USA starten Gegenaggressionen auf wirtschaftlichem Gebiet, manipulieren den Wechselkurs und stellen die japanische Formel von der lebenslangen Beschäftigung und der Beförderung nach dem Senioritätsprinzip infrage.

Die Situation ist sehr unstabil. Gleich unter der Oberfläche lauern Erinnerungen an Pearl Harbor und Hiroshima/Nagasaki.

[2] Prognose. Der zweite »Öffnung-Nachahmung-Konflikt-Krieg«-Zyklus ist seit Langem in seiner dritten Phase (wenn man das, was geschieht, so nennen kann). Ein Krieg ist nicht in Sicht, aber kriegsähnliche Aktionen umfassen Maßnahmen wie die Vertiefung und Verbreiterung der *De-facto*-Okkupation Japans durch die USA, und zwar durch neue, ausgeweitete Richtlinien für den japanisch-US-amerikanischen Sicherheitsvertrag (AMPO). Japan seinerseits überlässt den Bewohnern von Okinawa den Kampf um eine Reduzierung der enormen Belastung durch die amerikanischen Militärbasen. Es opfert die Insel als politisches Pfand.

[3] Therapie. Ein Weg aus diesen verdrießlichen Beziehungen könnte sein, dass die beiden weniger miteinander interagieren, dass sie sich auseinanderdividieren. Die USA könnten sich militärisch herausziehen, die AMPO könnte außer Kraft gesetzt oder abgeschwächt und sollte auf keinen Fall vertieft werden, und beide könnten sich auf andere Handelspartner konzentrieren, die USA mehr auf die NAFTA (North American Free Trade Agreement: Nordamerikanisches Freihandelsabkommen), Japan mehr auf Interaktionen mit ostasiatischen Partnern.

Japan sollte weniger auf dem Handel mit Waren von großer Differenz im Grad der Verarbeitung bestehen und sich für den Import von weiterverarbeiteten Produkten aller Länder öffnen. Die USA produzieren jetzt konkurrenzfähige Produkte. Japan sollte sich nach neuen Märkten umsehen. Und wenn sie miteinander interagieren, sollten sie sorgfältig auf die Feinheiten achten, damit Japan die USA nicht ebenso erschreckt wie die USA Lateinamerika. Dann sollten sie sich wieder zusammentun, aber auf der Basis von Gleichheit und Fairness.

Die USA haben in den Amerikas die sich ausdehnende NAFTA, die auf der Macht der USA beruht, während Japan in Ostasien nichts dergleichen hat. Das liegt nicht daran, dass die USA in Lateinamerika besonders beliebt wären und Japan wegen des Pazifischen Krieges in Ostasien gehasst und gefürchtet würde, sondern daran, dass die USA so viel besser mit den von ihnen geschaffenen Traumata umgehen können und Lateinamerika so unfähig dazu ist, konkurrenzfähige Waren zu produzieren. Darüber hinaus ist Japan als örtliches Anhängsel an die USA gebunden.

Kulturell, historisch und geografisch nähere Partner sind die ostasiatischen Länder, d. h. die Koreas und China (und Vietnam, wenn man Kriterien wie Konfuzianismus bzw. Mahayana-Buddhismus und chinesische Kultur heranzieht). Eine Ostasiatische Freihandelszone, EAFTA, die später eine Ostasiatische Gemeinschaft werden könnte, wäre eine gute Alternative zu der Abhängigkeit von den USA. Sie könnte auch den NAFTA-Ländern offenstehen, wie die NAFTA Japan offensteht.

Die Alternative ist, dass Japan zwischen Ostasien und den USA verloren geht, unfähig dazu, sich mit dem Ersteren zu versöhnen und zunehmend fallen gelassen von den Letzteren. Das würde Krieg und kriegsähnliche Reaktionen noch wahrscheinlicher machen. Okinawa, eine ehemalige Ryūkyū-Insel, die Japan 1879 annektiert hatte, sollte nicht nur von der enormen Belastung durch die US-amerikanischen Militärbasen befreit werden, sondern außerdem einen hohen Grad an Souveränität innerhalb Japans bekommen.

(September 1992)

[Im April 2006 erzielten Japan und die USA eine Übereinkunft bei den seit einem halben Jahr diskutierten Plänen der Verlagerung eines Teils der Truppen. Von den rund 20 000 derzeit auf Okinawa stationierten Truppen sollen 8000, dazu 9000 Angehörige, bis zum Jahr 2014 verlegt werden. Von den auf zehn Milliarden US-Dollar geschätzten Kosten wird Japan etwa sechs Milliarden, teilweise als Kredit, bereitstellen. Die Übers.]

26 | Somalia:
eine Friedens- und Konfliktperspektive

[1] Diagnose. Es geht hier weder um die postkoloniale, mit dem Kalten Krieg verbundene Verwüstung Somalias noch um die mit dem Hunger verbundene Gewalt.

Dazu kommt noch der Sekundärkonflikt, dass Somalia als Versuchsgelände für »humanitäre Hilfe« gebraucht wurde und für die Freigabe der deutschen Finanzierung der UN-Friedenssicherung (wie Kambodscha für Japan benutzt wurde). Das Hauptproblem ist ein intellektuelles: Somalia entspricht nicht den westlichen Nationalstaaten-Modellen von Bundes- oder Einheitsstaat, wobei im ersten Fall eine Anzahl von Provinzen, die einige Autonomie besitzen, von einer Hauptstadt aus verwaltet werden, während sie in einem Einheitsstaat sehr wenig oder gar keine Autonomie besitzen. Die westliche Demokratie gründet sich auf territoriale Wahlbezirke und das Prinzip Ein-Mensch-eine-Stimme, wobei entweder die Mehrheit alles bekommt oder es eine proportionale Vertretung in einer Nationalversammlung gibt. Somalia mit (etwa) einer Religion und einer Sprache sah wie ein Nationalstaat aus. Mogadischu schien wie jede Hauptstadt eines Nationalstaates zu funktionieren, und wenn das Modell nicht passte, gebrauchte man auf Kosten der Landwirtschaftshilfe Gewalt.

Aber das war vor allem eine virtuelle Realität. In der realen Realität kann man Somalia nur verstehen, wenn man begreift, dass die Clans die Regierungsform bestimmen. Das kam im Diskurs zu Anfang gar nicht vor, und als es dann in den Diskurs eingeführt wurde, geschah das auf sehr unglückliche Weise.

Die Über-Clans sind die **Darood** (*Dulbahante, Majerteen, Ogaden, Marehan*), **Irir** (die *Issak, Hawiye*, Isa und *Godabiirsay*) und **Saab** (*Ahanwayn*). Das ist eine andere Art als die westliche, eine Gesellschaft zu organisieren, teils ist sie territorial, teils verwandtschaftlich. »Moderne« Westler mögen der Meinung sein, das sei der falsche Weg und er solle verschwinden, aber Verwandtschaftsbande und Clan-Zugehörigkeit sind fest. In der Praxis bedeutet das, dass es weniger Solidarität dort gibt, wo es nach westlicher Auffassung mehr geben sollte, d. h. innerhalb des Nationalstaates Somalia als solchem, und mehr Solidarität, wo es sie nicht geben sollte, entlang der Clan-Zugehörigkeits-Grenzen und in den Territorien unter der Herrschaft der Clans.

Deshalb zerbricht die Gesellschaft an vom Westen unerwarteten Stellen und hält an ebenso unerwarteten Stellen zusammen. Die Clan-Führer werden in einem unangemessenen Diskurs als »Kriegsherren« bezeichnet, anstatt dass man sie anerkennt. Die USA bzw. die UN nahmen enorme Kosten an Zeit, Personal und Geld auf sich, um 13 bis 14 Führer von Über-Clans, Clans und

Unterclans zu jagen, besonders Mohammed Aidid, statt mit diesen Mitteln sinnvolle Arbeit zu leisten.

[2] Prognose. Die Konzentration auf die »Kriegsherren« entspricht dem Vorgehen der USA in Panama mit Noriega. Das führt zum Misslingen der Mission.

[3] Therapie. Wenn das Problem die Hungersnot ist, müssen »Saat und Werkzeuge« geliefert werden und außerdem medizinische Hilfe, die von Landwirtschafts- bzw. von Medizinexperten verwaltet werden. Die Hilfsleistungen müssen an Mogadischu vorbei von Hubschraubern gebracht und von kompetenten Zivilisten verteilt werden. Die Polizei muss die Menschenmenge kontrollieren und für Ordnung sorgen. Alle Clans müssen in gleicher Weise berücksichtigt werden.

Ein UN-Experte, der im August 1992 dorthin geschickt wurde, um die Situation zu beobachten, berichtete im UN-Hauptquartier in diesem Sinn und bekam zu hören: »Das passt nicht in unser Konzept.« Dieses Konzept forderte wahrscheinlich die Auslieferung der Hilfsgüter durch das Militär, um die UN-Streitkräfte zu unterstützen, um Platz für die Teilnahme der deutschen Armee zu schaffen, wie Kambodscha für und durch Japan benutzt worden war.

Wenn wir jetzt davon ausgehen, dass die Primärstrukturen Somalias eine Gruppe von Clans und nicht von Territorien sind, und dass die Methode, zu Entscheidungen zu kommen, der Dialog bis zum Konsens ist und nicht Debatten, die zu Abstimmungen bzw. Wahlen führen, dann könnte eine politische Struktur für Somalia ein nicht-territorialer Föderalismus sein, der sich auf die Clans, so wie sie miteinander leben, gründet. Um Zentralismus zu vermeiden, könnte der Vorsitz des Rates der Clan-Anführer (die vom Westen als »Kriegsherren« beschimpft werden) rotieren wie in der Schweiz, vielleicht im Halbjahres-Rhythmus (wie in der EU), sodass jeder Clan einmal an der Reihe ist. Das sehr innovative somalische *shir* könnte dabei als Konfliktlösungsinstrument benutzt werden.

Das schließt den westlichen Ansatz, der sich auf territoriale Wahlbezirke gründet, nicht aus, denn auch die gehören zur somalischen Realität. Die beiden Ansätze könnten nebeneinander in einem aus zwei Kammern zusammengesetzten Parlament bestehen.

(September 1992)

27 | Der Konflikt in und über Jugoslawien:
eine Friedens- und Konfliktperspektive

[1] **Diagnose.** Eine Standard-Konflikt-Analyse verlangt eine Auflistung der wichtigsten Akteure und ihrer Ziele und der Standard-Bruchlinien:

I.   *Natur*: die Zerstörung der Natur durch das Militär.

II. *Geschlecht*: allgemeine Macho-Haltung, ein Rückschlag für die Gleichheit.

III. *Generation*: Wer Hass sät, erntet Revanchismus in der kommenden Generation.

IV. *Rassismus*: vielleicht irrelevant außer bei einigen UN-Truppen.

V.   Klasse: die Revolte der Unterklasse gegen jugoslawische Technokraten und die Revolte der Ärmeren gegen die Reicheren.

VI. *Nation*: Die katholisch-orthodoxe Teilung (395, 1054) und die christlich-muslimische Teilung (1096) überschneiden sich in Sarajevo.

VII. *Land*: die Grenzen wurden von der Nazi-Besetzung und Tito/Djilas gezogen.

VIII. *Staat/Kapital*: die Sozialismus/Kapitalismus-Kontroverse.

IX. *Kapital/Zivilgesellschaft*: Ausbeutung von Nationen und Klassen.

X.   *Staat/Zivilgesellschaft*: Verbrechen gegen die Menschenrechte, Organisationen für Tote und Verwundete und für die Zwangsvertriebenen in und außerhalb Jugoslawiens.

Alle Punkte sind wichtig, aber besonders die Teilung der Nationen (vgl. Tafel unten).

Intersektion *Sarajewo*	Katholiken: *Kroaten*	Orthodoxe: *Serben*	Muslime: *Bosnier*
Innerer Kreis Bosnien-Herzegowina **Mittlerer Kreis** Jugoslawien	Bosnische Kroaten Slowenien Kroatien	Bosnische Serben Serbien Montenegro Mazedonien	Bosnier in Bosnien-Herzegowina, im Kosovo, in Mazedonien
Äußerer Kreis Europa USA	Der Vatikan Deutschland-Österreich Europäische Union Katholiken USA	Russland + Griechenland Orthodoxe	Türkei + Iran/Saudi Muslime USA (?)

Es gibt drei Standardhypothesen über die Rolle der Nation:
- uralte unverarbeitete Gewalt und Hass zwischen Nationen,
- Instrumentalisierung des Hasses durch zynische Führer und
- Instrumentalisierung der Instrumentalisierung durch zynische Mächte des äußeren Kreises, die die zu ihnen gehörenden Menschen des inneren bzw. mittleren Kreises unterstützen.

Alle drei Hypothesen gelten. Titos Jugoslawien konnte diese enormen Spannungen, zu denen noch die zwischen Geschlechtern und Klassen kamen, nicht mehr ausgleichen. Titos Tod 1980 war zwar ein Faktor, aber der Tod des Kalten Krieges 1990 war entscheidender, da Orientierungslosigkeit ein Hauptgrund für die jugoslawische Konstruktion geworden und eine Partei, der Osten und später die Sowjetunion zusammengebrochen waren. Das Übrige ist Geschichte.

Voraussagbar war, dass der Vatikan die katholische Kirche durch Staatenbildung (Slowenien, Kroatien) bestärken würde und dass Österreich sich für den Ersten und Deutschland für den Zweiten Weltkrieg mit denselben Verbündeten und denselben Feinden rächen würden. Dass die USA die Nicht-Orthodoxen unterstützen würden, war auch vorhersagbar, aber nicht ihre starke Unterstützung der Albaner in Bosnien-Herzegowina, Kosovo/a und Montenegro über die »Was-kommt-für-mich-dabei-heraus«-Perspektive hinaus (Militärbasen, Öl-Pipelines im Austausch gegen militärisch-politische Unterstützung).

[2] **Prognose.** Massive Allianzen in der Vertikale der Tabelle, massive, manchmal dreiseitige Kriege auf der Horizontalen.

[3] **Therapie.** Völlige Selbstbestimmung bei der Definition von Staaten für Slowenen, Kroaten, Bosnier, Serben, Montenegriner und Mazedonier, aber wenigstens Autonomie für die Serben in Kroatien, die Serben und Kroaten in Bosnien-Herzegowina und die Albaner in Serbien und Mazedonien.

(Mai 1996)

27a | Der jugoslawische Konflikt im Nordosten 1991–1995:
eine Friedens- und Konfliktperspektive

[1] Eine Konferenz über Sicherheit und Kooperation in Südosteuropa, CSCSEE, sollte einberufen werden. Sie sollte von UN und OSZE finanziert werden, da der UN-Sicherheitsrat zu weit weg und die EU zu parteiisch ist – zusätzlich zum London-Genf-Konferenz-Prozess. Alle betroffenen Parteien (auch Unter-Staaten, Über-Staaten und Nicht-Staaten) sollten eingeladen werden und alle relevanten Themen sollten auf die Tagesordnung gesetzt werden. Das könnte möglicherweise drei bis fünf Jahre dauern. *Da auch einige nicht beteiligte Staaten Interesse an der Region haben*, sollten diese als Beobachter bei der Konferenz anwesend sein und das Recht haben, dort zu sprechen. Ein mögliches Langzeit-Ziel ist eine *Südosteuropäische Konföderation*.

[2] CSCSEE-Arbeitsgruppen für die Gebiete mit höchster Dringlichkeit sollten in Erwägung ziehen:
*   *Bosnien-Herzegowina* als dreiteilige Konföderation,
*   *Kosovo/a* als Republik mit demselben Status wie dem der Serben in der Krajina (nicht Knin) und mit Achtung vor der serbischen Geschichte,
*   *Mazedonien*: Eine mazedonische Konföderation sollte nicht ausgeschlossen werden, aber sie kann nur in breiterem Rahmen (s. 1. oben) entstehen,
*   *Ex-Jugoslawien*: als Langzeitziel diesmal eine Konföderation.

[3] UNPROFOR auf das Zehnfache erhöhen mit 50 Prozent Frauen, die einen dichten blauen Teppich bilden, um die Waffenruhe zu überwachen und die Situation zu stabilisieren. Die Soldaten müssen durch Übungen in Praktiken der Polizei, Gewaltfreiheit und Konfliktbearbeitung angemessen ausgebildet werden und mit zivilen Friedenssicherungskräften zusammenarbeiten. Die Beteiligung der Großmächte und von Staaten, die ihre Geschichte mit der Region haben, muss vermieden werden.

[4] Ein dichtes Netzwerk von Gemeindesolidarität zwischen allen Teilen von Ex-Jugoslawien für Flüchtlingsarbeit, Hilfeleistungen, Wiederaufbau: *Gemeinde gemeinsam*, *Cause commune*, Europarat.

[5] 1000 örtliche Friedenskonferenzen sollen blühen, örtliche Gruppen werden mit Kommunikations-Hardware ausgestattet und das *Verona Forum für Frieden und Versöhnung findet auf dem Territorium des ehemaligen Jugoslawien statt*.

[6] Internationale Friedensbrigaden als Gastgeber für den Frieden: Sie beherbergen unbewaffnete Ausländer, Fachleute wie Ärzte (WHO, IPPNW, MSF), die in bedrohten Gebieten arbeiten, mit den Menschen sprechen und die Gewalt dämpfen bzw. sie ersticken.

[7] Die ökumenische Friedensarbeit intensivieren, indem man auf die gewaltfreien und Friedens-Traditionen des katholischen und orthodoxen Christentums sowie des Islams setzt. Fundamentalistische religiöse Institutionen in der Region werden infrage gestellt.

[8] Dauernder Kontakt zwischen Einzelnen, Gruppen und Staaten, die innerhalb des Staatssystems (1–3), des Gemeindesystems (4) und des Systems der Zivilgesellschaft (5–7) zusammenarbeiten. Die Ideen sollen frei fließen. Es soll im Palais der Nationen parallel zur London-Genf-Konferenz der Kriegsherren eine »Friedens-Frauen-Konferenz« geben.

[9] Von den Medien muss Professionalität verlangt werden, weniger Gewalt, Elitismus und Parteilichkeit, mehr Konzentration auf normale Menschen und Friedensbemühungen.

[10] Im Geiste einer künftigen Versöhnung:
- *die Sanktionen absetzen*: Sie treffen die Unschuldigen und verhärten den Konflikt,
- *das Kriegsverbrecher-Tribunal absetzen, außer als individuelle moralische Beurteilung*: Kein Weg in die Zukunft führt über Rache und Strafe, das verschlimmert die Traumata und schafft neue Märtyrer.
- Spezialisten aus dem In- und Ausland sollen nach *Verständnis dafür suchen, was falsch gelaufen ist*, und nach *positiven Erfahrungen in Vergangenheit und Gegenwart, die Anregungen für eine gemeinsame Zukunft geben können, selbst wenn dann die Parteien stärker voneinander getrennt sind.*
- Trotz allem auf die Sehnsucht zusammenzukommen der jugoslawischen Völker setzen, auf *bratstvo* (Bruderschaft), selbst wenn mit weniger *jedinstvo* (Einheit). Anders gesagt: Es soll weder einen Einheitsstaat noch eine Föderation noch eine Konföderation geben, sondern eine Gemeinschaft.

(1992)

27b | Der jugoslawische Konflikt im Südosten 1998: eine Friedens- und Konfliktperspektive

[1] Alte historische Prozesse, in denen die orthodoxen Serben bzw. Mazedonier den muslimischen Albanern gegenüberstanden, gewinnen neue Energien, während die Region gleichzeitig nicht in der Lage zu sein scheint, allein Lösungen für ihre Probleme zu finden.

[2] Die »internationale Gemeinschaft« wird wahrscheinlich eine Intervention wieder so lange aufschieben, bis die Situation »reif« ist, d. h. bis die Gewalt so stark geworden ist, dass fast jedes Ergebnis, das nicht Krieg ist, vorzuziehen ist, was heißt, dass ausländische Mächte den »Frieden« diktieren können.

[3] Es scheint fünf mögliche Ergebnisse für Kosovo/a zu geben:
  [a]   Kosovo/a bleibt innerhalb Serbiens, was für die Albaner inakzeptabel ist,
  [b]   Autonomie (»1974 in höherem Grad«),
  [c]   eine dritte Republik innerhalb der Föderalen Republik Jugoslawien,
  [d]   es wird Teil einer jugoslawischen Konföderation,
  [e]   Unabhängigkeit, inakzeptabel für die Serben.

[4] Eine vernünftige Prognose ist, dass a zu b führt, b zu c, c zu d und d zu e, wobei vielleicht ein paar Stufen übersprungen werden (gleich nach e mit Unterstützung der UCK durch ausländisches Militär). Wenn das geschieht, kann als nächstes die Vereinigung mit Albanien und das Hinzufügen von Westmazedonien (»grüner Gürtel«) vorhergesagt werden. Daraufhin würde ein großer Balkankrieg zwischen orthodoxen und muslimischen Streitkräften stattfinden, der Rumänien, Bulgarien, Griechenland und die Türkei einbeziehen würde. Die Folge wäre eine große ausländische Intervention und eine halb-dauerhafte Okkupation von Kosovo/a-Mazedonien (wie gegenwärtig von Bosnien).

[5] Eine Alternative zu diesem Szenarium könnte folgendermaßen aussehen:
  • Das Kosovo/a bekommt den Status einer dritten Republik innerhalb von FRJ oder eine hochgradige Autonomie. Der Vertrag wird für x Jahre (x = 20?) abgeschlossen, danach wird er überprüft. (Wäre dann eine Konföderation, die Montenegro und Wojwodina einschließt, möglich?)
  • Der Schutz der serbischen Minderheitsrechte wird auch durch eine Serbische Versammlung gesichert. Die Versammlung hat ein Vetorecht

in Sachen des kulturellen Erbes (Unterricht der eigenen Sprache und in ihr, Zugang zu heiligen Orten usw.).

- Präventive Friedenssicherung und internationale Garantien sind notwendig.

[6] Für Mazedonien könnte eine produktive Friedenspolitik das Folgende umfassen:

- Einen Wechsel von der gegenwärtigen passiven Neutralität (oder »gleichen Distanz«) zu aktiver Neutralität in dem Sinn, dass das Land als Veranstaltungsort für große Konferenzen über die Probleme der Region dient.
- Wie in der Schweiz könnte durch einen höheren Grad an Dezentralisierung und örtlicher Regierung (»Kantonisierung«) die Rolle der Nationalität entschärft werden.
- Die Bemühungen um Zusammenarbeit auf allen Ebenen über die Teilung zwischen Mazedoniern und Albanern hinweg fortsetzen und verstärken.
- Wenn das nicht funktioniert, sollte die Möglichkeit einer Föderation nicht ausgeschlossen werden.

[7] Eine Balkan-Gemeinschaft, die Albanien, FRJ, Rumänien, Mazedonien, Bulgarien, Griechenland und die Türkei (den »europäischen Teil«?) umfasst, könnte einige der Spannungen lockern und dazu beitragen, auf Beziehungen hinzuarbeiten, wie man sie in den 1980er Jahren in der Nordischen und Europäischen Gemeinschaft findet: ein gemeinsamer Markt, freier Fluss von Waren und Dienstleistungen, von Kapital und Arbeit und Koordinierung der Außenpolitik.

[8] Nichts von dem Obengenannten ist durch die neuesten Ereignisse überholt. Aber die mangelnde Vorsorge während der 1990er Jahre und die Nichtbeachtung der Warnungen der 1980er-Jahre sind in hohem Maße unverantwortlich und führten zu dem gegenwärtigen Teufelskreis von gewaltsamen Aktionen und Reaktionen.

(Juni 1998)

27c | Die Krise in und um Kosovo/a: eine Friedens- und Konfliktperspektive

Der gegenwärtige illegale NATO-Krieg gegen Serbien ist einer dauerhaften Lösung durchaus nicht förderlich.

Der einzige Weg zum Frieden führt über Verhandlungen, nicht über *Diktat,* und bis dahin muss es ein sofortiges Aufhören der Feindseligkeiten und Grausamkeiten und eine Vereinbarung über eine *massive UN-Friedenssicherung* geben.

Für eine politische Lösung finden sich Hinweise in dem Brief des ehemaligen UN-Generalsekretärs Javier Pérez de Cuéllar an den ehemaligen deutschen Außenminister Hans-Dietrich Genscher vom Dezember 1991, in dem er schreibt:

»Man darf keine Partei vorziehen, sondern man muss einen Plan für das ganze Ex-Jugoslawien entwickeln und sich vergewissern, dass die Pläne für die Minderheiten annehmbar sind.«

In diesem Geist schlägt TRANSCEND das Folgende vor:

[1] **Die Vereinten Nationen**, die aus ihren Fehlern lernen müssen, **sollten die NATO ersetzen** und die Friedenssicherung im ehemaligen Jugoslawien, Kosovo/a eingeschlossen, übernehmen. Die Friedens-Kontingente sollten aus Nicht-NATO-Ländern stammen. Die Vereinten Nationen werden *alle ihre Abteilungen in Gang setzen müssen* – UNHCR, UNHCHR, UNICEF, WHO *usw. –, um Kosovo/a wieder aufzubauen* und davor noch die Menschen mit dem Notwendigsten zu versorgen und für die *sichere Rückkehr der Flüchtlinge* zu sorgen.

[2] Wenn der Sicherheitsrat durch ein US-amerikanisches oder russisches Veto lahmgelegt wird, legitimiert das die **Generalversammlung und den UN-Generalsekretär** dazu, bei Verhandlungen über ein Ende der Feindseligkeiten aktiv zu werden. Der Generalsekretär könnte dabei durch eine Gruppe bekannter Führer der Welt unterstützt werden, wie z. B. Nelson Mandela, den ehemaligen deutschen Bundespräsidenten Richard von Weizsäcker und Jimmy Carter. Der Druck der öffentlichen Meinung in der Welt ist notwendig.

[3] **Eine Konferenz über Sicherheit und Kooperation in Südosteuropa, CSCSEE**, sollte einberufen werden, die von den Vereinten Nationen und der Organisation für Sicherheit und Kooperation in Europa finanziert wird. Der UN-Sicherheitsrat ist zu weit weg und EU und NATO sind zu parteiisch. Alle betroffenen Parteien (auch Unter-Staaten, Über-Staaten und Nicht-Staaten) sollten eingeladen werden, und alle relevanten Themen sollten auf die Tagesordnung gesetzt werden. Das könnte möglicherweise drei bis fünf Jahre dauern.

[4] Die Verhandlungen sollten auf das Ziel gerichtet sein, eine **Kosovo/a-Zone des Friedensschutzes, KZOPP**, unter direkter Treuhänderschaft der Vereinten Nationen einzurichten oder, wenn politische Umstände das nicht gestatten, unter einem OSZE-Mandat. Die Treuhänderschaft würde aus den folgenden Institutionen bestehen: einem *Verwaltungsbüro*, einer *Verhandlungs-Expertenkommission*, die in der Hauptsache aus Ruheständlern besteht, die Erfahrungen in Diplomatie, gewaltloser Konfliktlösung und internationalen Verhandlungen besitzen, eine *Rechtsauskunftsabteilung*, die Rechtskenntnisse über verschiedene Themen bereithält, um damit bei den Verhandlungen auszuhelfen, *Versöhnungs-Teams*, die aus verschiedenen NGOs und religiösen Organisationen bestehen und in der ganzen Region eingesetzt werden, um Versöhnung zwischen den Konfliktparteien, Menschenrechte und Friedenserziehung zu fördern, und eine *Sicherheitsgruppe* aus Polizei- und Friedenssicherungs-Truppen, die die örtlichen Polizeitruppen trainieren und die Sicherheit aufrechterhalten.

In einem ersten Schritt in dem viele Jahre dauernden Prozess sollten Prinzipien und Ziele entwickelt werden, auf die sich die Parteien einigen können. Dann sollten *vertrauens- und sicherheitsbildende Maßnahmen* gefördert werden, die im Hinblick auf Selbstbestimmung in der Zone Maßstäbe setzen. Dazu kommt Friedenserziehung und Trainieren örtlicher Polizeitruppen in menschlicher Sicherheit und die Einsetzung von Versöhnungsteams. In späteren Phasen werden dann dauerhafte Institutionen errichtet.

[5] **Für eine dauerhaftere Lösung kann die Ähnlichkeit zwischen der Lage der Serben in Krajina/Slawonien und der der Kosovaren in Kosovo/a genutzt werden:**

Beide Volksgruppen bilden deutlich Mehrheiten in diesen Gebieten, aber sie sind jeweils Minderheiten in Kroatien bzw. Serbien im Ganzen gesehen, und sie haben ihre »Mutterländer« in der Nähe.

Flüchtlinge, von denen die meisten Vertriebene waren, werden zurückgebracht, und den Kosovaren wird derselbe Status in Serbien zuerkannt, den die Serben in Krajina/Slawonien haben. Wenn das einen Einheitsstaat bedeutet, dann kann das akzeptiert werden, ebenso wie eine Föderation, eine Konföderation oder Unabhängigkeit. Aber die Behandlung muss gleich sein und die Kosovaren dürfen nicht als wertvoll und die Serben als wertlos angesehen werden.

Wenn die Grenzen gezogen werden, könnte jede Gemeinde auf die Seite kommen, die ihre Wähler bevorzugen, womit man dem dänisch-deutschen Beispiel von 1920 folgen würde.

Die Möglichkeit, dass der Kosovo/a zu einer dritten Republik in Serbien wird, womit die Garantie verbunden ist, dass es während einer Zeit von etwa 20 Jahren auf seine Unabhängigkeitsbemühungen verzichtet, und dasselbe für

Krajina/Slawonien in Kroatien, sollte nicht ausgeschlossen werden (auch nicht Wojwodina als vierte Republik).

Es gibt keine Parallele zu Bosnien-Herzegowina, da es niemals Teil Serbiens war, aber mit der Situation der Serben in Kroatien.

[6] **Für den Südbalkan sollte eine Balkan-Gemeinschaft in Erwägung gezogen werden**, die Albanien, die Föderative Republik Jugoslawien, Rumänien, Mazedonien, Bulgarien, Griechenland und die Türkei (vielleicht nur »europäischen Teil«) umfasst.

Das würde den Völkern des Südbalkans erlauben, ihr Schicksal wirtschaftlich und politisch selbst in die Hand zu nehmen, wobei sie von der Europäischen Union wirtschaftlich unterstützt würden, aber ohne dass sich die ausländischen Großmächte einmischen.

Das könnte einige der Spannungen zwischen Orthodoxen und Muslimen lockern. Als Modell könnte dienen, worauf man sich in den 1980er-Jahren in der Nordischen und in der Europäischen Gemeinschaft einigte: ein gemeinsamer Markt, freier Fluss von Waren und Dienstleistungen, von Kapital und Arbeit und Koordinierung der Außenpolitik.

Die Völker des Südbalkans könnten auch eigene und bessere Lösungen finden, als in der Europäischen Union gefunden wurden.

[7] **Ein dichtes Netzwerk von Gemeindesolidarität zwischen allen Teilen von Ex-Jugoslawien** für Flüchtlingsarbeit, Hilfeleistungen und Wiederaufbau kann entwickelt werden. Ähnliche Gruppen in Deutschland (»*Gemeinde gemeinsam*«) und in Frankreich (»*Cause commune*«) waren sehr erfolgreich. Der Europarat könnte Rat und Hilfe dafür zur Verfügung stellen.

[8] **1000 örtliche Friedenskonferenzen sollen blühen**, örtliche Gruppen werden mit Kommunikations-Hardware ausgestattet, die Menschen werden zum Hervorbringen von Ideen angeregt. Die Ideen werden gesammelt und an die Regierungen weitergegeben.

[9] **Die ökumenische Friedensarbeit intensivieren**, indem man auf den Friedenstraditionen des katholischen und orthodoxen Christentums und des Islam aufbaut. Alle kompromisslosen sektiererischen religiösen Institutionen in der gesamten Region, nicht nur in Jugoslawien, müssen infrage gestellt werden.

[10] **Im Geiste einer künftigen Versöhnung sollte Folgendes geschehen**:
• die Sanktionen aufheben,
• Spezialisten aus dem In- und Ausland bemühen sich um Verständnis für das, was falsch gelaufen ist,

- Spezialisten aus dem In- und Ausland suchen nach positiven Erfahrungen in Vergangenheit und Gegenwart, die Anregungen für eine gemeinsame Zukunft geben können, wie z. B.
- eine Föderation von mehr und kleineren Teilen, ähnlich wie die Schweizer Kantone, die einen hohen Grad an innerer Autonomie besitzen, was seit Langem dazu beiträgt, dass ein sprachlich und religiös vielfältiges Volk in Frieden miteinander leben kann.
- Anstatt Gerichtshöfe einzurichten, sollte man massive Versöhnungsprozesse in Gang bringen.

(April 1999)

27d | Eine Föderation für Kosovo/a: eine Friedens- und Konfliktperspektive

Der Krieg von 1999 endete mit dem militärischen Sieg von USA-NATO-Befreiungsarmee des Kosovo/a und der Niederlage der Jugoslawischen Volksarmee, der Besetzung des Kosovo/a und der Einrichtung der bedeutenden Militärbasis der USA Camp Bondsteel in Uroševac, 20 km von Priština entfernt, die offensichtlich militärische Aufgaben erfüllen soll, die die Grenzen des Kosovo/a weit überschreiten.

Ein militärischer Sieg ist allerdings durchaus keine Konfliktlösung. Er kann im Gegenteil den Konflikt verschärfen, und den Problemen noch Traumata – diesmal auf der serbischen Seite – hinzufügen.

Zwar sind auch andere Gruppen beteiligt, aber das große Problem ist die Koexistenz von Albanern und Serben auf einem eng begrenzten Gebiet. Die Albaner haben die demokratische Legitimität einer klaren Mehrheit, und die Serben haben dieselbe historische Legitimität wie die Albaner.

Es handelt sich um ein Matroschka-Problem, die Puppe in der Puppe: Die Serben stellen in Serbien mit Kosovo/a die Mehrheit, die Albaner stellen die Mehrheit im Kosovo/a und die Serben die Mehrheit im Nordkosovo mit Mitrovica (und einem kleineren Gebiet, das Priština näher ist).

In einem Mediations-Workshop in Priština vom 11. bis 13. September 2000 mit etwa 70 albanischen und 30 serbischen Teilnehmern, veranstaltet von der OSZE (Organisation für Sicherheit und Kooperation in Europa), wurde dieses Problem in allen Einzelheiten erörtert. Zuerst stellten einige Albaner die Gräueltaten dar, die die Serben jahrhundertelang begangen hatten, dann stellten einige Serben die Gräueltaten dar, die die Albaner jahrhundertelang hindurch begangen hatten. Dann nannten die Mediatoren die Fälle von Zusammenarbeit im Laufe der Jahrhunderte (Heiraten zwischen den Volksgruppen, Handel und anderen Wirtschaftsaustausch usw.). Schließlich richtete sich die Aufmerksamkeit auf mögliche Lösungen.

Ein allgemeiner Konsens entstand, dass Selbstbestimmung das Leitprinzip sein sollte, unabhängig von anderen Regelungen des Völkerrechts und in ihm, die damit zu tun hatten, wie die gegenwärtige Situation entstanden war. Die im Folgenden genannten Zustände und Ereignisse sind für die Realität der albanischen Mehrheit im Kosovo/a und die serbische Mehrheit nur von untergeordneter und nicht wesentlicher Bedeutung: Unterdrückung durch die Regierung in Belgrad, gewaltfreier Widerstand und fast Selbstregierung der Albaner, die von der internationalen Gemeinschaft nicht unterstützt wurde, ein Krieg, der auf falschen Voraussetzungen beruhte, z. B. dem »Racak Massaker« und der »Operation

Horseshoe«, dergemäß angeblich die Albaner vertrieben werden sollten, die massenhafte Flucht der Albaner aufgrund der Propaganda und der Bombardierung durch die NATO, die gewalttätige Invasion der Befreiungsarmee des Kosovo/a. Die Serben haben eine tiefe historische Bindung an das Nordkosovo.

Diese beiden Grundtatsachen weisen auf eine einfache Lösung: *Ein unabhängiges Kosovo/a und innerhalb dieses unabhängigen Kosovo/a viel Autonomie für die Serben im Nordkosovo durch Dezentralisierung der Staatsgewalt für diesen Teil oder mittels einer föderalen Konstitution für den Kosovo/a mit einer, vielleicht zwei serbischen Kantonen.*

Wenn man dem Schweizer Modell folgte, dann würden die serbischen Kantone durch, für und von den Serben in serbischer Sprache und gemäß serbischer Kultur geführt, während im größten Teil des übrigen Landes dasselbe für die Albaner gälte. Darüber hinaus müsste die gesamte exekutive Macht im Kosovo/a gemäß den Bevölkerungsanteilen vergeben werden. Zwei oder mehr Sprachen müssten für Geldscheine, die Namen von Straßen und Plätzen usw. gebraucht werden.

Eine Konföderation zwischen Serbien und Albanien, dazu ein föderiertes Mazedonien (wo die beiden Nationen fast gleich stark vertreten sind), könnte eine Möglichkeit für die Zukunft sein, damit sowohl die Spannungen im Gebiet reduziert würden als auch der Kosovo/a existenzfähiger würde. Aus ebendiesen Gründen wäre eine Teilung des Kosovo/a unproduktiv.

(September 2000)

28 | Hindu-Moslem-Beziehungen: eine Friedens- und Konfliktperspektive

[1] Diagnose. Das Auftreten von Konflikten zwischen den Gemeinschaften der Hindus und der Muslime ist weniger erklärungsbedürftig als der Umstand, dass sie so selten auftreten, besonders wenn man davon ausgeht, dass die Briten (der letzte Vizekönig Lord Mountbatten) Muslim-Land an Indien gab, um den Zugang nach Kaschmir zu sichern. Nach dem Blutvergießen, das die Teilung begleitete, war der Frieden zwischen Hindus und Muslimen in Indien die Regel und Gewalt die Ausnahme (aber nicht der Frieden zwischen Indien und Pakistan).

Bei jeder Erklärung muss das hohe Niveau der Toleranz des ökumenischen, einschließenden (weichen) Hinduismus genannt werden, die sich auswirkt, solange andere ebenfalls tolerant und respektvoll mit dem Hinduismus umgehen. Der islamische Einmarsch in Nordindien seit dem Jahr 1000 war weit davon entfernt, tolerant und respektvoll zu sein. Er schuf Wunden, die ganz und gar nicht vergessen wurden.

Die Historizität davon, dass in der Stadt Ayodhya die Babri-Moschee »auf den Resten des Ramatempels« errichtet wurde, hat weniger Bedeutung als die Mobilisierung der Hindumassen, die mit der Zerstörung der Moschee am 6. Dezember 1992 und der Ausbreitung der Gewalt zwischen Hindus und Muslimen in Teilen Indiens endete und einer fundamentalistischen Partei, der BJP, 1998 den Weg bereitete. Der Konflikt wurde von zynischen Führern instrumentalisiert, aber er war schon zuvor fest verwurzelt.

[2] Prognose. Aber was daraus folgen wird, ist nicht leicht vorherzusagen. Es könnte ein katalytisches Ereignis für einen Bürgerkrieg sein, der mit der üblichen indischen Verspätung eintritt. Mit dem Risiko eines Bürgerkrieges zu spielen ist riskant, es wäre besser, wenn ein solches Ereignis nicht einträte. Angesichts der Zahlen und der Nähe der Beteiligten könnten eine Trennung der Gemeinschaften und auch ein nur sporadischer Ausbruch von Gewalt ernste Auswirkungen haben. Die Vorhersage ist schlecht, wenn man an das Massaker und an die Ermordung der Premierministerin Indira Gandhi 1984 denkt, die der Besetzung des Goldenen Tempels der Sikhs folgten.

[3] Therapie. Kurz vor der Konfrontation am 6. Dezember 1992 trafen sich vier Männer in Ladnun in Rajasthan, ein Hindu, ein tibetanischer Buddhist (der Dalai Lama), ein Jain (Acharya Tulsi) und ein westlicher Friedensarbeiter (Johan Galtung) zu einem Dialog, in dem es um eine Lösung gehen sollte. Die verschiedenen Ansätze sagen wahrscheinlich mehr über die Konfliktphilosophie der Gesprächsteilnehmer als darüber aus, was ein annehmbares und dauerhaftes Ergebnis hätte sein können:

Eine hinduistische Ansicht: Die Parteien davon überzeugen, dass sie alles Handeln aufschieben sollen.

Eine buddhistische Ansicht: Mitleid aller und für alle, um die Positionen zu besänftigen.

Eine jainistische Ansicht: Was auch immer geschieht, es soll gewaltfrei geschehen.

Die Ansicht eines westlichen Friedensarbeiters: Ein technischer Ansatz: die Moschee 100 Meter von der Stelle bewegen, einen Hindutempel an der Stelle bauen, wo der Ramatempel vermutet wird, einen Korridor zwischen den beiden bauen, der in der Mitte einen Raum für Dialoge zwischen den Gemeinschaften bietet.

Anders gesagt: Hier steht das westliche »Man muss etwas tun!« gegen die östliche Art »Langsam, mit der Ruhe!«, die sich auf das Innere und das *Wie* und nicht auf das *Was* konzentriert. Die vier Perspektiven schließen einander nicht aus. Ebenso wenig schließen sie die üblichen Ansätze aus wie Dialoge zwischen Hindus und Muslimen und Beratungen über örtliche Zusammenarbeit, in denen Konflikte im Vorfeld gelöst werden können.

Aber die tiefer gehende Frage ist, ob das überhaupt ein Konflikt war. Spielte der Tempel tatsächlich für die Parteien eine Rolle oder war das Ganze ein vorher geplantes gewalttätiges Treffen, für das sich die Mehrheit entschieden hatte, z. B. um zu zeigen, wer in Indien das Sagen hat? War der Tempel ein nur zu konkreter Fokus, der für viel tiefer liegende Probleme stand? Wenn es das Thema Tempel nicht gegeben hätte, welches Thema wäre dann an seine Stelle getreten? Könnte es in diesem Fall nicht ebenso sein, wie es so oft geschieht: Man diskutiert über technische Ressourcen-Probleme (Öl, Wasser), während es in Wirklichkeit um die Dialektik zwischen Klassen oder Nationen bzw. Staaten geht wie zwischen Israelis und Palästinensern, die über heilige Orte streiten? Heißt das, man setzt an die Stelle eines tiefen, gefährlichen Konflikts einen handhabbaren Streit?

Un train peut en cacher un autre?

(Dezember 1992)

29 | Anomie, Atomie und »Sekten«: eine Friedens- und Konfliktperspektive

[1] **Diagnose.** Nicht nur die westlichen fortgeschrittenen Industriegesellschaften treten jetzt in eine postmoderne Sozialform ein, die durch hochgradige Auflösung verbindlicher Normen und Werte (Anomie) sowie der Sozialgefüge (Atomie) gekennzeichnet ist. Die Gesellschaft wird zu einer Ansammlung isolierter Individuen, die von der egozentrischen Kosten-Nutzen-Rechnung des Marktes gesteuert werden. Der Computer ist eine Ikone, die auf einen Altar erhoben und vor der ein Gottesdienst abgehalten wird.

Die menschliche Suche nach *Sinn* (durch verbindliche Normen und Werte) und *Zusammengehörigkeit* (durch verbindliche soziale Beziehungen) findet in dieser Gesellschaft starke und manchmal unerwartete Ausdrucksformen. Typische Beispiele dafür sind Korruption, kriminelle Vereinigungen auf allen Ebenen der Gesellschaft, Gewaltanwendungen aller Art und auf der Mikro-, Meso-, Makro- und Megaebene und *Sektenbildungen*, Bildung von Organisationen – sowohl innerhalb der Staatsgrenzen als auch die Grenzen der Staaten überschreitende –, deren Mitglieder durch starke gemeinsame Normen und Werte und ein starkes Sozialgefüge miteinander verbunden sind. Für gewöhnlich ist es leichter, in eine »Sekte« ein- als wieder aus ihr auszutreten. Eine »Sekte« ist in gewisser Weise eine Gesellschaft in der Gesellschaft, ja sogar ein Staat im Staat. Deshalb werden die Sekten von den Staatsmächten abgelehnt, denn sie fürchten, dass diese nicht nur die Führung übernehmen, sondern auch, dass sie die menschlichen und sozialen Energien absorbieren könnten.

Nationalismus erfüllt alle diese Kriterien. Die etwa 2000 Nationen in der Welt sind die Hauptquellen von Sinn und Zusammengehörigkeitsgefühl, sie sind wie Sekten, deshalb nimmt der Nationalismus zu.

[2] **Prognose.** Innerhalb von Gesellschaften und über ihre Grenzen hinaus werden sich Gruppen formen, wenn der Staat durch Anomie und Atomie, durch Gewalt und Korruption und, weil er sich dem Markt unterwirft, zu einem »abwesenden Staat« wird. Der Nationalismus nimmt zu, da er sowohl verbindliche Normen als auch ein Sozialgefüge bietet. Die Staaten, die sich vom fürsorgenden Staat, dem *État providence*, zum Polizeistaat, dem *État gendarme*, entwickeln, müssen viel Energie darauf verwenden, diese neuen Formationen zu bekämpfen; dabei wenden sie manchmal sehr gewaltsame Mittel an. Die Sekten werden zunehmend Untergrund- und Geheimgruppen, die im eigenen Staat wie unter Bedingungen einer fremden Besatzung agieren. Gehorsam der Mitglieder gegen die Sektenführung ist die herrschende Norm. Staaten beher-

bergen oft sehr verschiedenartige Menschen, während Sekten sehr viel homogener sind.

[3] Therapie. Die Menschenrechtstradition schützt die Freiheit des Denkens und Ausdrucks der Sektierer. Das ist darum wichtig, weil ihre Kritik an der zeitgenössischen Gesellschaft zum großen Teil berechtigt ist. Dieselbe Tradition schützt auch ihr Versammlungsrecht.

Aber wir brauchen einen Gesellschaftsvertrag, in dem »Freiheit des Ausdrucks« und »Versammlungsfreiheit« durch »Freiheit des Nicht-Ausdrucks« und der »Nicht-Versammlung«, der Freiheit, nicht dazuzugehören, ergänzt wird. Hier gibt es eine bedeutsame Lücke in der Menschenrechtstradition. Wir denken an ein SOS-System, ähnlich dem bewundernswerten Apparat, der an einigen Orten den von ihren Männern verprügelten Frauen und den von ihren Eltern verprügelten Kindern und anderen zur Verfügung steht: »Bitte hilf mir hier raus!«

Darüber hinaus muss die Therapie sich in einer ganz anderen Richtung bewegen: Sie muss Anomie und Atomie entgegenwirken und darf nicht etwa Regulierungen und Zwangsmaßnahmen des Staates verstärken.

Sicherlich ist es bedeutungslos und bewirkt genau das Gegenteil, wenn man der Abwesenheit verbindlicher Werte und Normen dadurch entgegenzuwirken versucht, dass man die alten Werte und Normen predigt. Sie sind Werte absterbender sozialer Formen und könnten nur dadurch wieder verbindlich werden, dass man zu diesen Formen zurückkehrte. Die Suche nach neuen Werten verspricht mehr Erfolg. Ein Ort, den man bei dieser Suche nicht übersehen sollte, sind die Sekten; oft haben sie etwas zu bieten. Wir wollen sie lieber »Bewegungen« als »Sekten« nennen. Neue Bewegungen wirken auf den ersten Blick sektiererisch, aber vielleicht enthalten sie ja wertvolle Wahrheiten.

Wenn man der Abwesenheit eines Sozialgefüges entgegenwirken will, dann braucht man Werte wie Solidarität und Gegenseitigkeit. Die gibt es in den Bewegungen in Hülle und Fülle, dagegen fehlen sie in den gigantischen Formationen »Gesellschaft« und »Markt«. Der Staat soll die Möglichkeit haben, die Bewegungen zu regulieren, aber er sollte auch von ihnen lernen und muss respektvoll mit ihnen umgehen.

(August 1993)

30a | Sri Lanka I: eine Friedens- und Konfliktperspektive

[1] Diagnose. Eine Minderheit kann einer multinationalen Bevölkerung einen Einheitsstaat aufzwingen wie auf Hawaii. Dasselbe kann tatsächlich auch eine Mehrheit tun, wenn sie Demokratie mit dem verbindet, was sie für historische Rechte hält. Das Ergebnis war eine Katastrophe für die Singhalesen, Tamilen und Muslime in Sri Lanka. Der Konflikt in Sri Lanka, der unaufhörlich viele Opfer forderte, Tote, Hinterbliebene, Verwundete und Verschleppte, und materiellen Schaden anrichtete, verdankt sich im Wesentlichen einer falschen Entscheidung im Jahr 1956. Dieser Fehler ist verständlich, wenn man von der Definition des britischen Kolonialismus als Hauptwiderspruch ausgeht, aber er ist nicht zu entschuldigen. Noch weniger ist die Unfähigkeit der singhalesischen Regierung zu entschuldigen, einfach nachzugeben und den Tamilen nicht nur örtliche Autonomie in einer Föderation, sondern Unabhängigkeit in einer Konföderation zu geben. Das wäre angesichts der begrenzten Größe der Insel eine gute, zweitbeste Möglichkeit gewesen. Diese Unfähigkeit kann vielleicht mit der Heftigkeit des gewaltsamen Meta-Konflikts erklärt werden, der die meisten Familien in den drei Gemeinschaften berührt. Die singhalesische Regierung warb sogar indische Soldaten der unglückseligen indischen Friedenssicherungs-Streitkräfte von 1987 bis 1990 an und verfolgte eine »militärische Lösung«. Das geschah auch, um die Tamilen davon abzuhalten, sich mit ihrem Mutterland Tamil Nadu zu vereinigen.

[2] Prognose. Die Prognose ist eine Fortsetzung des gegenwärtigen Zustandes, d. h. die Gewalt zieht sich weiter hin und wird institutionalisiert. Beide Parteien haben sich so sehr an Militärangriffe und Terroristenanschläge, an Rache für Rache für Rache gewöhnt, dass die gesamte Gesellschaft deformiert wurde. Wie in Nordirland und im Baskenland gelten das allgemeine und das Interesse der Medien nur der Gewalt, was verständlich ist, da jeder getroffen werden kann. Aber jede Konzentration auf Gewalt und ihre furchtbaren Folgen steht Dialogen zur Konflikttransformation im Weg. Eines Tages wird sich der Zustand bessern, aber bis zu diesem Tag kann es noch lange dauern.

[3] Therapie. Eine mögliche Lösung – neben der Sezession der Tamilen oder einer territorialen (Kon-)Föderation – nennen wir hier den *nicht-territorialen Föderalismus*. Die Angehörigen von drei Nationen leben in der Nähe voneinander und sind stark gemischt. Sie geraten in Kämpfe miteinander. Die klassische Lösungsidee ist Sezession oder man zieht irgendwo Grenzen und trennt die Gruppen voneinander. Das Problem mit solchen Grenzen ist, dass sie als Einladungen zu »ethnischen Säuberungen« verstanden werden können. Deshalb wird eine kreativere Idee als das Ziehen von Grenzen gebraucht.

Ein Vorschlag ist, dass jede Nation ihr eigenes Parlament bekommt, in dem sie über ihre Religion und Sprache, Trauma und Ruhm, heilige Orte und Zeiten, Polizei und Gerichte und Wirtschaft entscheidet. Danach kommen sie in einem Über-Parlament zusammen, um über Infrastruktur, Außenpolitik, Sicherheit und Finanzen zu entscheiden. Jede Nation wäre in ihren eigenen Angelegenheiten souverän.

Das mag sich kompliziert anhören. Aber diese Kompliziertheit ist ein niedriger Preis, wenn man damit zerstörerische, sich in die Länge ziehende Kriegshandlungen mitsamt ihren Kosten – nicht nur an Toten und Verwundeten und materiellem Schaden – vermeidet. Zu den Kosten gehören auch irreparable psychische Schäden in Form von individuellen und Familientraumata, Traumata für die Nationen und das gesamte Land, die im Allgemeinen die Bevölkerung auch beim Umgehen mit später auftretenden Konflikten beeinträchtigt. Und niemand muss umziehen: Alle leben nebeneinander wie die Demokraten und Republikaner, die in den Vorwahlen in den USA abstimmen, oder die Samen in nordischen Ländern, die ihr samisches Parlament wählen. Sie stimmen dort, wo sie wohnen, über ihre eigenen und die gemeinsamen Angelegenheiten ab. Sie müssen sich nur registrieren lassen und nehmen dann aktiv, kreativ und gewaltfrei an der Wahl teil.

Die drei Gemeinschaften in Sri Lanka wohnen auf engstem Raum beisammen. Vielleicht ist es jedoch schon zu spät für kreative Lösungen: Die Wunden sind zu tief. Für diesen Fall kann man nur hoffen, dass die Singhalesen eine Führung hervorbringen werden, die das Undenkbare denkt und die das bisher nicht Machbare macht: einen Tamilenstaat. Die Tamilen müssen, wenn sie in einer Konföderation volle Souveränität bekommen haben, zur engstmöglichen Zusammenarbeit bereit sein, wie sie das Zusammenleben auf einer kleinen Insel verlangt. Darüber hinaus müssen sie sich an einer riesigen Wiederaufbau- und Versöhnungsoperation beteiligen.

(August 1993)

30b | Sri Lanka II:
eine Friedens- und Konfliktperspektive

[1] Diagnose. Der Perspektive von 1993 füge ich die Perspektive von 2000 hinzu: Um aus dem Gedankengefängnis der ausschließlichen »Singhalesen gegen Tamilen«-Konflikt-Beziehung auszubrechen, stelle man sich die Arbeit mit einer Konfliktformation von sechs Parteien vor. Die Parteien sind:

- die »harten« Singhalesen, darunter viele buddhistische Kleriker,
- die »sanften« Singhalesen, darunter viele aus der Sarvodaya-Bewegung, einer Selbsthilfeorganisation,
- Muslime (zehn Prozent der 18,6 Millionen, davon 14 Prozent Tamilen, 76 Prozent Singhalesen),
- Sri-Lanka-Tamilen mit 15 000 »Tigern«, die 150 000 Soldaten gegenüberstehen, und einer beträchtlichen Diaspora mit Einfluss auf die Weltmeinung,
- indische Tamilen in Tamil Nadu (50 Millionen) und
- Neu Delhi, Hindu-Indien (mit großer muslimischer Minderheit).

Der elementarste Fehler wäre es, sich nur auf (1 + 2) gegen (4) zu konzentrieren und (3) und (5 + 6) draußen zu lassen, es sind ein Zehntel der Menschen und größere Parteien im Ausland. Es geschieht noch mehr unter- oder oberhalb dieser Markierung:

(4) + (5) gegen (1 + 2) + (6), tamilische Sezession bzw. Vereinigung gegen Colombo bzw. Neu Delhi, (1 + 2 + 3 + 4) gegen (5 + 6), Sri Lanka gegen Indien, die Größe des Nachbarn wird nicht beachtet.

Es wirkt eine doppelte Asymmetrie: Die Singhalesen übertreffen an Zahl die Tamilen und die Muslime, aber Tamilen und Muslime in Indien übertreffen an Zahl bei Weitem die Singhalesen, die kein Mutterland haben, an das sie sich wenden könnten.

Außerdem gibt es natürlich die alte Kolonialmacht Großbritannien, die USA und die »Internationale Gemeinschaft«, die den Diskurs vom Thema Inter-Nationen bzw. Selbstbestimmung zum Thema Terrorismus gegen Status quo verschoben haben und die vielleicht ein Tribunal abhalten wollen, wenn die Tiger »unvernünftig« sind.

[2] Prognose. Weniger als ein Prozent beteiligten sich an den Gewalttaten, aber seit 1983 wurden 63 000 getötet, sodass wir von mehr als einer halben Million Hinterbliebenen ausgehen müssen, die mit tiefen persönlichen Traumata und mit Hass den Konflikt anheizen. Die Überwachung einer Gruppe, die entschlossen ist, bei der Verfolgung ihrer nationalistischen Ziele Gewalt einzusetzen, ist schlimmstenfalls unmöglich und bestenfalls unbezahlbar. Regierungen werden militärische Lösungen mit groß angelegten Offensiven verfolgen, während Gegenangriffe und lang andauernde Rache ihnen den Erfolg streitig machen werden. Das ist ein Beide-Seiten-Verlieren-Programm, das Verhandlung und Mediation oberflächlich und hohl werden lässt.

[3] **Therapie.** Das Folgende gründet sich auf Dialoge mit allen sechs und noch weiteren Parteien:

A. Territorialer und nicht territorialer tamilischer, muslimischer und singhalesischer Föderalismus. Die Landkarte legt es nicht nahe, Führer einzusetzen und im Stil des Schweizer Föderalismus Grenzen zu ziehen, denn die Tamilen sind außerhalb ihrer Konzentration im Norden und Osten über die ganze Insel verstreut. Ein Zweikammern-Parlament – ein wie üblich territoriales und eins für die drei Nationen – würde sowohl den territorialen als auch den national-ethnischen Aspekt von Sri Lanka widerspiegeln. Autonom wären die Nationen in kulturellen Fragen, in der örtlichen Wirtschaft und in Rechtsangelegenheiten, während sie sich in der Außen-, Sicherheits- und Finanzpolitik die Macht teilen würden. Wenn es drei Parteien gibt, kann das die gegenwärtige Polarisierung beruhigen. Der Staat würde die Einhaltung der Menschenrechte auf eigene Sprache und Religion garantieren und für eine gemeinsame Währung, eine gemeinsame Außenpolitik und föderale und nationale Polizei und Militär, auch im Tamilenteil sorgen, der aber nicht territorial, sondern national wäre.

B. Funktionale Unabhängigkeit für sowohl Tamilen als auch für Muslime, die das Recht bekommen, sich mit Tamilen und Muslimen in Indien und anderswo zusammenzuschließen. Die Tamilen könnten im Ausland Konsulate unterhalten. Es würde einen freien Verkehr von Menschen, Waren sowie Dienstleistungen und Ideen geben – wie die Französisch- und Italienischsprechenden in der Schweiz mit Frankreich und Italien verbunden sind. Das wäre einer von vielen nicht-militärischen Sicherheitsansätzen.

C. Das indische Modell. Wenn Neu-Delhi Tamil Nadu als einen Staat in Indien haben kann, dann kann Colombo Tamil Eelam im Nordosten als einen Teil haben.

D. SAARC wird die Schirmherrschaft übernehmen müssen. Es gibt einige Parallelen zu Kaschmir, z. B. haben Hindus und Muslime Mutterländer, aber die Ladakh-Buddhisten nicht. Einige von ihnen mögen der Meinung sein, es sei besser zusammenzubleiben (»das Tal«), als sich dem einen oder anderen Mutterland anzuschließen. Sie wollen jedoch freien Verkehr von Menschen, Waren sowie Dienstleistungen und Ideen.

Es könnte interessant sein, die beiden Konflikte miteinander zu verbinden, da die Implikationen für eine Therapie dieselben sind: Auflockerung und mehr Flexibilität.

(Dezember 2000)

31 | Hawaii: eine Friedens- und Konfliktperspektive

[1] Diagnose. Das klassische Problem: Siedlerkolonialismus, Sturz der hawaiischen Monarchie 1893, Annektierung 1898 (Präsident McKinley) und Einverleibung in die USA als 50. Staat 1959: alles illegitim von oben auf Kosten des hawaiianischen Volkes. Wenn die Hawaiianer mehr als 50 Prozent der Bevölkerung ausmachten, wäre Hawaii heute entkolonialisiert. Aber die Entfremdung von ihrer Kultur durch Missionierung, dazu Krankheiten (»Handlungen Gottes«) und der Landraub reduzierten sie von 800 000 im Jahr 1778 auf 8000. Sie stellen heute 20 Prozent der Bevölkerung, die weißen Siedler etwas mehr, etwa 25 Prozent. Die übrigen Einwohner sind Ostasiaten, die als Arbeitsverpflichtete auf die Insel gebracht wurden; auch sie werden ausgebeutet.

Der Archipel wurde von den Siedlern für Plantagen, Tourismus und Militärbasen benutzt, was zu einem großen japanischen Angriff führte. Alle drei Industrien stecken heute in wirtschaftlichen Schwierigkeiten, die zu großen Einschränkungen führen.

[2] Prognose. Die am meisten einleuchtende Prognose ist eine Verlängerung des gegenwärtigen Zustands: Die Einheimischen sind Bürger zweiter Klasse in ihrem eigenen Land, denn die Rechte der Siedler setzen sich gegen die historischen Rechte durch. Allerdings machte Präsident Clinton einen interessanten Anfang, indem er sich im November 1993 »für den Sturz des Königtums von Hawaii durch die Vereinigten Staaten bei den eingeborenen Hawaiianern entschuldigte« (Public Law 103–150).

Es besteht die Gefahr, dass dem ein USA-Konzept von »Nation-in-der-Nation« folgen könnte wie die Einrichtung von Reservationen für die einheimischen Amerikaner. Dieses System riecht nach südafrikanischer Apartheid, wie sie bis vor einiger Zeit bestand. Entschuldigungen, die Rückgabe von etwas Land und Reparationen an die einheimischen Hawaiianer reichen nicht mehr aus (es besteht auch die Gefahr, dass nach Clinton ein neuer McKinley auftaucht, der die Macht Washingtons brutal ausüben könnte). Wirkliche Souveränität bedeutet Kontrolle über alle acht Inseln des Archipels, nicht nur über eine (Kaho'olawe). Und das wirft das Problem auf: Was wird aus den Nicht-Hawaiianern, der Mehrheit?

[3] Therapie. Eine mögliche Lösung für ein unabhängigeres Hawaii könnte eine *Zweikammerregierung* sein: Eine normale Kammer für alle Bürger, gleich woher sie stammen, und eine nur für die Hawaiianer mit Vetorecht in so grundlegenden Dingen wie Kontrolle über heilige Zeit und heilige Orte, die Dyade von Trauma und Ruhm, Zuteilung, d. h. Rückgabe von Land, von dem ein großer Teil militärisch genutzt wird, an die Hawaiianer, Freizügigkeit, Beziehungen zum Ausland, Sprache (zwei Verwaltungssprachen) und ein Polizei- und Gerichtssystem für die Hawaiianer, das sie selbst verwalten.

All das muss durch gewaltfreie Mittel erreicht werden und sich auf einen langen, komplexen Erziehungsprozess gründen.

Ein Modell wäre es, wenn man das Konzept von »heiliger Zeit, heiligen Orten« benutzte, um Raum und Zeit in einem Archipel heiliger Orte (z. B. Begräbnisplätze) zurückzuerobern. Der Kalender könnte durch heilige Zeiten der Hawaiianer akzentuiert werden, durch ihre Tage von Ruhm und Trauma, etwa durch das Herausstellen des *ha'ole* (weißen) 4. Juli, Erntedank am 7. Dezember usw.

Hawaii könnte auch wieder als Sich-nicht-selbst-regierendes-Territorium eingeschrieben werden und den durch die Vereinten Nationen festgelegten Prozess durchlaufen (der ähnliche Fall Kanaky, von den Franzosen Neukaledonien genannt, wurde im Dezember 1986 von der Generalversammlung auf die Liste gesetzt). Die Entwicklung zur Souveränität ist nicht mehr aufzuhalten, denn das Bewusstsein ist schon zu fortgeschritten, auch wenn es auf dem Weg dorthin noch manchen Aufenthalt geben wird.

Ein souveränes, nicht notwendigerweise altmodisches unabhängiges Hawaii würde Nicht-Hawaiianer einschließen, wenn sie die Grundaspekte der hawaiianischen Kultur respektieren, wie das Ganzheitsbewusstsein und die Achtung vor der Natur. Wenn es zunehmend Washington gegenüber autonom würde, könnte das gegenwärtig noch abhängige Hawaii sowohl eine starke Finanzwirtschaft als auch eine an den Grundbedürfnissen orientierte selbstverantwortliche Wirtschaft bekommen.

Ein unabhängiges Hawaii würde durch seine Diaspora Beziehungen zu anderen Völkern im polynesischen Dreieck unterhalten bis hin zu den pazifischen Randgebieten. Seine Sicherheit würde sich auf gute Beziehungen zu allen Nachbarn und nicht auf eine Armee gründen. Stattdessen könnten die US-Militärbasen zur Stationierung von UN-Friedenstruppen benutzt werden.

(November 1993)

32 | Ecuador – Peru: eine Friedens- und Konfliktperspektive

[1] Diagnose. Gemäß der klassischen Staatssystemlogik, die jetzt ihren 350. Geburtstag nach dem Westfälischen Frieden feiert, wird jedes Stück Land deutlich gekennzeichnet und gehört zu einem und nur zu einem Staat. Aber was ist zu tun, wenn zwei oder mehr Staaten Anspruch auf dasselbe Stück Land erheben, z. B. weil dort nicht nur eine Wasserscheide ist, sondern zwei, oder weil ein Grenzfluss manchmal fließt und manchmal nicht?

[2] Prognose. Die klassische Antwort ist Krieg, um zu einer »militärischen Lösung« zu kommen, und genau das taten Ecuador und Peru 1942, 1981 und 1995 infolge des Krieges von 1941. Eine andere »Lösung« ist die Übernahme der Herrschaft durch einen starken großen Staat oder eine Staatengemeinschaft als »Mandat«.

[3] Therapie. Eine Lösung, die sehr viel besser zu einer Erde passt, die immer weniger Grenzen hat, wäre es, wenn die Staaten das umstrittene Gebiet gemeinsam als *Kondominium* verwalteten. Wenn beide Parteien gut begründete Ansprüche haben, dann ist es besser, das umstrittene Gebiet als gemeinsames Gebiet anzusehen, ein Gebiet, das die streitenden Parteien gemeinsam nutzen. Statt dass man darum kämpft, kann man das gemeinsame Gebiet für kooperative Unternehmen nutzen. Aber was heißt das genau?

(1) Die zwei Staaten können eine »*zona inejecutable*« an der Stelle einrichten, wo das Rio-de-Janeiro-Protokoll vom Januar 1942 keine genaue Grenze bestimmte, sodass der Vertrag nicht ausgeführt werden konnte, eine *binationale Zone, ein Kondominium* mit beiden Fahnen.

(2) Sie könnten mit der Hilfe der IUCN, der International Union for Conservation of Nature and Natural Resources, einen *Naturschutzpark* einrichten. Dadurch würde die Zone weniger antastbar, was sowohl im Interesse des Friedens als auch der Umwelt wäre. Der Park würde gemeinsam verwaltet, unabhängig davon, ob eine Grenze zwischen den beiden Staaten deutlich markiert wäre oder nicht.

(3) Ein *Campingplatz* für Jung und Alt aus beiden Ländern würde ebenso gut wie anderswo in einen Naturpark passen.

(4) Sie könnten *Wirtschaftszonen* für Gemeinschaftsunternehmen einrichten und Firmen von beiden Seiten dazu einladen. Fabriken gehören nicht in eine ökologische Zone, aber Verwaltungseinrichtungen schon. Das wäre in unserer heutigen elektronischen Welt kein großes Problem.

(5) Soldaten beider Länder würden abgezogen und zögen sich zurück, und Operationen für *gemeinsame Sicherheit* würden durchgeführt: Patrouillen, ein militärisches Frühwarnsystem usw.

(6) Es muss daran gearbeitet werden, die *Rechtssysteme* aneinander anzupassen, um Verbrechen zu verurteilen und die Zusammenarbeit zu erleichtern.

Kurz gesagt: Zwei Länder mit einer gemeinsamen Geschichte der Feindseligkeit könnten den Konflikt kreativ dazu nutzen, an dem umstrittenen Ort zusammenzuwachsen, und zwar in einem Tempo, das das jeweilige Nationalgefühl vertragen könnte und benötigen würde.

(7) Aber sie können noch weitergehen, indem sie die Zone internationalisierten, wobei sie sich binationale Verwaltung und Souveränität für alle Fälle vorbehalten würden. Zu den nationalen Fahnen könnten noch zwei weitere hinzukommen: die der Vereinten Nationen und die der Organisation der Amerikanischen Staaten.

(8) Eine Stätte für Verhandlungen über Grenz- (und andere) Streitfälle für streitende Parteien aus der ganzen Welt würde errichtet.

(9) Die UN- bzw. OAS-Friedenssicherungstruppen würden die Sicherheit internationalisieren, indem sie Kontingente aus beiden und anderen Ländern einsetzten.

(10) Das Gebiet kann eine internationale *Friedenszone* werden. Solche Zonen würden bei den Vereinten Nationen registriert, wo ein Verhaltenskodex entwickelt werden könnte.

Regionale Organisationen (wie OAU, OSZE) an anderen Orten sind vielleicht an einem ebenso konstruktiven Ansatz zur Lösung von Grenzstreitigkeiten interessiert. In der Folge könnten solche Zonen für die Errichtung von Begegnungsstätten für Friedensstiftung und Friedenskonsolidierung genutzt werden.

Wenn Regierungsorganisationen miteinander kooperieren können, dann können das internationale Bürgerorganisationen aus Lateinamerika erst recht. Damit würden sie der internationalen Zivilgesellschaft zu mehr Substanz verhelfen.

(August 1995, Juni 1998)

33 | Die Maya:
eine Friedens- und Konfliktperspektive

[1] Diagnose. Für Uninformierte war der Aufstand der Zapatistas in Chiapas im Januar 1994, zur Zeit des NAFTA-Vertrages, der den USA wirtschaftliche Macht über Mexiko einräumte, weniger als ein Jahr nach dem Gedenken an die Invasion des Kolumbus, eine Überraschung. Beschäftigen sich diese Leute gar nicht mit Geschichte? Wie könnten sie sonst annehmen, dass die Träume des Mayavolkes, das in Südmexiko, Nordguatemala, Honduras und Belize lebt, ganz und gar hätten unterdrückt werden können, wenn auch seit dem Niedergang und der spanischen *conquista* Jahrhunderte vergangen sind?

Die Spanier selbst kämpften 800 Jahre lang gegen das Kalifat von Córdoba, warum gestehen sie einem Volk, das sie so brutal unterdrückten, nicht dasselbe Durchhaltevermögen und dieselben Träume zu? Als würden »primitive Völker« nicht auch träumen.

Was dort geschieht, ist ein weiteres Beispiel in den Amerikas für etwas, das man *Kolumbus verkehrt* nennen könnte. In den mehr als 500 Jahren seit Kolumbus gab es viele Aufstände. Können wir uns der Hoffnung hingeben, dass das Weltbewusstsein sich so weit entwickelt, dass es solche Probleme nicht mehr nur als Forderung nach einer dringend notwendigen Landreform, nach Gesundheitsfürsorge und Elementarschulen versteht? Oder ist die westliche Auffassung einer linearen unumkehrbaren Geschichte zu stark?

[2] Prognose. Vielleicht nicht. Der Diskurs wechselte zwischen brutaler Unterdrückung des Aufstandes und einigen kleinen Zugeständnissen, die, wenn sie umgesetzt worden wären, zwar bedeutungsvoll hätten werden können, die aber den zentralen Punkt der Sache nicht berühren: die Selbstbestimmung. Die wahrscheinlichste Prognose ist leider die Fortsetzung des Revolution-Repression-Zyklus der letzten fünf Jahrhunderte, wogegen die Welt, ein paar bewusste, mitfühlende Bürgerorganisationen ausgenommen, nichts unternimmt, sich also Unterlassungen zuschulden kommen lässt.

[3] Therapie. Wenn es sich um eine Nation handelt, die auf drei Länder verteilt ist, dann kann die Zukunft einige Ähnlichkeiten mit der der Kurden aufweisen und der Drei-Stadien-Formel folgen: zuerst Menschenrechte, dann Autonomie innerhalb der Länder und dann möglicherweise eine Konföderation der Autonomien, die an Unabhängigkeit grenzt. Dies setzt eine Maya-Nation nicht nur innerhalb, sondern auch über die Grenzen hinweg voraus, möglicherweise als eine (Kon-)Föderation der Autonomien auf Staatsniveau, von denen Chiapas eine wäre. Und wieder gibt es dieselbe Tragödie, wie heroisch sie auch sein mag, dass Gewalt gebraucht wird, während aktiv ausgeführte Gewaltfreiheit – vermutlich eher von Frauen als von Männern – vielleicht viel bessere Ergebnisse bringen würde, dazu noch viel schneller.

Es ist auch eine Frage der Kreativität. Die Maya haben ein Recht auf ihren Staat. Es könnte Übergangsperioden mit doppelter Staatsbürgerschaft und gemeinsamer Verwaltung von Mexiko, Guatemala, Honduras und Belize und den Vereinten Nationen in Zusammenarbeit mit der Organisation Amerikanischer Staaten als zusätzlichen Partnern geben. Ähnliche Maßnahmen, wie wir sie für die kurdische Situation vorschlugen, könnten ergriffen werden: Wahlen zu einem Mayaparlament im Exil, eine Behörde der Maya, die die doppelte Staatsbürgerschaft garantiert. Alles das liegt in etwas weiterer Zukunft, solange die Maya nicht dasselbe Maß an Nationalbewusstsein haben wie die Kurden. Eins ist allerdings sicher: Das Problem wird sich nicht in Luft auflösen.

Damit wollen wir nicht behaupten, dass Länder wie Guatemala nicht ihre eigene Art hätten. Die Grenze zwischen den 19 Maya-Gemeinden und den *ladinos* wird als grundlegend anerkannt. Aber die Konstruktion eines Bürgerkrieges, der 1961 anfing und 35 Jahre andauerte, führt in die Irre. Wichtiger waren die *conquista* und das Bombardement der USA 1954, das sich gegen das Arbenz-Regime richtete. Aber Spanien und die USA brachten es fertig, als »dritte Parteien« aufzutreten, womit sie den Diskurs beeinträchtigten, den Konflikt als »innerstaatlich« behandelten und die Verbindung mit den Maya ignorierten. Das Letztere ist leicht, wenn man den allgemeinen Mangel an Zugang der Maya zu den Welt-Medien oder auch nur zu den nationalen Medien bedenkt.

Das beweist wieder einmal, wie interessant das Leben wird, wenn die Medien schlecht informiert sind: Es wird immer Überraschungen wie die von Chiapas geben.

(August 1995)

34 | Kreuzzüge und Versöhnung:
eine Friedens- und Konfliktperspektive

[1] Diagnose. Am 27. November 1095 rief Papst Urban II. in der französischen Stadt Clermont zu dem auf, was später Erster Kreuzzug genannt wurde. 1291 kamen die Kreuzzüge mit der Niederlage der Christen zu einem Ende. Aber es gab nie einen Friedensschluss.

[2] Prognose. Die Kreuzzüge ragen in der Geschichte als Beispiel dafür hervor, wie Religion zur Rechtfertigung von Krieg benutzt wird. Auch heute noch gibt es kollektive Erinnerungen und es existiert immer noch eine Kreuzzugsmentalität, aus der ein »Golf-Syndrom« erklärbar wird, wobei katholische und protestantische Länder mit umfassender Kreuzzugserfahrung, z. B. dem Massaker von Bagdad 1258, gegen ein muslimisches Land stehen.

[3] Therapie. Am 26. und 27. November 1995 fand am Schweizer Institut für Entwicklung in Biel/Bienne ein Dialog statt, zu dem sich leitende Repräsentanten des christlichen und des islamischen Glaubens trafen: Ayatollah Professor Mohammad Taghi Jafari, Teheran, Scheich Ahmad Kuftaru, Großmufti von Syrien, Damaskus, Nuncius Erzbischof K. J. Rauber, Bern, Metropolit Damaskinos, Bischof der Orthodoxen Kirche, Genf, außerdem Wissenschaftler und weitere Geistliche.

Papst Johannes Paul II. sandte dem Symposium durch Kardinal Angelo Sodano, den Staatssekretär des Heiligen Stuhls, seinen Segen und eine Botschaft: »Es ist heilsam, über diese Ereignisse nachzudenken, um eine gründliche Lehre für heute daraus zu ziehen. Seine Heiligkeit erneuert den Aufruf des Zweiten Vatikanischen Konzils, das darauf drängte, dass ernsthafte Anstrengungen unternommen würden, um gegenseitiges Verständnis zu erreichen, sodass, zum Vorteil aller, Christen und Muslime gemeinsam Frieden, Freiheit, soziale Gerechtigkeit und moralische Werte bewahren und fördern.«

Kommuniqué:
»Die Anhänger des Islam und des Christentums unterbreiteten den Mitgliedern ihrer Glaubensgemeinschaften und allen anderen Menschen die folgenden Vorschläge:

- Als Bedingung für wahrhaftige Dialoge müssen alle Gläubigen die anderen Religionen so verstehen, wie die Anhänger selbst sie verstehen.
- Unterrichtsmaterialien, die für alle Parteien annehmbar sind, in Geschichte, Gemeinschaftskunde und Religion, besonders Materialien über die beiden Religionen, müssen entwickelt werden.

- Die Meinungsfreiheit darf beim Sprechen und Schreiben über andere Religionen nicht missbraucht werden.
- Die Religionen wollen gemeinsam eine inspirierende Ethik für Frieden, Freiheit, soziale Gerechtigkeit, Familienwerte, Menschenrechte und Menschenwürde erarbeiten, weiterentwickeln und in die Praxis umsetzen, und sie wollen an gewaltfreien Formen der Konfliktlösung zusammenarbeiten.
- Ein ständiger interreligiöser Rat wird eingerichtet, um gegenseitige Achtung und gegenseitiges Verständnis zu fördern.
- In Bosnien soll über die religiösen Grenzen hinaus beim Wiederaufbau des Landes zusammengearbeitet werden.
- Mit Vertretern der Medien soll über verantwortlichere, Frieden fördernde Formen von Journalismus gesprochen werden.

An diesem Tag der neunhundertsten Wiederkehr des Aufrufs zu den Kreuzzügen rufen wir alle Christen, Muslime und alle anderen dazu auf, über bloße Toleranz hinauszugehen. Wir müssen Herz und Geist füreinander öffnen.

Anstatt dass wir Angst empfinden, wenn jemand anders ist als wir, soll uns die Begegnung mit dem anderen die Gelegenheit bieten, etwas zu lernen, dem anderen etwas zu geben und selbst zu empfangen, in Frieden zu leben und Frieden zu schaffen mit Freude erfüllen.

Wie alles in der Welt entwickeln sich auch die beiden größten Religionen weiter. Wir wollen die Grundbotschaft der Frömmigkeit behalten und neue Wege, Handlungsweisen und Worte finden, sie auszudrücken. Es liegt im Geist der Freiheit der Auslegung der eigenen Religion, dass sich echter Respekt für andere Religionen entwickeln kann.

Die nächsten 900 Jahre und darüber hinaus sollen eine Ära des aktiven Friedens werden, der in Herz und Geist errichtet wird und der sich in unseren Taten ausdrückt.«

(November 1995)

35 | Versöhnung (Argentinien): eine Friedens- und Konfliktperspektive

[1] Diagnose. Dass während der Herrschaft der Gewalt in Argentinien 30 000 und mehr Menschen nicht nur vom Militär, sondern auch von revolutionären Streitkräften getötet wurden, hinterließ tiefe Wunden in der gesamten Gesellschaft. Das Problem ist, dass die Wunden aus den 1970er-Jahren noch nicht verheilt sind. Die Wahrheit ist ungefähr bekannt, aber die Menschen sind noch weit von einer Versöhnung entfernt. Das liegt zum Teil an einer tief verwurzelten Ambivalenz.

Einerseits blockiert das Militär die Gerichtsprozesse, indem es argumentiert, auch die Revolutionstruppen müssten angeklagt werden. Diese Haltung, die juristische Prozesse blockiert, könnte nicht juristischen Prozessen den Weg ebenen.

Das Land hat eine sehr starke christlich-juristische Tradition mit klaren Definitionen von »Sünder« und »Schuldiger«, eine Tradition, die verlangt, dass dem Sünder Buße und dem Schuldigen Strafe auferlegt wird. Deshalb erkennt die Kultur keinen Prozess an, der diese Elemente nicht enthält, weil er hinter ihrem Ideal zurückbleibt.

Versöhnung wiederum kann nicht durch deutliche Verdikte und Verurteilungen allein erreicht werden. Selbst wenn die Opfer vielleicht einige Befriedigung über das den Tätern vom Gericht auferlegte Leid empfinden, wird es das Zusammenleben der beiden Gruppen in derselben Gesellschaft in Gegenwart und Zukunft nicht erleichtern, ebenso wenig wie die Konfrontation beider mit ihrer Vergangenheit.

Aber das Wesentliche scheint zu sein, dass auch wenn Gerichtsprozesse keine ausreichende Bedingung für Versöhnung sind, sie in einer solchen Kultur doch eine notwendige Bedingung dafür sind.

Dazu kommt das Problem der Ambivalenz. Einige von denen, die wollen, dass Militärs vor Gericht gestellt werden, haben vielleicht früher gewollt, dass das Militär gegen revolutionäre Gewalt einschreitet. Einige Militärs haben vielleicht Opfern geholfen und sie beschützt. Einige Argentinier waren vielleicht auf beiden Seiten, die meisten auf keiner. Diese Ambivalenz kann auch den Weg für einen nicht-juristischen Prozess ebnen. Aber vielleicht behält doch die Kultur bei alledem die Oberhand und blockiert wirksam die Versöhnung.

[2] Prognose. Es wird keine Versöhnung geben außer vielleicht die einiger Täter mit sich selbst (und ihrem Gott), indem sie ein Gerichtsverfahren in Spanien fordern, dem alten Mutterland, das dies dazu benutzen könnte, im moralischen Wettkampf mit den USA in Lateinamerika die Oberhand zu gewinnen.

[3] Therapie. Der einzige Lösungsansatz scheint der offene Dialog über diese Themen zu sein. In der argentinischen Gesellschaft findet dieser Dialog häufig schon statt, nicht nur zum Vorteil Argentiniens, sondern auch zum Vorteil der westlichen Welt im Allgemeinen und als Vorbild für Länder, in denen diese Vorgehensweisen kulturell problematisch sind.

Der Dialog muss jedoch durch die vielen Alternativen zum christlichen und rechtlichen Paradigma bereichert werden und ihm müssen Elemente von Entschuldigung und Entschädigung hinzugefügt werden. Das Problem ist, dass die Alternativen vielleicht aus anderen Kulturen kommen und daher für eine Kultur, die meint, sie müsse nichts dazulernen, unannehmbar sind. Das wird eher auf die westliche Peripherie als auf das westliche Zentrum zutreffen, das es für sein Recht und seine Pflicht hält, sich nach neuen Ansätzen umzusehen.

Das polynesische *ho'o pono pono* muss nicht unter diesem Namen einherkommen, sondern kann sich als Konflikt-Zirkel, als runder Tisch, als *mesa redonda*, präsentieren. Die Parteien könnten eingeladen werden, ihre Geschichten zu erzählen. Sie könnten damit anfangen, dass sie ihre eigenen Wahrheiten vortragen, bis sie zu einem Verständnis gelangen, das eine Möglichkeit für gemeinsame Verantwortung eröffnet. Dann könnten sie darüber sprechen, was jede der Parteien zur Versöhnung tun kann, d. h.

    [a] zum Heilen der Wunden,

    [b] um zu einem Abschluss zu kommen. Am Ende könnten sie ihr gemeinsames Bedauern über das, was geschah, äußern und über weitere Ansätze zur Versöhnung sprechen. Das alles kann auf örtlicher, provinzieller und nationaler Ebenen geschehen.

(Dezember 1995)

36 | Dreigeteiltes Europa:
eine Friedens- und Konfliktperspektive

[1] **Diagnose.** Zwei Bruchlinien teilen Europa in drei Teile. Die eine teilt das germanisch-protestantische und römisch-katholische vom slawisch-orthodoxen Christentum und die andere das christliche vom türkisch-islamischen Europa. Da die Bruchlinien, eine von 1054 und die anderen von 1095, sich in Sarajevo (»Ground Zero«), umgeben von Bosnien und Herzegowina, das seinerseits von Jugoslawien umgeben und das wiederum vom Balkan umgeben ist, überschneiden, ist das eine starke Konfliktformation mit ungefähr voraussagbaren Allianzen:

- eine Washington-London-Paris-Berlin-Wien-Rom-Zagreb-Allianz: die christliche Achse,
- eine Moskau-Belgrad-Skopje-Athen-Nikosia-Allianz: die christlich-orthodoxe Achse,
- eine Sarajevo-Tirana-Pristina-Tetova-Ankara-Allianz: der «grün-muslimische Gürtel».

Eine weitere Dreiteilungs-Arena ist die Kaukasusregion. Dort treffen slawisch-orthodoxe und türkisch-islamische Kräfte gewaltsam aufeinander. Die dritte Partei sind die georgischen und armenischen Christen.

Heute gehören die meisten protestantischen und katholischen Länder zur Europäischen Union und die größten slawisch-orthodoxen Länder zur Gemeinschaft Unabhängiger Staaten. Die türkisch-islamischen Länder haben auch eine Organisation (ECO): Türkei, sechs ehemalige Sowjetrepubliken und Iran, Pakistan und Afghanistan. Wenn die Konflikte sich verhärten sollten, dann wäre eine wirtschaftlich-militärisch-politische Kristallisation leicht. Öl gibt dem Konflikt Nahrung.

[2] **Prognose.** Die Ordnung ist dreigeteilt und Konflikte sind dort, wo jede von den drei Parteien ein Hühnchen mit den jeweils anderen beiden zu rupfen hat, durchaus möglich. Aber Kriege finden zwischen zwei Parteien statt, die sich entweder um Verbündete bemühen oder darum, dass sich andere als Außenseiter oder erklärt Neutrale zurückziehen. Die jugoslawische Katastrophe führte zu einer Intervention der USA, die eine äußerst instabile Föderation in Bosnien-Herzegowina schmiedete, und zu einer Dayton-Vereinbarung, die das Recht auf Selbstbestimmung der drei Nationen nicht respektierte und die Bosnien-Herzegowina zum ersten NATO-Protektorat machte. Das Kosovo/a-Debakel kann letzten Endes zu einem dreiseitigen Krieg, an dem sowohl serbische als auch kosovo-albanische Guerillas beteiligt sind, führen, die gegen ein zweites NATO-Protektorat kämpfen, das entgegen dem Völkerrecht errichtet wurde (nicht zur Selbstvertei-

digung, nicht zur kollektiven Selbstverteidigung, nicht vom Sicherheitsrat autorisiert). Wer ist als Nächster an der Reihe?

In ähnlichen europäischen Regionen ist eine Eskalation durch Nachahmung (und durch Ausweitung) wahrscheinlich. Die Bildung eines slawisch-orthodoxen und eines türkisch-muslimischen Blocks werden folgen. Die Gewaltkultur geht auf brutale, heißblütige mittelalterliche Muster zurück, wie z. B. an der blutigen irisch-englisch-schottischen Grenzfläche in Nordirland deutlich wird.

[3] **Therapie.** Ein Westfälischer Friede Nummer II wäre 1998, also 1648 plus 350 Jahre, sehr nützlich gewesen. Er hätte die Bruchlinien überbrückt oder wenigstens eine Art Loslösung erklärt. Der fand aber nicht statt. Die folgerichtige Therapie wäre es, die Organisation zu stärken, die alle drei Teile zusammenbringt, die OSZE (Organisation für Sicherheit und Zusammenarbeit in Europa), etwa mit den im Folgenden genannten Mitteln:

- *militärisch.* Die OSZE wird zur Friedenssicherung eingesetzt, ohne Ostasien zu bedrohen. Die NATO wird nicht bis zu den Bruchlinien ausgeweitet, oder, wenn das doch geschieht, wird eine 500 km breite nicht militärische Zone eingehalten.
- *wirtschaftlich.* Die OSZE, die Organisation für Zusammenarbeit und Entwicklung in (ganz) Europa wird zur Sicherstellung fairen Handels und Wachstums eingesetzt.
- *politisch.* Die OSZE wird zu einer regionalen UN für Europa, ohne das Vetorecht der Großmächte und mit einem richtigen Parlament mit ständigen Sitzungen.
- *kulturell.* Dialoge und Zusammenarbeit finden über die Konfessions-Linien hinweg statt. Der Fast-ganz-Europa-Rat wird für Kultur-, Sport- und Jugendthemen genutzt.

Kurz gesagt: Paneuropäische Institutionen sollten eingesetzt werden und nicht subregionale wie EU, NATO oder Westeuropäische Union. Die NATO wurde ausgeweitet, sodass sie zwei katholische Länder und ein konfessionell gemischtes zentraleuropäisches Land einschließt. Militär und Paramilitär beobachten einander über fatale Bruchlinien hinweg wie die zwischen Polen und der Ukraine, in Bosnien-Herzegowina, im Kosovo/a und auf dem Südbalkan allgemein. Wenn Jugoslawien ein Europa im Kleinen ist, dann könnte das, was in Jugoslawien funktionieren könnte, auch in Europa funktionieren; kleinere Einheiten, mehr Homogenität, (kon)föderatives Ineinanderverwobensein. Das Problem ist, dass nichts dergleichen bisher geschehen ist.

(Oktober 1996 bzw. 1998, vgl. »Therapie«)

37 | Die sechs Chinas:
eine Friedens- und Konfliktperspektive

[1] Diagnose. Dass es in dem volkreichsten und gleichzeitig ältesten Land[9] der Erde (wenigstens) fünf Autonomiebewegungen gibt, ist keine Überraschung. Diese Autonomiebewegungen finden entlang der Peripherie statt und weisen darauf hin, dass *Han*-China sich manchmal in der Geschichte zu sehr ausgedehnt hat (in Hongkong und Macao haben sich andere in eine *Han*-Mehrheit hinein ausgedehnt). Außer im autonomen Taiwan bauen sich die Autonomiebewegungen um Nicht-*han*-Sprachen, -Glauben, -Mythen und einen Sinn für Zugehörigkeit zu einem Territorium auf. Folglich sind alle klassischen Bedingungen für Sezession, Irredentismus[10], und Ansprüche auf Unabhängigkeit vorhanden.

[2] Prognose. Die nächstliegende Prognose ist, dass es so bleibt, wie es ist: Das chinesische Zentrum kontrolliert *Han*- und *Nicht-han*-Peripherien durch Zuckerbrot (Klientelismus, Angebot von Privilegien, um örtliche Führer in Hongkong anzuziehen), Peitsche (Unterdrückung in Tibet, Xinjiang und der Inneren Mongolei) und normative Politik (Taiwan). China funktioniert wie eine Übernation und versucht seinen Nationen, ähnlich wie es die Sowjetunion versuchte, mit Nationalitäten-Politik entgegenzukommen. Auch die Schwäche ist dieselbe: Die Nationen wollen selbst entscheiden.

[3] Therapie. Ein annehmbares nachhaltiges Ergebnis läge außerhalb des Gegensatzes von einerseits der extremistischen Position eines *chinesischen Einheitsstaates* (in den gegenwärtigen Grenzen zuzüglich Taiwan, der »weggerannten Provinz«) und andererseits der *Sezession von diesem Einheitsstaat*. Dazwischen liegen die klassischen Lösungen: Dezentralisierung, Föderation und die lockerere Konföderation. Diese Lösungen gab es in der chinesischen Vergangenheit nicht, aber die Parteien sprechen in ihren Dialogen oft davon. Autonomie in inneren Angelegenheiten würde garantiert. In einer Föderation gäbe es gemeinsame Außen-, Sicherheits- und Finanzpolitik, in einer Konföderation würden diese koordiniert, aber wären autonom. Ein Szenario könnte sein: zuerst eine Föderation und später eine Konföderation. Die fünf Gebiete könnten gleichzeitig oder einzeln Fortschritte machen. Die zugrunde liegende Philosophie der chinesischen Kultur ist wohl daoistisch: *in Stärke Schwäche, in Schwäche Stärke*. Macht/Gewalt deckt die Schwäche der Konstruktion auf und stärkere Konstruktionen können ohne Macht/Gewalt auskommen.

Beträchtliche Hürden müssen überwunden werden.

---

[9] Seit 221 v. Chr., es gibt ältere Länder, die aber nicht autonom sind.
[10] Ideologie, die auf die Zusammenführung möglichst aller Vertreter einer bestimmten Ethnie in einem einheitlichen Staat hinzielt. – Die Übers.

Erstens: Die *Han*-Gesinnung als die der unbestreitbaren Herrscher zwischen den Himalayas, der Wüste, der Tundra und dem Meer. Werden die Chinesen die Überzeugung gewinnen, dass eine lockerere Struktur von *Sechs Chinas* auch in ihrem Interesse sein könnte?

Zweitens: Werden die, die Unabhängigkeit anstreben, der Meinung sein, dass ihre Ziele besser in einer Struktur erreicht werden, die eine riesige Wirtschaftlichkeit durch Massenproduktion und einen gemeinsamen kulturellen Hintergrund bei (in einer Konföderation) militärisch-politischer Unabhängigkeit anbietet?

Drittens: Werden alle Parteien sich darüber einig werden, dass es Zeit wird, diese alten chinesischen Probleme gemeinsam zu lösen und es nicht mehr einzeln zu versuchen?

Viertens: Wie können die *Han*-Chinesen in den neuen Republiken geschützt werden? Durch eigene Vereinigungen? Die Tibeter müssen vielleicht zugeben, dass der Lamaismus brutal war und dass China auch positive Aspekte bietet. Für Taiwan ist das leichter, da es schon selbst so chinesisch ist. Sowohl Peking als auch Taipeh müssten die Idee aufgeben, das Zentrum des jeweils anderen zu sein, und konföderale Gleichheit finden, wobei Peking ein wenig gleicher wäre als die anderen.

(Februar 1997)

38a | Ulster I: eine Friedens- und Konfliktperspektive

[1] Ein anglo-irisches Übergangs-Kondominium ersetzt den gegenwärtigen Status von Nordirland mit Aussicht auf ein sehr hohes Niveau an Autonomie bzw. Unabhängigkeit für Ulster nach x Jahren. Es ist weder »Großbritannien« noch »Nordirland«, die Autonomie wird gefördert.

[2] Die sechs Grafschaften sollen Ulster ohne innere Grenzen als eine Einheit konstituieren – das sind tatsächlich sechs Neuntel vom gesamten Ulster. Für den Übergang kann es als Territorium Großbritanniens und Irlands gelten. Jeder Bewohner kann sich für einen englischen oder irischen Pass entscheiden. Mit dem Pass sind das Recht zu wählen und andere Rechte in Großbritannien oder Irland verbunden, in Ulster kann mit beiden Pässen gewählt werden.

[3] Das Recht der Ulter auf Selbstregierung muss endgültig anerkannt werden. Die Definition eines Ulters könnte sein: einer, der sich selbst als Ulter betrachtet, ohne Ansehen der Herkunft, der kulturellen Gewohnheiten oder der Dauer des Aufenthaltes. Entscheidend sind die Achtung vor Ulster und seinen Einwohnern und ein Heimatgefühl.

[4] Ein Parlament, das Stormont, gibt es schon für Ulster. Die Regierung ist dem Parlament verantwortlich. Nicht sektererische Parteien sollten zunehmend Einfluss bekommen.

[5] Zwei Verseinigungen können für die protestantischen und katholischen Gemeinschaften und von ihnen gewählt werden. Es gibt ein Vetorecht in Sachen des kulturellen Erbes und der örtlichen Polizei bzw. Gerichte.

[6] Es gibt vielleicht einen Regierenden Rat mit fünf Mitgliedern: einem Repräsentanten von London, einem von Dublin, einem für die protestantische, einem für die katholische Gemeinschaft und einem vom Ulster-Parlament, der auf zunehmende Autonomie hinarbeitet und zwischen den Gemeinschaften vermittelt und konfliktberatend agiert.

[7] Ulster gewinnt Schritt für Schritt internationale Identität:

[a] Ein Ulster-Pass, zusätzlich zum britischen oder irischen (EU-)Pass, wird zuerst auf den Britischen Inseln und in der Europäischen Union und später in der ganzen Welt anerkannt. Jeder Ulter hat also Anspruch auf zwei Pässe, aber er kann auch mit einem vorliebnehmen.

[b] In Ulster wird überall sowohl britisches als auch irisches Geld akzeptiert.

[c] Der Euro kann eine örtliche Version mit demselben Wert werden (ein Ulster?). Um die örtliche Wirtschaft anzukurbeln, kann ein Rabatt

für Geschäfte in der Region zugestanden werden. Zu Investitionen in hoch entwickelte Industrien und Dienstleistungen würde angeregt.

[d] Das Budget für Ulster müsste, wie das eines EU-Landes, auf zusätzliche Einkommensquellen (Zölle, Mehrwertsteuer) mit EU-Unterstützung gegründet werden. Die Verteilung an die Gemeinden müsste überwacht werden.

[e] Besondere Verträge würden die Beziehungen zu London und Dublin regeln. Sie würden vom Regierenden Rat geschlossen, und es gäbe eine Klausel, die eine Überprüfung nach y Jahren (y = x = 25?) garantiert.

[f] Ulster würde entmilitarisiert. Es dürfte keine eigene Armee haben. Seine Sicherheit würde von Großbritannien und Irland gemeinsam garantiert, in Zusammenarbeit mit OSZE und UN.

[g] Die britische Armee würde zurückgezogen, die RUC[11] würde das Sektiererische aufgeben und sowohl IRA als auch UDF[12] würden dazu angeregt, sich zu entwaffnen.

[h] Ulster hätte in der EU, den anderen europäischen Organisationen und den UN einen Beobachterstatus (wie die Schweiz).

[i] Massive Hilfe von der EU, anderen europäischen Organisationen und den UN könnten für friedlichen Fortschritt eingesetzt werden.

[j] Unabhängigkeit sollte nicht von vornherein ausgeschlossen werden, vorausgesetzt, dass es eine klare Mehrheit dafür in beiden Gemeinschaften gäbe.

[k] Einige Grenzkorrekturen sollten nicht von vornherein ausgeschlossen werden. Wenn eine Grenze verändert werden soll, würde ein Abstimmungsprozess auf Gemeindeebene ähnlich dem dänisch-deutschen Modell für Schleswig-Holstein 1920 stattfinden.

(Juni 1997)

---

[11] Royal Ulster Constabulary: britische Polizei in Nordirland.
[12] Ulster Defence Force.

38b | Ulster II:
eine Friedens- und Konfliktperspektive

[1] *Wenn man der friedlichen Konfliktlösung Vorrang einräumt, kann das bewirken, dass die Gewalt dahinschwindet; räumt man der Waffen- bzw. Gewaltkontrolle Vorrang ein, kann das die Gewaltbereitschaft verstärken. Der ungelöste Konflikt verstärkt zusätzlich die Gewaltbereitschaft.*
Es gibt in Konflikttheorie und -praxis keine absoluten Wahrheiten, aber dies ist sicherlich eine bessere Faustregel als die meisten anderen. Wenn man der Gewaltkontrolle (»Stilllegung«) Priorität einräumt, dann überlässt man den Gewalt-Parteien die Initiative, die jede Vereinbarung mithilfe einer Bombe brechen können (Absicherung ist sehr teuer). Warum sollten sie auch ihre Gewaltmittel aufgeben, wenn keine Konfliktlösung in Sicht ist? Die Parteien sorgen sich auch um ihre eigene Sicherheit.
Sobald man einen Ausweg aus dem stecken gebliebenen Konflikt findet, einen Ausweg, der für alle Parteien annehmbar ist und der auf vernünftige Weise ohne Gewalt aufrechterhalten werden kann, werden nur wenige, vereinzelte und leicht durch sanftere Methoden zu kontrollierende Gewalt-Befürworter übrig bleiben. Wenn man dagegen den Eindruck vermittelt, dass Gewaltkontrolle Priorität hat, verhärten sich die Fronten, und zwar nicht nur bei denen, die sich auf Gewalt um ihrer selbst willen einlassen.

[2] *1000 Dialoge sollen erblühen.* Dass Konfliktlösungen, die Millionen Menschen auf grundlegende Weise betreffen, zu wichtig sind, als dass man sie einigen wenigen Politikern, Diplomaten oder Staatsmännern überlassen sollte, ist in einer Demokratie eine Binsenweisheit, und dass es doch so gemacht wird, ist ein Überbleibsel feudaler Zeiten in unserer Geschichte. Letzten Endes muss dem Volk, dem eigentlichen Souverän in Demokratien, auch eine Chance zu einem Referendum gegeben werden. Aber Wählen allein erschließt nicht die kreative Kraft von Menschen. Besser ist es, überall Dialoge in kleinen Gruppen zu organisieren (keine Debatten): Man nimmt die Ideen zur Kenntnis, lässt sie in einem großen nationalen Ideen-Pool (GNIP) zusammenfließen und zieht sie zum Segen aller für Entscheidungsprozesse heran.

[3] *Der gemäßigten Mehrheit muss im Prozess mehr Raum gegeben werden und den erklärten Republikanern und Unionisten weniger.* Die Gemäßigten schleppen weniger belastendes Gepäck aus der Vergangenheit in die Zukunft.

[4] *Die Märsche des Oranier-Ordens hören auf* oder werden durch Märsche eines »Grünen Ordens« im Gleichgewicht gehalten. Katholiken müssen

lernen, gewaltfrei zu reagieren, und dürfen sich nicht so leicht provozieren lassen.

[5] *Heilen, Versöhnung und Abschluss sind notwendig.* Die folgenden Perspektiven könnten dabei nützlich sein:

[a] Eine Möglichkeit sind *Begegnungsgruppen* auf hoher und niedriger Gesellschaftsebene, öffentlich sichtbar oder nicht, in denen alle Parteien, die einander Gewalt angetan haben, sich wirklich begegnen. Dort könnten sie einander ihre Erfahrungen, Gefühle, Sorgen und Ängste mitteilen. Die Gruppen könnten Elemente von Ausgleich und Entschuldigung bzw. Verzeihung enthalten. Aber vor allem könnten sie sehr ertragreich das Folgende leisten:

- *Gemeinsamen Wiederaufbau*: Die Parteien reparieren gemeinsam einige materielle Schäden, anstatt alles Baufirmen zu überlassen, die Aufträge suchen (auch sie könnten gebraucht werden), sie helfen Wunden heilen, helfen den physisch und psychisch Verwundeten bei der Wiederherstellung, statt alles den Berufshelfern zu überlassen (auch sie werden gebraucht).

- *Gemeinsame Lösung*: Die Parteien arbeiten zusammen die Einzelheiten der Konfliktlösung in ihrem Gebiet aus.

- *Gemeinsame Sorgen*: Die Parteien sehen zusammen – örtlich oder überall – Zeiten vor zum Gedenken an die Tragödie, die sich ereignet hat: als eine Stunde, einen Tag des Nachdenkens, auch darüber, was hätte getan werden können und was noch getan werden muss, um eine Wiederholung zu vermeiden.

[b] *Persönliche Zeugnisse*: Die Opfer, unter ihnen auch die Angehörigen, sind zahllos. Ihre Geschichten sollten nicht vergessen werden. Ihre Zeugnisse sollten gesammelt und zugänglich gemacht werden, auch um künftige Generationen davon abzuschrecken, dasselbe zu tun.

[c] *Eine Wahrheits- und Versöhnungs-Kommission*: Modelle der Konfliktlösungs- und Versöhnungskultur Südafrikas und anderer Kulturen (polynesisch *ho'o pono pono, shir* aus Somalia) könnten für den Prozess fruchtbar gemacht werden.

(Glencree, Dublin, August 1997, House of Commons Committee, London, März 1998)

39a | Kaukasus I:
eine Friedens- und Konfliktperspektive

[1] Diagnose. Im Gegensatz zu dem, was viele behaupten, ist die Situation im Kaukasus durchaus nicht so einmalig. In einer Welt mit etwa 200 Ländern und 2000 Nationen, aber nur 20 Nationalstaaten, ist der Kaukasus nicht der einzige Ort, wo die Nationen nicht jeweils innerhalb eines Staates säuberlich getrennt nebeneinander, jede an ihrem geografischen Platz, wohnen, sondern wo sie innerhalb von Nationen leben, die innerhalb von Nationen leben wie die *Puppen in der Puppe.* Dieses Muster ist besonders häufig in Gebirgsregionen mit ihrer komplexen Topografie anzutreffen, vom Himalaya bis zu den Pyrenäen; Bosnien-Herzegowina ist allerdings ein anderer Fall.

Aus diesem Grund kommen *Prozesse der Forderung nach Selbstbestimmung nicht nur parallel zueinander, sondern gleich in Serie daher:* Ein Staat (Georgien) spaltet sich von einem Überstaat (UDSSR) ab, sieht sich mit Nationen in seinem Inneren konfrontiert (Abchasien und Ossetien), die ihrerseits mit Unter-Unter-Nationen in Wartestellung konfrontiert sein können. Selbst wenn »internationales Recht«, das für gewöhnlich ein Instrument zur Durchsetzung von Großmachtinteressen ist, eine Selbstbestimmung erster Ordnung akzeptiert, geht der Kampf weiter, solange es nicht eine Selbstbestimmung höherer Ordnung akzeptiert. Ebenso wenig ist eine Intervention wie die Russlands in der jeweiligen »Interessensphäre« einmalig: Großmächte sehen so etwas als ihr göttliches Recht und ihre Pflicht an. Einige Länder heben ihren Wert für die USA gerne durch den Anreiz von Öl und Investitionen an. Die Geschichte Lateinamerikas mag zur Warnung vor dem Letzteren dienen und die Geschichte des Nahen Ostens als Warnung vor der ersteren Strategie, die sich auf Öl und Pipelines gründet.

Dem müssen wir noch einen wirtschaftlichen Hauptkomplex hinzufügen: Wenn ein Reich wie die UDSSR zerfällt und sich privatisiert, stehen viele Vermögenswerte zur Disposition: Gehören sie nun Russland, Georgien oder Abchasien? Die Folgerung: »Lasst die Waffen entscheiden!« führt zu einem weiteren Krieg.

Zu diesen strukturellen Bedingungen kommt der kulturelle Faktor einer »*kaukasischen Mentalität*« mit *Kriegermentalität, Anführermentalität* und *Opfermentalität*, aber natürlich auch mit den klassischen fünf Eigenschaften so vieler traditioneller bzw. »traditionell feudaler« Gesellschaften: Gastfreiheit, Großzügigkeit, Ehre, Mut und Würde.

Die *Kriegermentalität* führt dazu, dass die *Schwelle zur Gewaltanwendung* niedrig ist, dass die Idee herrscht, es gehe in *Konflikten ums Gewinnen und nicht um Lösungen*, sodass es auch in *Verhandlungen ums Gewinnen und nicht um Lösungen* geht.

Die Anführer- bzw. Scheich-Mentalität setzt die Entscheidungen über Krieg, Frieden und Außenpolitik hoch in der Hierarchie an. Das Volk kann oder sollte keinen Einfluss darauf haben.

Die *Opfermentalität* gründet sich auf enorme Leiden, sogar Völkermord, oft von seiten der anderen. Sie führt zur Forderung nach ungeteilter Aufmerksamkeit und Konzentration auf das zugrunde liegende Trauma, wozu auch der Umgang mit dem Übeltäter gehört. Jeder vernünftige Gedanke wird entweder nicht kommentiert oder beiseitegeschoben, nicht etwa, weil der Gedanke schlecht wäre, sondern weil Vorschläge unwesentlich sind, denn es geht darum, die kognitiven und emotionalen Landkarten im Kopf zu schützen.

Die drei Mentalitäten vereinigen sich zur Suche nach dem großen Mann und nach der Großmacht. An Großmächten gibt es keinen Mangel: Russland im Norden, die Türkei im Westen, der Iran im Süden und die USA überall warten begierig auf die passende Gelegenheit.

Im Allgemeinen sind Frauen weniger anfällig für dieses Syndrom als Männer. Frauen waren sicherlich Opfer, aber sie sind weniger von der Krieger- und Anführer-Mentalität durchdrungen. Das zeigt sich besonders in Vorschlägen, die von drei Frauen gemacht wurden: Naira Gelashwili (aus Tiflis in Georgien) schlug ein gemeinsames kaukasisches Haus für alle kaukasischen Völker und eine kaukasische Zivilgesellschaft vor. Ludmila Haroutunian (aus Jerewan in Armenien) schlug eine kaukasische Konföderation aus Georgien, Armenien, Aserbaidschan, Abchasien, Ossetien und Nagorno-Karabakh vor und Arzu Abdullayeva (aus Baku in Aserbaidschan) schlug die doppelte Staatsbürgerschaft vor.

[2] Prognose. Große Männer mit großen Clans werden mit großen Mächten große Geschäfte machen. Öl und Geld werden fließen und eine Klasse korrupter Neureicher wird sich bilden. Die Menschen werden nicht gefragt, Nationen werden nicht respektiert, nur die Macht von Waffen und Geld zählt.

[3] Therapie. *Der Schlüssel zur Konflikttransformation mit friedlichen Mitteln liegt im Kaukasus in einer kaukasischen Kooperation, die sich auf Demokratie und Menschenrechte gründet.* Drei Staaten mit 28 Nationen sind jeder für sich zu schwach, um sich gegen den Druck der vier größeren Mächte um sie herum zu behaupten. Aber gemeinsam könnten sie dem politischen Druck von außen standhalten, denn sie ergänzen einander wirtschaftlich und kulturell.

Georgien und Armenien-Aserbaidschan müssen jedoch umgestaltet werden: Georgien muss sich seiner multinationalen Realität stellen. Jeder Versuch, die georgische Sprache und Geschichte den Abchasiern, Adscharen, Ossetiern und anderen aufzuerlegen, wird ebenso übel aufgenommen wie jeder russische Versuch, dasselbe mit den Georgiern zu machen. Abchasien, Adscharien, (Süd-) Ossetien und anderen hätte schon vor Jahren sprachliche und bildungspolitische Autonomie zugestanden werden müssen, ohne dass es erst zu Nationalismus-Kriegen hätte kommen müssen. Georgien und anderen wären vielleicht zwei Kriege erspart geblieben, die durch Nationalismus angeheizt wurden, aber nicht Georgiens eigener Bürgerkrieg.

Wenn ein Land multinational ist, gibt es keine Alternative zur Symmetrie. Die Schweiz mag als Vorbild dienen. Vielleicht muss Georgien eines Tages vom Multinationalismus zum Föderalismus übergehen. Könnte das vielleicht auch auf Aserbaidschan als Föderation mit Nagorno-Karabakh als einem Teil und auf Armenien mit Azeri Nachitschewan als einem weiteren Teil angewandt werden? Oder umgekehrt? Ob vielleicht doppelte Pässe in allen vier Teilen weiterhelfen könnten?

Dann gibt es noch Vorschläge auf multilateraler kaukasischer Ebene:

(1) *Eine Konferenz bzw. Organisation für Sicherheit und Kooperation im Kaukasus*, CSKK bzw. OSKK, könnte nützlich sein mit einer ständigen Sicherheitskommission unter der Schirmherrschaft der OSZE mit guten Verbindungen zu den UN, möglicherweise auf pankaukasischer Basis. Das grundlegende Ziel ist Konfliktautonomie und dass die Kaukasier auch sonst Herren im eigenen Haus sind.

(2) *Ein kaukasisches Parlament* müsste früher oder später folgen, in dem Fragen behandelt würden wie die, ob die Mitglieder von ihren Staatsparlamenten ernannt oder vom Volk gewählt werden sollten (entsprechend den zwei Stadien in der Geschichte des Europäischen Parlaments).

(3) *Der Nordische Rat ist ein nützliches Modell,* weil es darin Mitglieder auf verschiedenen Ebenen gibt: fünf unabhängige Länder (Dänemark, Norwegen, Schweden, Finnland und Island mit vollen Rechten), ein halb-unabhängiges Land (Grönland), zwei Inselgruppen, die zu Dänemark gehören (Färöer-Inseln), Finnland (Åland-Inseln, neutral) und eine Nation, die sich auf Norwegen, Schweden und Finnland verteilt (die Samen). Dieses Beispiel ist weit von der Komplexität des Kaukasus entfernt, aber doch ähnlich, und die Formel ist unkonventionell. Aber wenn man eine Stimme hat, hat man noch lange kein Votum.

(4) *Ein Modell für das kaukasische Parlament wäre: drei Staaten mit vollen Rechten und die Vertretung ihrer konstituierenden Teile.*

(5) *Ein weiteres Modell eines kaukasischen Parlaments umfasst zwei Häuser, eins für die drei Staaten und eins für die (28?) Nationen,* wo Sorgen geäußert und Entscheidungen getroffen werden. Dazu gehören Me-

chanismen, wie sie der US-Kongress ausübt, wenn Meinungsverschiedenheiten zwischen den Häusern auftreten.

(6) Vom nordischen Modell könnte man Folgendes übernehmen: Abschaffung der Visa, später der Pässe innerhalb des Kaukasus, einen kaukasischen Arbeitsmarkt, Erleichterungen für die Aktivitäten von NGOs, Anreize zu gemeinsamen wirtschaftlichen Unternehmen und Versöhnung der Konfliktparteien.

(7) Minoritäten, die *Beschwerden* haben, sollten dazu aufgefordert werden, *diese auf kaukasischer Ebene zu äußern*. Im Bedarfsfall sollten Kaukasier selbst Mediation, Konfliktbearbeitung und Konfliktberatung betreiben.

(8) Ein kaukasisches Parlament sollte seine besondere Aufmerksamkeit auf die *Möglichkeit einer doppelten Staatsbürgerschaft* lenken, wie schon erwähnt: eine für den Staat, in dem die Person lebt, und eine für den Staat der Nation, mit der sie sich identifiziert. Besondere Aufmerksamkeit würde auf die Probleme doppelte Stimmabgabe, Militärdienst und Besteuerung gerichtet.

(9) Diese Zusammenarbeit könnte, *ohne dass man das spätere Ergebnis vorwegnimmt*, mit einem Rat für Zusammenarbeit beginnen und zu einem gemeinsamen Markt, einer Gemeinschaft, einer Konföderation oder sogar zu einer Föderation führen.

(Juni 1997)

39b | Kaukasus II:
eine Friedens- und Konfliktperspektive

Eine Friedenszone mitten im Kaukasus

[1] Die drei größten kaukasischen Länder Armenien, Aserbaidschan und Georgien haben *den Dreiländerpunkt Krasny Most in ihrer Mitte.* Er ist spärlich besiedelt und es gibt dort weder Seen noch Berge. Andere Regionen wie die nordischen Länder hätten sicherlich auch gerne solch einen Punkt genutzt (Dänemark und Schweden sind in der Nähe, der Dreiländerpunkt Norwegen-Schweden-Finnland ist problematischer).

[2] Wenn jedes Land ein paar Quadratkilometer, deren Eigentümer es bliebe, um diesen Punkt herum für *eine Zone des Friedens, der Zusammenarbeit und der Entwicklung* zur Verfügung stellte, dann könnte die kaukasische Zusammenarbeit schnell aus bloßen Absichtserklärungen zur Realität werden.

[3] *Kulturell*: Es könnte ein guter Anfang sein, wenn die Zone ein Ort für große Kulturveranstaltungen würde. Musik und Gesang könnten mit Dialogen (vielleicht in Zehnergruppen) verbunden werden. Dort würden konkrete Ideen für Frieden, Zusammenarbeit und Entwicklung geboren, die besten Ideen würden prämiert und das Volk würde sie seinen Politikern als Geschenk überreichen. All das geschähe in der Verfolgung des Ziels der UNESCO, eine Friedenskultur zu schaffen. Auch ständige Ausstellungen und ökumenische Dialoge könnten dort vielleicht stattfinden.

[4] *Wirtschaftlich*: Die Zone, die eine angemessene Größe besitzen müsste, könnte einen regionalen Flughafen beherbergen, der gute Autobahnverbindungen zu den drei Hauptstädten hätte, die auf diese Weise auch miteinander verbunden würden. Internationale Fluglinien, die die drei Länder einzeln nicht anfliegen, könnten durch den regionalen Flughafen angezogen werden. (Für die Zukunft könnte man sich auch eine gemeinsame kaukasische Fluglinie vorstellen.) Eine Wirtschaftszone für gemeinsame Unternehmen, besonders auf dem Exportsektor, könnte nach japanischem Vorbild eingerichtet werden.

[5] *Militärisch*: Die Zone würde entmilitarisiert oder sie bliebe jedenfalls ohne Angriffswaffen. Man könnte über ein Training für Friedensmissionen der kaukasischen Friedenssicherungstruppen nachdenken.

[6] *Politisch*: Die Zone könnte ein neutraler Ort sein, an dem kaukasische Institutionen für fachliche Zusammenarbeit auf Gebieten wie Umwelt und Sicherheit angesiedelt würden (z. B. eine Konferenz-Organisation für Sicherheit und Zusammenarbeit im Kaukasus, K-OSZK, als Tochter der

OSZE oder eine kaukasische Sicherheitskommission im Allgemeinen).
Sollte die Region sich zu einer Gemeinschaft oder gar einer Konföderati-
on erklären, dann würde einleuchten, dass man die Zone zum Ort einer
Kaukasischen Versammlung machte, ganz gleich, ob diese aus einem Haus
(für die Länder) oder aus zwei Häusern (einem zusätzlichen Haus für die
Nationalitäten) bestände.

[7] *Das Ausland würde zur Beobachtung eingeladen:* die vier großen Mächte,
damit sie sehen, dass sich dieses Konzept nicht gegen sie richtet. Der Dreiländerpunkt hat für den Nordkaukasus keinen symbolischen Wert. Es ist
deshalb durchaus möglich, dass es für die Zusammenarbeit mit dieser Region innerhalb einer pankaukasischen Formel geeignetere Begegnungsorte
gibt.

[8] Die Friedenszone kann als ein erster Ort dienen, an dem einige wichtige
Ideen in die Tat umgesetzt werden. Allerdings besteht die Gefahr, dass er
auch der letzte bleibt.

(Johan Galtung und Carl Gustav Jacobsen im Juni 1997)

39c | Kaukasus III:
eine Friedens- und Konfliktperspektive

[1] Diagnose. Im Juni 1997 wurde bei TRANSCEND angefragt, mögliche Auswege für den (Süd-)Kaukasus aus seiner schwierigen Situation zu untersuchen. Da nichts von dem, was wir vorgeschlagen hatten, verwirklicht worden war, wurde die Prognose von vor sechs Jahren die Diagnose von heute: *Große Männer mit großen Clans machen mit großen Mächten große Geschäfte. Öl und Geld fließen und eine Klasse korrupter Neureicher hat sich gebildet. Die Menschen werden nicht gefragt, Nationen werden nicht respektiert, nur die Macht von Waffen und Geld zählt.*

Der Geografie nach hatte der Kaukasus damals wie heute »Russland im Norden, die Türkei im Westen, den Iran im Süden und die USA überall, die alle begierig auf die passende Gelegenheit warten.« Die USA sind nun in Georgien und Aserbaidschan und Russland in Abchasien und Armenien angekommen.

Der Kaukasus ist jetzt das große Theater des zweiten Kalten Krieges, darin werden die USA langfristig Russland, Indien und China (40 Prozent der Menschheit) einkreisen, um Eurasien zu kontrollieren (die »Weltinsel« in jahrhundertealter Geopolitik). Das geschieht durch die östliche Ausdehnung der NATO und die westliche Ausdehnung der AMPO, des Sicherheitssystems von USA und Japan (mit Südkorea und Taiwan als De-facto-Mitgliedern). Ein Regierungswechsel in China ist Nummer 7 von zehn geopolitischen Zielen im *Project for the New American Century*, PNAC, das eben jetzt der bestimmende Führer in der Außenpolitik der USA ist.

Außer den beiden Ländern im Kaukasus wurden Afghanistan, Pakistan, Usbekistan, Kirgisistan, Kasachstan und Tadschikiskan militärische Rollen zugeteilt, oberflächlich in Verbindung mit Afghanistan und allgemein mit dem »Krieg gegen den Terrorismus«.

Kurzzeitziele wurden von mittelmäßigen Führern mit dem Risiko erreicht, dass das Gebiet wahrscheinlich eine Hauptkriegszone im Kampf um die Macht in Zentralasien wird. Beide Seiten verfolgen wahrscheinlich aufmerksam, wie die Menschen in Afghanistan und im Irak Invasoren aus dem Ausland bekämpfen.

[2] Prognose. Dies alles addiert sich zu der Möglichkeit, dass der Kaukasus zur Hauptkriegszone würde, wenn der zweite Kalte Krieg ein heißer werden sollte, wie der erste Kalte Krieg nicht als direkte Konfrontation zwischen Washington und Moskau, sondern zwischen »Satelliten« stattfand. Dabei töteten arme Soldaten einander und verringerten damit das »Problem der Übervölkerung«. Um beide Seiten zu mobilisieren, muss Nagorno-Karabakh (NK) als ungelöstes Problem lebendig gehalten werden. Eine Möglichkeit ist, dass Aserbaidschan in NK einmarschiert, wenn das Öl das Land reich genug gemacht hat, sodass es das Ergebnis des letzten Krieges überwunden hat. Damit fügt es sich in die endlose Kette von Rache und Neuverteilung. Da das internationale (sprich: interstaatliche) Recht dazu neigt, territoriale Integrität über nationale Selbstbestimmung zu stellen, wird es nur wenig Protest von außen geben.

[3] **Therapie.** Wir beginnen mit NK: Jeder Friedensschluss muss das Recht der Armenier auf Selbstbestimmung und die Gleichberechtigung der Parteien respektieren. Die Menschenrechte der Armenier in NK gegen einen endlosen Ölfluss zu tauschen scheint auf der Ebene der beiden Staaten klug zu sein, aber »Frieden« auf Kosten des Grundbedürfnisses, von der eigenen Art regiert zu werden, ist eine Zeitbombe, die jederzeit explodieren kann. Den Status quo zu erhalten, d. h. die Situation beizubehalten, ist den betreffenden Völkern gegenüber ungerecht und dazu gefährlich. Wenn NK geteilt würde, dann würden die Teile nicht funktionieren und wären unstabil.

Mögliche Optionen:

* NK als unabhängiger Staat, der verpflichtet wird, seine Minderheiten zu schützen,
* gemeinsame aserbaidschanische-armenischeSouveränität, »bikonsularische« Regierung, vielleicht rotierend,
* Aserbaidschan-NK-Armenien-Konföderation oder sogar Föderation,
* Kaukasus als Konföderation oder sogar Föderation, NK als ein Teil davon,
* Mitgliedschaft in der Europäischen Union für alle als eine De-facto-Föderation.

Bei den letzten vier Optionen bekämen die Bewohner einen Pass mit zwei Ländernamen darin: NK und AZ *oder* AR, NK *und* den Namen der Gemeinschaft oder Union. Für die Europäische Union gibt es diesen Pass schon. Für Abchasien muss auch eine russische Identität anerkannt werden.

Frieden im Kaukasus bedeutet, dass die Großmächte sich nicht mehr in die integrative kaukasische Politik einmischen dürfen, worauf schon in den Perspektiven vom Juni 1997 hingewiesen wurde.

Die gegenwärtige Politik führt vom Frieden weg.

(September 2003)

40 | »Comfort Women«: eine Friedens- und Konfliktperspektive

[1] Japanische Verantwortlichkeit

- *Die Möglichkeit, Zuflucht zum internationalen Recht zu nehmen, ist sehr begrenzt*, wenn man von den Tokioter Prozessen, dem Friedensvertrag von 1952 und anderen Verträgen ausgeht. Dieses Thema wurde nicht behandelt, während andere Ansprüche erfüllt wurden. Die Krieger-Macho-Logik der Regierungen zeigt sich deutlich darin, dass das Leiden von Frauen außerhalb des Diskurses über Verantwortlichkeit liegt. Die Einzelnen müssen ihre Zuflucht zum alten und neuen Recht ihres Landes nehmen.

- *Unterstützung durch allgemeine moralische Prinzipien bleibt eine Möglichkeit*, aber auch ihre Grenzen sind eng gezogen (es ist schwer, Fälle aus dem Zweiten Weltkrieg zu verhandeln. Das zugrunde liegende Prinzip ist wahrscheinlich, ob die Opfer von Verbrechen, die nicht mit dem Tod endeten, heute noch leben).

- *Schluss daraus: Wenn Japan als frühere Kolonialmacht zur Verantwortung gezogen wird, dann muss das dem alten und neuen Landesrecht und den moralischen Prinzipien entsprechend geschehen.*

[2] Versöhnung (ZIEL: friedliche Beziehungen in der Region)

2.1 Der Reparationen- bzw. Entschädigungs-Ansatz
AN nachweisliche Opfer (Familien als Folgeopfer?)
VOM japanischen Volk (als Nachfolge-Volk),
ASIAN WOMEN'S FUND,
japanische Regierung durch Unterstützung des Prozesses.

2.2 Der Entschuldigungs- bzw. Vergebens-Ansatz
AN nachweisliche Opfer,
VOM japanischen Volk (als Nachfolge-Volk),
japanische Regierung (als moralische Nachfolge-Regierung)
und nachweisliche Täter

2.3 Der Ansatz vom interdependenten Ursprung bzw. Karma
Frage: Was ist wann falsch gelaufen?
Gibt es irgendeine Verantwortlichkeit der Opfer?
Ziel: das Hinzufügen der Verantwortlichkeit der Opfer zu der japanischen Verantwortlichkeit,
Methode: Tiefen-Begegnungen, einige öffentlich im nationalen Fernsehen, finanziert von der japanischen Regierung und aus anderen Quellen.

2.4 Der Ansatz einer historischen bzw. Wahrheitskommission
Methode: Öffnen aller Archive für die Tiefengeschichte (nicht nur »Tatsachen«), Frauen wurden zum »Trost« und als Schlachtfeld für Soldaten benutzt,
Ziel: aus der Geschichte lernen, damit sich die Geschichte nicht wiederholt, finanziert von der japanischen Regierung und aus anderen Quellen.

2.5 Der Gemeinsames-Leid- bzw. Heilungs-Ansatz
Methode: einen Gedenktag ausweisen, gemeinsames öffentliches Klagen.
Ziel: Opfer und Täter teilen ihr Leid miteinander.
Organisiert von der japanischen Regierung zusammen mit den UN (am Frauentag, dem 8. März?).

[3] **Lösung bzw. Transformation** (ZIEL: Vorbeugung, für die Zukunft)

3.1 Im internationalen Recht als ausdrückliches Verbrechen gegen die Menschlichkeit behandelt

3.2 In Geschichtsbüchern der Schulen nicht nur die Tatsachen, sondern Vorbeugung

3.3 Kritisieren der Krieger-Macho-Mythen und ihrer Wurzeln

3.4 Kritisieren der allgemeinen Kriegslogik als eines Teils davon

3.5 Alternativen zum Krieg, auch zum Pazifischen Krieg 1931–1945

Finanziert von der japanischen Regierung für einen großen Friedensfonds.

[4] **Rehabilitierung** (ZIEL: therapeutische und unsichtbare Wirkungen)

4.1 Rehabilitierung (Psychotherapie?) für Opfer anbieten

4.2 Rehabilitierung für Familien anbieten

4.3 Über Rehabilitierung für diejenigen nachdenken, die ablehnen und sich verteidigen

4.4 Die Beziehungen zwischen den Völkern in Ostasien verbessern.

All das soll die japanische Regierung finanzieren.

(Juli 1996)

41 Ost-West und zweiter Kalter Krieg:
eine Friedens- und Konfliktperspektive

[1] **Diagnose.** Wie im Zusammenhang mit dem ersten Kalten Krieg schon erwähnt, gibt es ein tiefer liegendes Programm, das im 19. Jahrhundert seinen Ursprung hat, und das jetzt – durch die Expansion der NATO nach Osten (bisher Polen, die Tschechische Republik und Ungarn) und durch die AMPO, das japanisch-US-amerikanische Sicherheitssystem, nach Westen – ins 21. Jahrhundert getragen wurde. Vom Zentrum der Welt, dem Nordwesten, den USA, aus gesehen, ist der »Eurasische Kontinent« *die* Quelle geopolitischen Übels. Lateinamerika ist ein leicht zu kontrollierender Hinterhof, Afrika zählt nicht, aber Eurasien ist die Heimat des Populismus, von Krieg und Terrorismus, von Milliarden von Farbigen, von anderen Glaubensbekenntnissen und von Fundamentalismus. Westasien bzw. der Nahe Osten, Südasien mit den beiden Atommächten, Zentralasien mit Öl (und Brückenköpfen der USA), Südostasien mit bis vor Kurzem boomenden Ökonomien, sie sind alle wichtige Teile des Konzepts.

Tatsächlich auch Russland (mit Ukraine und Weißrussland) und China, ganz zu schweigen von den problematischen eurasischen Peripherien: Korea und dem Balkan. »Eine globale Nation mit globalen Interessen« hat ihre Gründe dafür, ihre Allianz-Systeme bis an die grundlegenden Bruchlinien auszudehnen: zwischen dem katholischen bzw. protestantischen und dem slawisch-orthodoxen Europa und zwischen Japan und dem übrigen Asien. Ein rein defensives Japan würde Nicht-Bedrohung signalisieren. Aber eine intensive Zusammenarbeit mit der beweglichsten Militärmacht der Welt signalisiert das Gegenteil. Worauf es ankommt, ist die Verbindung mit offensiven Kapazitäten, nicht irgendeine defensive Haltung der japanischen Streitkräfte.

Die Ausdehnung in beide Richtungen, die »Anker« an beiden Enden Eurasiens, dazu die Allianz von USA, Türkei und Israel sind eine logische Folge der »Basisbibel« US-JCS-570/2-Direktive unter Roosevelt. Ein Blick auf die Landkarte zeigt uns, dass die Doppelanker-Ausdehnung als Zangenbewegung aufgefasst werden kann und auch wird.

[2] **Prognose.** Es wird eine *Reaktion* in (ungefähr) derselben Größenordnung in umgekehrter Richtung geben. Russland und China werden ihren Streit begraben (z. B. über den Ussuri), einander militärische Informationen zur Verfügung stellen und eine De-facto-Allianz bilden. China wird seine Vereinbarungen mit Pakistan und Russland seine mit Indien verstärken, wobei der Kaschmirkonflikt gleich mit gelöst wird. Russland wird die Staaten auflesen,

die von den USA als Paria-Staaten angesehen werden: Serbien, Libyen, Syrien, Irak, Iran, Nordkorea, und sie, auch in den UN, unterstützen.

Der gesamte Kontinent kann gegen den USA-NATO-AMPO-Komplex zusammenhalten. Ein kleiner Zwischenfall an der höchst problematischen Grenze zwischen Polen und der Ukraine oder der Nord- und Südkorea-Japan-Komplex kann leicht große geotektonische Aggregate in Bewegung setzen oder wenigstens geopolitisch stark vergrößert werden.

[3] Therapie. Man kann sich nur schwer eine andere Therapie vorstellen als die Anweisung:»Hört auf damit, macht eure Entscheidungen rückgängig und fördert stattdessen eine überregionale UN-Welt-Sicherheit.« Sicherlich ist es keine Lösung, Russland die vollständige NATO-Mitgliedschaft anzutragen, denn das würde eine Ost-Asien-Sicherheits-Gemeinschaft entlang der Bruchlinie zwischen Weiß und Gelb auslösen. Ebenso wenig sollte China aus demselben Grund AMPO beitreten.

Regionale Lösungen müssten die Bruchlinien überbrücken, nicht sie verstärken. Die einzige brauchbare Lösung scheint in Richtung einer Weltabrüstung zu liegen und in der Fähigkeit der UN zu Friedensstiftung, -sicherung und -konsolidierung mit sanften militärischen Mitteln: Sun Tzu und nicht Clausewitz, defensiv und nicht offensiv, gewaltfrei und nicht gewalttätig. Die Mittel dazu sind Vertrauensbildung, neutrale Zonen, systematische Anwendung von Konflikttransformations-Dialogen für örtliche, regionale und globale Konflikte wie diese Konfliktformation.

Die Vereinten Nationen mit ihren universalen Mitgliedern müssten die Hauptträger solcher Initiativen sein. Dabei ist das Problem, dass der Hauptakteur, die USA, mit ihrem Veto jede wichtige Aktion blockieren können. Diese Konfrontation kann letzten Endes zu einer anderen doppelten Bewegung führen:»Die UN raus aus den USA, die USA raus aus den UN«.

(August 1996)

42 | Okinawa:
eine Friedens- und Konfliktperspektive

[1] Okinawa ist ein Anhängsel zweier Mächte, Japans und der USA. Japan marschierte ein, besiedelte es und annektierte es 1879, die USA eroberten es im Zuge des Pazifischen Krieges (1945, nach 1972 als Militärbasis).

[2] Die Okinawaner haben zwei Mutterländer: Japan, es ist das Mutterland für viele japanische Siedler und viele der »Eingeborenen«, und Okinawa selbst, die Ryūkyū-Inseln. Die Okinawaner haben zwei Möglichkeiten: eine Art Status quo mit Japan oder eine Art Autonomie.

[3] Okinawa, Ulster, Hawaii, die Eifel, Tahiti, Sizilien, North Dakota, Semipalatinsk und Ul Nor haben zwei Gemeinsamkeiten: ihre Lage an der Peripherie und dass sie alle als Test- und/oder Stationierungs- bzw. Ersterprobungs-Gebiete für große strategische Waffen benutzt wurden und werden, womit sie die militärische Aufmerksamkeit weit vom Zentrum ablenken. Große Demonstrationen finden an solchen Orten nicht statt.

[4] Wir können Okinawa und andere auch Vorposten zweiter und dritter Ordnung nennen: Die USA weisen weit von ihnen entfernt liegenden Inselländern wie Japan und Großbritannien wichtige strategische Rollen zu. Diese geben ihrerseits die Rolle an periphere Orte wie Okinawa und Ulster weiter.

[5] Die Menschen in diesen peripheren Gegenden werden benutzt, und zwar bis zu dem Punkt, dass sie zu Opfern werden. Diese Benutzung wird unter Schleiern des Patriotismus verborgen und dient angeblich der gemeinsamen Sache von Zentrum *und* Peripherie.

[6] Auf diese Weise fallen die Interessen von Tokio und Washington zusammen, und das Ergebnis davon ist, dass 0,6 Prozent des japanischen Territoriums 75 Prozent des USA-Militärbasen-Gebietes beherbergen, was etwa 20 Prozent der Oberfläche von Okinawa ausmacht. Wenigstens zehn Prozent dieser Fläche sind wiederum davon betroffen, dass 3000 von 32 000 Landbesitzern, die ihr Land dem Militär der USA verpachtet haben, die Verträge nicht erneuern wollen. Tokio wird bei dem Versuch, die Zustimmung der Behörden und/oder der Landbesitzer von Okinawa zu erhalten, für die USA zum willigen Werkzeug.

[7] Es gibt für die USA noch zwei weitere Gründe, warum sie so an ihren Militärbasen in Okinawa hängen:
Einmal gibt es einen historischen Grund, der vielleicht weniger Bedeutung hat: Commodore Perry, der den Ruhm genießt, »Japan geöffnet« zu haben, kam auch zu den Ryūkyū-Inseln und krönte sich dort selbst

zum König. Zweitens und bedeutsamer: Okinawa ist der einzige Ort von Vorkriegsjapan, wo die USA einen Bodenkrieg führten (mit enormen Opfern auf allen drei Seiten, zusammen mehr als 200 000, darunter 14 000 Amerikaner). Dieser Sieg braucht ein Symbol: Okinawa.

[8] Ein Argument für Autonomie ist, dass es in keines Menschen Interesse liegt, das Anhängsel eines anderen zu sein, umso weniger, wenn dieses im Wesentlichen zu militärischen Zwecken gebraucht wird.

Dieses Argument wird mit einem vollständig gewaltfreien Ansatz zur Autonomie, friedlichen, kooperativen Beziehungen nach Erreichen der Autonomie und mit der Vorstellung von genau bestimmten Rollen in der Weltgemeinschaft als Bastionen des Friedens verbunden.

[9] Der Weg aus diesem Dilemma, das mit Gewaltpotenzial geladen ist, ist der, für den sich Okinawa bereits entschieden hat: der Weg der Gewaltfreiheit.

[10] Das Sicherheitsproblem ist für Okinawa vielleicht am besten durch das im Folgenden genannte Sechspunkteprogramm zu lösen:

• Neutral sein, sich keiner Partei anschließen (wie die Åland-Inseln, Finnland), niemandem als Stationierungs- bzw. Ersterprobungs- bzw. Trainings-Zentrum dienen.

• Eine starke nicht-militärische Verteidigungsfähigkeit entwickeln, durch die Napoleons Frage anlässlich seines Besuches 1917: »Aber wie kämpfen sie denn sonst?« an den Forschungsreisenden Basil Hall gegenstandslos wird, der berichtet hatte, dass die Aufständischen keine Waffen hätten.

• Gute Beziehungen in alle Richtungen entwickeln, sodass alle anderen Parteien am Überleben und nicht am Sieg über Okinawa interessiert sind.

• Fertigkeiten in Friedens- und Konflikt-Arbeit entwickeln.

• Wirtschaftlich und ökologisch so unabhängig wie möglich und in der Lage sein, auch in einer Krise die Grundbedürfnisse der Bevölkerung zu befriedigen.

• Für Japan böte ein entmilitarisiertes Okinawa, das dem Frieden als Zentrum dient, in einer künftigen Ostasiengemeinschaft mehr Sicherheit als ein herausforderndes, offensives Okinawa.

(Oktober 1996)

43 | Geiselkrise (Peru): eine Friedens- und Konfliktperspektive

[1] Diagnose. Die Besetzung der japanischen Botschaft in Lima am 17. Dezember 1996 geschah aufgrund eines Konflikts zwischen sechs Parteien, die die im Folgenden genannten Ziele verfolgten:

(1) *Túpac Amaru Revolutionsbewegung (Movimiento Revolucionario Túpac Amaru, MRTA):*
die Freilassung von bis zu 400 MRTA-Gefangenen,
den Kampf fortsetzen.

(2) *Die übrig gebliebenen (etwa 70) Geiseln:*
unverletzt freigelassen werden.

(3) *Die peruanischeRegierung:*
dem Terrorismus nicht nachgeben, die Gefangenen nicht freilassen,
dass die Geiseln unverletzt freigelassen werden.

(4) *Die MRTA-Gefangenen:*
freigelassen werden,
den Kampf fortsetzen.

(5) *Die Regierung der USA:*
dass niemand dem Terrorismus nachgibt,
dass die Geiseln unverletzt freigelassen werden.

(6) *Die japanische Regierung:*
dass die Geiseln unverletzt freigelassen werden,
Achtung vor den japanischen exterritorialen Prämissen.

Außerdem gibt es noch die »peruanische Gesellschaft«, die Wege sucht, das Elend abzuschaffen, und die »öffentliche Weltmeinung«, die alle oben genannten Ziele begünstigt.

[2] Prognose. Unter den genannten Prämissen ist die Durchsetzung der oben aufgeführten Ziele mit brachialer Gewalt höchst plausibel, da es sich um Maximalforderungen handelt, die Konfliktparteien nicht aufeinander eingehen und die Legitimität ihrer jeweiligen Forderungen nicht infrage stellen.

[3] Therapie. Wenn alle Parteien ein wenig nachgäben und die »Abschaffung des Elends« als übergreifendes Ziel ansähen, könnte dieses eine goldene Gelegenheit zum Folgenden sein:

(1) *Túpac Amaru MRTA* entwaffnet sich und nimmt am politischen Prozess in einer demokratischen Gesellschaft teil, in der seine Mitglieder Zugang zu Massenmedien und Wahlen haben.

(2) *Die Geiseln* werden freigelassen. Möglichkeiten werden gefunden, wie sie zur Abschaffung des Elends beitragen können.

(3) *Die peruanische Regierung* verbessert die Haftbedingungen und verkürzt die Haftzeiten, akzeptiert MRTA als gewaltfreie demokratische Bewegung und verstärkt ihre Bemühungen um die Abschaffung der Armut.

(4) *Die MRTA-Gefangenen* lassen sich in den Gefängnissen zu Dorfarbeitern bzw. Sozialarbeitern ausbilden und versprechen, nicht erneut zu den Waffen zu greifen.

(5) *Die Regierung der USA* stellt Finanzen und Fachwissen für Projekte zur Abschaffung des Elends zur Verfügung.

(6) *Die japanische Regierung* stellt ebenfalls Finanzen und Fachwissen für Projekte zur Abschaffung des Elends zur Verfügung und hält künftig Empfänge zum Geburtstag des Kaisers in Hotels ab, die viele Ausgänge haben.

Um das zu erreichen, wären vier bilaterale Gesprächsgruppen nützlich:

[a] direkte Verhandlungen zwischen MRTA und der peruanischen Regierung,

[b] direkte Verhandlungen zwischen den Gefangenen und der Regierung,

[c] Geiseln und Gefangene treffen sich und bilden gemeinsam Pressure-Groups,

[d] MRTA und Gefangene führen Gespräche über die peruanische Gesellschaft.

(Februar 1997)

44 | Ruanda – die Großen Seen: eine Friedens- und Konfliktperspektive

[1] Diagnose. Wenn man den Genozid von 1994 in Ruanda auf »Ruanda« einschränkt, dann schränkt man das Verständnis des Konflikts und die Suche nach möglichen Heilmitteln ein. Der Rassismus, der diesem Genozid mit deutlicher Klassen-Konnotation zugrunde liegt, hat seine Wurzeln im deutschen Kolonialismus und seiner *»Rassenkunde«*, durch die die größeren Tutsis über die Hutus (ganz zu schweigen von den »Pygmäen«) gestellt wurden.

Die belgischen Nachfolger der deutschen Kolonialisten nach dem Ersten Weltkrieg bevorzugten die Hutu-Mehrheit (»Zahlen vor Zentimetern«). Ein rassistisch pervertiertes Demokratieverständnis wurde der lokalen Bevölkerung aufoktroyiertund die wirtschaftlichen Investitionen des Westens (Frankreichs, Belgiens) stiegen beträchtlich. Das destruktive Vorgehen in Ruanda und Burundi kann durchaus als symptomatisch für das weitere Vorgehen in Zaire, der heutigen Demokratischen Republik Kongo angesehen werden.

Ein weiterer Aspekt ist die Übertragung der europäischen (englisch-französischen) Stammesfehden auf den sprachlichen, kulturellen und wirtschaftlichen Einfluss in Afrika. Die Anglophilen in Uganda bzw. die Tutsi, Banyamulenge und Kabila stehen den frankophilen Hutu bzw. Mobutu gegenüber. Die traditionell von den französischen »Gebiets-Spezialisten« beherrschten westlichen Medien fügten weitere Vorurteile hinzu. Aber Katastrophen haben die Neigung, die Verbreitung des Englischen zu fördern, da die meisten Katastrophen in Englisch vor sich gehen. Das französisch-römische Recht verliert an Boden, so scheint es, und das englische Gewohnheitsrecht drängt mächtig nach Westen.

Ein dritter Aspekt ist die Rolle, die die Entwicklungshilfe spielte, besonders die Schweizer Entwicklungshilfe. Entwicklungs-Agenturen möchten Erfolgsgeschichten erzählen können und neigen dazu, auf die herrschenden Gruppen in einer Gesellschaft zu setzen, womit sie die Explosivität der verfestigten Klassenbeziehungen vergrößern. Die Unterprivilegierten sehen keinen anderen Ausweg als Gewalt durch Revolution oder Migration und danach Invasion, während die Überprivilegierten keinen anderen Ausweg als präventive Gewalt gegen die Unterdrückten und Gemäßigten sehen. Das Ergebnis ist *Völkermord*.

[2] Prognose. Wenn die Bedingungen, die den Völkermord hervorbringen, nicht beseitigt werden, wird der Völkermord sich wiederholen. Wenn sie in der Struktur der Gesellschaft von Ruanda und einer Gewaltkultur liegen, die dazu noch durch einen massiven Völkermord verstärkt wird, der Opfer und Täter traumatisiert, dann hängt die Prognose davon ab, wie viel für die Beseitigung der Bedingungen getan wird.

Gerichte finden die Bedingungen bei den Übeltätern. Aber deren Beseitigung durch Hinrichtung oder Entfernen durch Gefängnishaft berührt die tieferen Ursachen keineswegs, ebenso wenig wie sie Opfer und Täter und die beiden Parteien miteinander versöhnt.

[3] **Therapie.** Ein Ausgangspunkt kann sein: Die Möglichkeit infrage stellen, eine dauerhafte Lösung innerhalb der engen Grenzen von Ruanda zu finden. Ebenso wie ein verheiratetes Paar, das durch die Außenwelt und durch sich selbst deformiert wurde, gut daran tut, Lösungen außerhalb der engen Grenzen seiner vier Wände zu suchen, kann die Lösung für Ruanda außerhalb von Ruanda liegen.

Ein möglicher Ansatz könnte eine *bi-ozeanische Konföderation* vom Indischen bis zum Atlantischen Ozean sein, die Uganda und Tansania, Ruanda und Burundi, die beiden Kongos und vielleicht noch mehr Länder einschließt, die ebenso ostwestlich mit Asien und Amerika wie nordsüdlich Handel treiben. Es gäbe viel Mobilität von Menschen und Ideen, Waren und Dienstleistungen, und ein Volk mit traditioneller Feindschaft im Inneren würde nicht auf sein sehr begrenztes Gebiet beschränkt bleiben. Japan, das ausgedehnte Programme für Afrika entwickelt hat, könnte mit Ost-West-Eisenbahnlinien und -Straßen etwas zur Infrastruktur beitragen. Neue Energie würde dadurch gewonnen, dass dasselbe getan würde, was die Republik Südafrika schon getan hat: die weiter südlich gelegenen bi-ozeanischen Möglichkeiten stärker ausbeuten.

Es wäre auch nützlich, wenn Deutschland, Belgien, Frankreich und die Schweiz, die USA und die UN einen Teil der Verantwortung übernehmen würden. Damit würden sie zur Versöhnung beitragen und den örtlichen Akteuren etwas von der kolossalen Last von den Schultern nehmen. Diese Last ist zu schwer für ein kleines Land. Förderlich für den Frieden wäre auch das im Folgenden Genannte: andere mit einbeziehen, Ursachen finden, umfassende Programme der Friedenskultur vorlegen, eine neue geopolitische Realität schaffen, versöhnen – wobei man die lokalen Traditionen wie z. B. *ga-ca-ca* und nicht Tribunale nach westlichem Vorbild einsetzt – und überhaupt alle Kräfte für den Frieden mobilisieren.

(Oktober 1997)

45 | Albanien:
eine Friedens- und Konfliktperspektive

[1] Diagnose. Die folgenden wirtschaftlichen, politischen und militärischen Faktoren in einem Land, das erst kürzlich aus seiner politischen Diktatur befreit wurde, sind in Betracht zu ziehen:

Eine *Marktwirtschaft* braucht Märkte, und Märkte brauchen flüssiges Kapital. Das albanische Kapital war weitgehend in Großfamilien- oder Familienhäusern angelegt. Um dieses Kapital flüssig zu machen, wurden sehr hohe Zinssätze versprochen, wenn die Häuser verkauft oder Hypotheken aufgenommen würden und das Geld im Schneeballsystem angelegt würde. Zwar hatte es einzelne Kämpfe gegeben, aber die albanische Arena explodierte, als die Familienersparnisse in Schneeballsystem-Bankgeschäften verschwanden. Gut informierte Quellen schätzen, dass von österreichischen, deutschen, Schweizer und US-amerikanischen Banken zwei bis vier Milliarden Dollar aus Albanien abgezogen wurden.

Eine *Demokratie* braucht nicht nur Wahlen, sondern auch eine Zivilgesellschaft und einen fortgesetzten offenen Dialog. Jede Wahl wird wahrscheinlich – und nicht grundlos – als ein Kampf zwischen Machtgruppen gesehen, die für ihre eigene Macht und nicht für das Volk kämpfen. Die Wahlbeteiligung ist wohl darum sehr gering, weil die Wähler nicht Politiker unterstützen wollen, die ihnen verdächtig sind. Anders gesagt: Die Wahlen im Juni 1997 können leicht ebenso ausgehen wie die Wahlen in Haiti.

Es ist zu vermuten, dass Italien Druck ausübt. Es kann politische Unterstützung als Ausgleich dafür fordern, dass es Deutschland in Jugoslawien, Frankreich in Algerien und Spanien in Marokko unterstützt hat. Der italienischen Armee muss dieselbe Möglichkeit bekommen, in alten Interessengebieten als »Friedenssicherer bzw. -Verstärker« aufzutreten.

[2] Prognose. Mehr davon, in Albanien und anderswo.

[3] Therapie. Auf diesem Hintergrund ist der folgende Fünf-Punkte-Friedensplan für (nicht nur in) Albanien zu betrachten:

Eine *internationale Untersuchung der Bankgeschäfte in Albanien* seit dem Ende des Regimes im Kalten Krieg. Die Kommission muss international sein und über internationales Bank-Fachwissen verfügen. Auch die Weltbank und die mit ihr verbundenen Institutionen gehören dazu. Das Ziel wäre nicht vor allem Schuld und Haftung festzustellen, sondern zu verstehen, was geschehen ist und wer national und international darin verwickelt ist, damit man in Zukunft ähnliche Skandale vermeiden kann.

Die *Frage der Entschädigung für die Opfer* sollte gestellt werden. Wenn Menschen gutgläubig in das System hineinschlidderten und sich auf der anderen Seite Betrüger befanden, könnte Haftung gefordert werden. Wenn nicht, wird sich das Geld für die Entschädigung vielleicht woanders finden. Man wird in Erwägung ziehen, rechtliche Barrieren zu errichten oder wenigstens sehr deutliche Warnungen vor ähnlichen Systemen in der Zukunft aussprechen.

Die Wahlen sollten aufgeschoben werden, sodass vorher *Gespräche am Runden Tisch über die Zukunft Albaniens* geführt werden können. Eines dieser Gespräche muss natürlich auf hoher Ebene in Tirana stattfinden, aber ebenso wichtig oder sogar noch wichtiger sind Gespräche am Runden Tisch in jedem einzelnen Dorf. Ideen und Argumente, die an diesen Runden Tischen (vielleicht von der OSZE organisiert und überwacht) auftauchen, sollten der gesamten Gesellschaft zugänglich gemacht werden. Durch diese Übung bekommen die Wahlen größere Bedeutung. Auch ein Referendum über König Lekas Vorschlag für die Wiedererrichtung einer Monarchie ist dann möglich.

Es besteht großer Bedarf an *humanitärer Hilfe* für Altenheime, Krankenhäuser, Kinderheime und andere Institutionen der direkten Hilfe. Am besten könnte diese Hilfe von einer Zivilgesellschaft zur anderen organisiert werden, wobei z. B. große Gruppen in Italien und Albanien aktiv werden könnten. Wenn Schutz dabei notwendig ist, könnte man den Einsatz einer internationalen Polizeitruppe in Erwägung ziehen.

Die Operation Alba muss abgeblasen werden. Sie ist von Anfang an schlecht konzipiert. Ein Soldat voller Kampfbereitschaft ist kein Symbol für humanitäre Hilfe, sondern für eine Invasion. Dass die Leitung von Italien gestellt wird, ist ein unglücklicher Einfall, da er an die Invasion Mussolinis vor 58 Jahren im April 1939 erinnert. Da taucht der Verdacht auf anderweitige Motive auf, die von denen Mussolinis nicht allzu verschieden sind, Motive, die auch türkischen, ex-jugoslawischen und griechischen Truppen mit ihren historischen Verbindungen mit Albanien zugeschrieben werden könnten.

(April 1997)

46 | Libanon:
eine Friedens- und Konfliktperspektive

Therapien nach der Gewalt

Die drei Aufgaben, nachdem die Gewalt geendet hat, sind »Lösung«, Wiederaufbau und Versöhnung (Resolution, Reconstruction and Reconciliation, »die drei Rs«). Wenn möglich müssen alle drei gleichzeitig angegangen werden.

Teil I: *Lösung*

[1]   Der Libanon leidet unter einem doppelten Konflikt: dem der inneren Teilung und dem der Intervention von außen. Ausländische Mächte nutzen die Schwäche des Libanon aus. Die Lösung ist die Vereinigung, um die Teilung zu überwinden.

[2]   Für die Einigkeit in einem multinationalen Land, das in zwei Weltreligionen mit Unterabteilungen geteilt ist, werden *einigende Themen* gebraucht: *Ein* Thema ist *die Botschaft vom gesellschaftlichen Zusammenleben und Koexistenz zwischen den Religionen.* Damit das geschieht, müssen beide Religionen ihre sanften Seiten einander zuwenden, auf alten Traditionen aufbauen und die Schande des Kriegs überwinden.

Ein *anderes* Thema (ebenso von der Schweiz inspiriert) ist, dass der Libanon ein Ort ist, wo die *Peripherien der Weltreligionen zueinander finden und nicht von ihren Zentren beherrscht werden.*

Ein *drittes* Thema ist der *Libanon als ein Mittel, um Geld zu verdienen, indem man den Mammon über Gott und Allah stellt.* Aber es ist gefährlich, dem Gott Mammon zu dienen, denn er straft mit Armut, Ungleichheit und Ungerechtigkeit: Einige bleiben arm oder werden es, Ungleichheit ergibt Konflikt und Ungerechtigkeit, und wenn eine Gemeinschaft mehr Geld verdient als die andere, ergibt sich auch daraus ein Konflikt.

Das Ergebnis kann leicht Gewalt sein, wenn die beiden Religionen einander ihre (sehr) harten Seiten zuwenden.

Als *viertes* Thema sind *gemeinsames Leiden und gemeinsame Scham* zu nennen und das Gefühl, dass man sich mit dem Krieg um die drei anderen Themen betrogen hat.

[3]   Eine dauerhaftere Transformation muss sich auf ein *steigendes Niveau von einträchtigem Zusammenleben* gründen. Die Erklärung von Biel (27. November 1995, zur Erinnerung an die neunhundertste Wiederkehr des Beginns der Kreuzzüge) enthält acht Richtlinien, die alle auf den Libanon angewendet werden können:
*   Die Religion anderer Menschen auf die Weise zu verstehen versuchen, wie sie sie selbst verstehen.

- Schulmaterial entwickeln, das für alle Seiten annehmbar ist.
- Die Redefreiheit weder mündlich noch schriftlich missbrauchen.
- Inspirierende Friedens-, Freiheits- und Gerechtigkeits-Ethik in die Praxis umsetzen.
- Möglichkeiten suchen, gewaltfreie Formen von Konfliktlösung zu fördern.
- Interreligiöse Räte für Frieden und Menschenrechte einrichten.
- Mit denen, die für die Medien arbeiten, friedensfördernde Formen des Journalismus besprechen.
- Über religiöse Grenzen hinweg zusammenarbeiten, um beim Wiederaufbau zu helfen.

[4] Das Problem des Unterschiedes zwischen den Klassen und der Ungleichheit könnte mit *Wirtschaftsprogrammen für die Unterprivilegierten* in Angriff genommen werden, z. B. mit *grameen* (Klein-)Banken (Bangladesch-Modell), mit alternativen Technologien, Kooperativen usw., mit deren Hilfe für den eigenen Verbrauch produziert wird. Damit könnte man den Marktmechanismus durch Muster örtlicher Selbstversorgung ergänzen. Dazu könnte künstlerische Arbeit kommen, die im Libanon so gut gedeiht. Dem Problem der Ungerechtigkeit kann durch Regeln der Parität begegnet werden, die eine *Zeit lang die Unterprivilegierten privilegieren* (malaysisches Modell).

[5] Dem Problem der Intervention von außen kann der Libanon durch die Entwicklung *starker Muster von Konflikt-Autonomie* begegnen, sodass das Land immer weniger vom Ausland abhängt. Sehr sinnvoll wäre die Zusammenarbeit zwischen Universitäten, mit deren Hilfe ein Studien- und Trainings-Zentrum für friedliche Konflikttransformation entwickelt würde.

Teil II: *Wiederaufbau*

[6] Das Vertriebenen-Ministerium und die Aidoun-Gruppe (Syrien und Libanon) haben eine mit Versöhnung verbundene Arbeit geleistet, die die Aufmerksamkeit anderer Länder in ähnlicher Situation verdient und die Modellcharakter haben könnte. *Studienreisen, Sommerlager für Menschen in anderen Ländern in ähnlichen Situationen werden empfohlen*, von Nicaragua bis Mosambik.

[7] *Es muss davor gewarnt werden, dass der Wiederaufbau als neuer Weg aufgefasst wird, auf dem Libanesen zu Geld kommen*, sodass sie nicht nur wie während der Kämpfe aus der Kriegswirtschaft, sondern auch aus der Wiederaufbau-Wirtschaft persönlichen Nutzen ziehen. Was geschieht, wenn der Libanon wiederaufgebaut ist und der Boom vorüber ist? Offensichtlich besteht die Gefahr, dass sich das Karussell noch einmal neu zu dre-

hen beginnt: neuer Krieg, neue Zerstörung, neuer Wiederaufbau. Dabei verschuldet sich der Libanon immer mehr und die Unternehmer werden dabei immer reicher.

[8] Ein anderer Ansatz würde die Erfahrung aus Nicaragua aufnehmen, wo *frühere Kämpfer beim Wiederaufbau dessen, was sie zerstört haben, zusammenarbeiten.* Solche Bemühungen könnten vom Ministerium durch Anreize belohnt werden und von Unternehmern dadurch, dass sie ihnen nach einer Trainingszeit damit die Maschinerie zur Verfügung stellen. Die These ist, dass gemeinsamer Aufbau durch Zusammenarbeit und gemeinsames Nachdenken zur Versöhnung beitragen können. Der Umstand, dass es im Libanon nicht nur zwei, sondern etwa 17 Kriegsparteien gibt, ist kein ernsthafter Einwand: Dadurch werden die Aufbau-Teams nur größer.

Teil III: Versöhnung

[9] Es wird immer einen harten Kern Unversöhnlicher geben. Ein Ansatz ist, dass man *intensiv mit Frauen und Jugendlichen arbeitet,* die weniger direkt in die Gewalt verstrickt waren. Dadurch umgibt man die Unversöhnlichen mit einem Meer von weiblicher Versöhnung. Vor allem sollen Jugendliche und Frauen dadurch, dass sie in allen vom Krieg zerrissenen Dörfern Jugend- und Frauen-Komitees bilden, gestärkt werden.

[10] Von grundlegender Bedeutung ist es, *Versöhnung sichtbar zu machen.* Das geschieht dadurch, dass Medien Beispiele von früheren Kampfgegnern bringen, die nun zusammenarbeiten. Im Allgemeinen muss die Presse mehr Aufmerksamkeit auf die Versöhnungsprozesse lenken, und Menschen müssen bereitwilliger mitmachen können, ohne dass man sie dazu zwingt, sich zu entschuldigen.

[11] *Ein Lesebuch für Grundschulen* sollte herausgebracht werden. Es enthielte etwa 50 gute Geschichten darüber, wie man Konflikte ohne Gewalt löst, sodass die jüngere Generation ein Reservoir hat, aus dem sie schöpfen kann.

[12] Auf örtlicher, regionaler und nationaler Ebene sollte man *Tage des Nachdenkens* einführen, an denen man die Bevölkerung zu Gesprächen am Runden Tisch einlädt. Jeweils vier oder fünf Menschen, die zusammen fünf Ideen für »Lösung, Wiederaufbau, Versöhnung« haben, tragen zu einem Großen Nationalen Pool der Ideen (GNPI) bei. Die besten Ideen könnten prämiert werden; die Medien könnten sie bekannt machen.

[13] *Man sollte auf die Zukunft gerichtete Diskurse einführen.* Man spricht weniger von der Vergangenheit, mehr über die Zukunft und deren Möglichkeiten, mit einem Konflikt gewaltfrei und kreativ umzugehen.

[14] *Gemeinsames Klagen* als Manifestation gemeinsamen Leidens unter dem Geschehenen und das Versprechen, die Aufstachelungen der Führer, die

sich die Situation zunutze machen könnten, zur Gewaltanwendung zu-
rückzuweisen.

[15] *Die Entstehung einer kleinen, lebendigen, sich ausweitenden Zivilgesellschaft
im Libanon ist zu begrüßen.* Sie kann zum Zweck der Stärkung ihres Landes sowohl mit dem Staat als auch mit dem Kapital zusammenarbeiten,
um das Land zu stärken. Dabei weist sie die Potenziale des Staates und des
Kapitals für den Frieden durchaus nicht zurück.

(Mai 1997)

47 | Euskadi (Baskenland): eine Friedens- und Konfliktperspektive

[1]   *Das Recht der Basken auf Selbstbestimmung muss anerkannt werden.* Baske ist, wer sich selbst als solcher bezeichnet. Das ist nicht an Blut und Sprache gebunden, sondern an die kulturelle Identifikation (*fueros, fors*) und ein Heimatgefühl.

[2]   Die drei *provincias* und die vier *provinces* werden als Baskenland bezeichnet, *Euskadi*. In der EU haben sie keine innere Grenze, während sie zurzeit weiterhin Teile von Spanien und von Frankreich sind. Navarra kann sich, wenn es will, anschließen.

[3]   *Euskadi* wäre mit *Euskara* (Baskisch) als offizieller Sprache dreisprachig. Spanisch und Französisch wären auch Verwaltungssprachen.

[4]   Die gegenwärtigen Regierungsorgane auf der Ebene der *autonomía* und des *département* (basque) würden bestehen bleiben.

[5]   Ein Parlament (*fors*) für ganz *Euskadi* würde gewählt mit einer Regierung, die der Versammlung verantwortlich wäre.

[6]   Es gäbe Versammlungen für die Spanier und für die Franzosen, die in *Euskadi* leben. Sie bekämen ein Vetorecht in Angelegenheiten, die ihr Patrimonium betreffen, möglicherweise auch örtliche Gerichte und örtliche Polizei.

[7]   *Euskadi* kann nach und nach durch das im Folgenden Genannte stärker internationalen Charakter annehmen:

[a]   Ein Pass könnte schrittweise, zuerst in Frankreich bzw. Spanien, dann in der EU und schließlich in der ganzen Welt anerkannt werden. Jeder Bürger hätte wie bisher das Recht auf einen französischen oder spanischen (EU-) Pass.

[b]   Jeder Bürger könnte eine Stimme in *Euskadi* und eine in Spanien oder Frankreich haben.

[c]   Wie in Andorra wären Francs und Peseten zu annehmbaren Wechselkursen überall willkommen.

[d]   Der *Euro* könnte eine *Euskadi*-Version mit demselben Wert bekommen (ein *Euskadi*?). Um die örtliche Wirtschaft anzukurbeln, könnte für alle Handelsgeschäfte, die in *Euskadi* abgewickelt werden, ein Rabatt in Betracht gezogen werden.

[e]   Das Budget für *Euskadi* könnte sich auf ein gemeinsames Budget für die *autonomía* und das *département* gründen. Es könnte einige zusätzliche Einnahmequellen (Steuern, Mehrwertsteuer) wie für jedes EU-Land und dasselbe Ausgabenschema geben.

[f] Besondere Verträge würden die Beziehungen zu Paris und Madrid regeln. Sie enthielten Überprüfungs-Klauseln und Revisionen alle n Jahre (n = 25?) oder dann, wenn das unerschöpfliche Recht auf Selbstbestimmung ausgeübt wird.

[g] *Euskadi* würde entmilitarisiert und würde auf das Recht auf eine eigene Armee verzichten. Spanien und Frankreich würden in Zusammenarbeit mit der OSZE und den UN die Garantie für seine äußere Sicherheit übernehmen.

[h] *Euskadi* hätte Beobachterstatus in der EU, in anderen europäischen Organisationen und in den UN (wie die Schweiz).

[i] *Euskadi* entwickelt Schritt für Schritt seine eigene Außenpolitik.

[j] Doppelte Staatsbürgerschaft *de facto* bzw. *de jure* kann in Betracht gezogen werden.

[k] Das Recht auf Selbstbestimmung schließt die Möglichkeit zu Unabhängigkeit, Föderation, Konföderation, Assoziation oder anderes ein.

[l] Man mag eine Verschiebung der Grenzen, z. B. die zu Navarra, erwägen, für deren Festsetzung man Abstimmungen auf örtlicher Ebene durchführen könnte, entsprechend dem dänisch-deutschen Modell von 1920.

[8] Während des Prozesses würde jederzeit das Ergebnis offengehalten.

[9] Ein Versöhnungsprozess muss in Gang gesetzt werden.

[10] Der Prozess bedarf ebenso der Teilnahme der Eliten wie des Volkes.

Ein Modell für den Prozess bietet *Andorra*, das jetzt ein unabhängiges Mitglied der UN ist.

(Mai 1997)

48 | Gibraltar, Ceuta und Melilla:
eine Friedens- und Konfliktperspektive

[1] Während Geschichte und Geografie auf eine Integration in Spanien und Marokko weisen, weist die Selbstbestimmung auf den *Status quo* als spanische Provinzen und englische Kolonie. Madrid argumentiert auf der einen Seite des Mittelmeers anders als auf der anderen. Ceuta und Melilla sei es etwas »völlig anderes«.

[2] Der klassische Ansatz wäre eine Übertragung durch *Eroberung*, wenn der Status quo weder annehmbar noch aufrechtzuerhalten ist, oder Annahme der *gerichtlichen Entscheidung*. Weder das eine noch das andere löst das Problem.

[3] Wenn es auf beiden Seiten gute Argumente gibt, dann werden Aushandeln, Zurückziehen, Kompromiss oder Überschreiten notwendig.

[4] *Aushandeln* ist möglich, wenn Rabat London ein X als Gegenleistung dafür anbieten würde, dass London Gibraltar an Spanien zurückgibt, und Madrid Ceuta und Melilla an Rabat übergibt. Es ist nicht leicht, ein gutes X zu finden.

[5] *Zurückziehen*, warten, »die Zeit ist noch nicht reif«, ist eine Möglichkeit mit zeitlicher Begrenzung: Die Geduld könnte abhandenkommen. Es wäre schwierig, mit gewaltfreien Märschen von einigem Umfang in den drei Gebieten fertig zu werden.

[6] *Kompromiss* von der Art, dass man die Gebiete teilt, ist auch unmöglich: Die Gebiete sind zu klein.

[7] *Überschreiten* ist gefordert. Hier werden einige Formeln genannt, die sich gegenseitig nicht ausschließen. Sie werden in der Reihenfolge der zunehmenden Entfernung vom Status quo angeführt A. bedeutet Umkehr, B. könnte zu C., dann zu D., dann zu E. führen:

[a] *Übertragung der Souveränität*: die neue Hongkong-Formel: Alles andere bleibt y Jahre lang, wobei y ausgehandelt werden muss, unverändert, etwa der Lebenszeit der gegenwärtigen Bewohner entsprechend. Sie könnten sowohl neue Pässe als auch Gebiets-Pässe bekommen, aber keine eigene internationale Identität.

[b] *Gemeinsame Souveränität bzw. Kondominium*, die alte Andorra-Formel: London und Madrid würden sich die Verwaltung von Gibraltar teilen, Madrid und Rabat die von Ceuta und Melilla. Die Bewohner könnten zwischen zwei Pässen und Stimmrechten wählen und außerdem einen Pass und die Rechte des Gebietes bekommen, aber keine eigene internationale Identität.

[c] *Eine abgetrennte Einheit in der Europäischen Union*, die EU-Formel:
     Diese Formel ist für Gibraltar eher erreichbar als für Ceuta und Melil-
     la, da Marokko nicht Mitglied der EU ist. Der Status ist unklar.

[d] *Internationalisierung der Gebiete*: die Tanger-Formel im Einklang mit
     dem gegenwärtigen Globalisierungstrend. Alle drei werden freie Hä-
     fen und exklusive Wirtschaftszonen in enger Zusammenarbeit mit ih-
     ren Nachbarn, vielleicht als gemeinsames Kondominium. Der Status
     bleibt unklar.

[e] *Unabhängigkeit in einer Konföderation*, die nordische Formel: Die Ter-
     ritorien könnten von den guten Transportmöglichkeiten der Region
     des westlichen Mittelmeers profitieren. Die Bewohner hätten Pässe,
     die anzeigen, wo sie leben, und bei Wahlen eine örtliche und eine
     konföderale Stimme. Die drei Stadtstaaten könnten, vielleicht mit
     Tanger, eine internationale Einheit bilden und wären Mitglied der
     UN. Investitionen aus aller Welt wären willkommen. Die Territorien
     könnten entmilitarisiert sein und ihre Sicherheit würde durch die UN
     und/oder Großbritannien, Spanien und Marokko garantiert.

Als eine *Zone oder ein Archipel des Friedens* könnten alle drei oder vier Gebiete
zusammen ein großes Zusammenkunfts- bzw. Konferenz-Zentrum werden.

(Juli 1997)

49 | Kaschmir:
eine Friedens- und Konfliktperspektive

[1] Prozess. Die Simla-Vereinbarung von 1972 gab Indien und Pakistan den Auftrag zu bilateralen Verhandlungen, die bisher keinen Frieden brachten. Falls der Ansatz nicht falsch, sondern nur unvollständig ist, sollte das Folgende hinzugefügt werden:

[a] eine Südasiatische Assoziation für regionale Kooperation, die

[b] indo-pakistanische Runde Tische von NGOs für Dialoge bzw. Verhandlungen einrichtet,

[c] Mediatoren von außen, von den Regierungen eingesetzt,

[d] Mediatoren von außen, nicht von den Regierungen eingesetzt, Einzelne als Mediatoren,

[e] die Vereinten Nationen.

Alles könnte einzeln oder – für einen Synergieeffekt – gleichzeitig ausprobiert werden.

Wenn c) probiert wird, sollten die Großmächte, die offensichtlich Interessen in dem Gebiet verfolgen – wie USA und China (auf der Seite Pakistans) und Großbritannien und Russland (auf der Seite Indiens, Großbritannien auch als ehemalige Kolonialmacht) –, taktvoll genug sein, die Hände davon zu lassen. Das sollte auch der UN-Sicherheitsrat tun, denn die Summe der Vorurteile seiner Mitglieder wird sich wahrscheinlich nicht als kreativ und nützlich erweisen.

[2] Ergebnis. Das Folgende ist eine Vorstellung von möglichen Ergebnissen, die vielleicht eines Tages für die meisten Konfliktparteien akzeptabel sein werden:

A. Unterschiedliche Beziehungen zwischen dem Zentrum und der Peripherie in der Indischen Union

In einem kolonialen bzw. bürokratischen Setting ist es sinnvoll, wenn das Zentrum in Neu-Delhi dieselben Beziehungen zu allen Staaten hat, aber das sorgt für fortgesetzte Gewalt. Diese Gewalt sollte nicht als Forderung nach Sezession bzw. Unabhängigkeit aufgefasst werden, wenn in einigen Gebieten nur Autonomie gefordert wird. Es geht auch anders: Alle nicht EU-Länder in Westeuropa arbeiten mit der EU zusammen, und zwei EU-Mitglieder (Dänemark und Großbritannien) genießen auf sehr wichtigen Gebieten Autonomie. Indien ist zweimal so groß und komplexer. Kaschmir ist nicht der einzige Teil, der daran interessiert ist, sagen wir, weniger föderale, eher konföderale Verbindungen auszuhandeln, das sind ebenso Nagaland und einige andere. Der Prozess wird schmerzhaft sein. Aber »in der Stärke ist Schwäche und in der Schwäche Stärke«; Flexibilität wird allen von Nutzen sein.

B. *Unterschiedliche, aber konsequente Politik den Teilen Kaschmirs gegenüber*
Eine *Politik, die keine Unterschiede macht*, ist für Kaschmir mit seinen drei bzw. vier Teilen in einem kolonialen bzw. bürokratischen Setting sinnvoll, aber sie sorgt für fortgesetzte Gewalt. Diese Gewalt sollte nicht als Forderung nach Sezession bzw. Unabhängigkeit aufgefasst werden, solange in einigen Gebieten Autonomie die Lösung sein kann. Drei Optionen sollen ausgeschlossen werden:

- volle Integration in Pakistan (Jamaat, Hisbollah-Mudschaheddin),
- volle Integration in Indien (das Instrument der Übernahme),
- völlig unabhängiger Staat Kaschmir (die Hurriyat-Konferenz).

Eine Politik, die Unterschiede macht, könnte das Folgende enthalten:
- Wenn Jammu und Ladakh die Integration mit Indien wollen, sollen sie die bekommen,
- wenn Asad Kaschmir die Integration mit Pakistan will, soll es die bekommen,
- für das Valley: Wenn Autonomie und Dezentralisierung innerhalb Indiens gemäß dem, was in der Verfassung 1952 und 1974 festgelegt wurde, das ist, was die Bewohner wollen, sollen sie es bekommen (die Nationalkonferenz, Shabbir Shah?).

Für Geschlossenheit mag das Folgende nützlich sein:
[a] ein indisch-pakistanisches Übergangs-Kondominium für das Valley,
[b] indisch-pakistanische Zusammenarbeit, um die Kontrolllinie weicher zu gestalten,
[c] Zusammenarbeit der Zivilgesellschaft über die Grenze bzw. Kontrolllinie hinweg: Vereinigung von Familien, kulturelle Zusammenarbeit, örtliche wirtschaftliche Zusammenarbeit. Das ist überall notwendig, um die Wirkungen der Globalisierung zu überwinden,
[d] eine Größere Kaschmir-Gemeinschaft aller Teile, offene Grenzen, eine Kaschmir-Freihandels-Gesellschaft (KFHG), die mit Neu-Delhi und Islamabad verbunden ist.

C. *Zusätzliche Themen*
Der Vorschlag wendet sich nicht an Waffenhändler und Söldner, die Profit wollen, und nicht an Jugendliche, die in entfremdeten Gesellschaften Gewalt und Vergewaltigung nicht nur als »die beste, sondern auch die einzige Show in der Stadt« ansehen. Aber diese Gruppen werden verschwinden. *Und der Siachen-Gletscher könnte als Weltnaturerbe ein Denkmal werden, das dem Frieden gewidmet ist.*

(Januar 1998, Mai 2006)

50 | Kolumbien:
eine Friedens- und Konfliktperspektive

[1a] Diagnose I. Einige einander nicht ausschließende Perspektiven:

[a] Extreme Kräfte sind an der Macht, die *poderes fácticos* (Militärs, Industrie- und Finanzwelt sowie die Kirche), sie sind hoch hierarchisiert und ausbeuterisch. Demgegenüber organisiert sich Gewalt von unten (Guerillas, FARC bzw. ELN) die wiederum Gegengewalt von oben (para-militares) erzeugt, wobei sich die Fronten des Bürgerkrieges ständig verschieben.

[b] Es gibt ein Zwei-Parteien-System, das das Programm des 19. Jahrhunderts bewahrt und unfähig dazu ist, Sozialdemokratie, Grüne, Kommunisten (Guerillas) und Faschisten (*para-militares*) in den öffentlichen Raum und die öffentliche Debatte einzugliedern.

[c] Nach dem Mord an Gaitán am 9. April 1948 brach ein Bürgerkrieg (»La Violencia«) aus, in dem die Wähler der jeweils anderen Partei getötet wurden, ohne dass die Mörder später bestraft wurden.

[d] Ein extremer Fall von Drogenhandel, in dem Kolumbien als Lieferant auftrat und die wichtigsten Machtinhaber zusammen mit Gewalt ausübenden Wirtschaftskreisen Profite machten.

[e] Der öffentliche Raum degeneriert zu einem anarchischen Schlachtfeld mit Korruption zwischen den privaten Räumen, die in a) bis d) genannt werden.

[f] Invasion der USA, die sich schrittweise aufbaute, um d) zu benutzen, um a) aufzuhalten, sofern die kolumbianische Regierung das nicht an ihrer Stelle tun kann.

[1b] Diagnose II: Die letzten Punkte können vertieft werden:

• Ein extremer Fall von Auflösung der sozialen Normen, Werte und Kultur im Verhalten in der Öffentlichkeit und Straffreiheit für Mord: *Anomie*.

• Ein extremer Fall von Auflösung der Sozialstruktur und des öffentlichen Raumes und Fragmentierung bzw. Atomisierung: *Atomie*.

Diese Bedingungen bringen Gewalt, Korruption, Drogenketten (als Hersteller und Verteiler, die Konsumenten sitzen in den USA), Sektenbildung: Gewalt ausübende Gruppen werden zu Sekten, in denen Menschen Führung und Sozialstruktur finden. *Kurz gesagt: eine totale soziale Krise.*

[2] Prognose. Die Dialektik zwischen extremer Vertikalität und extremer Auflösung des öffentlichen Raumes, der öffentlichen Kultur und Struktur sorgen dafür, dass sich Gewalt endemisch ausbreitet. Die Prognose führt noch einen Schritt weiter zur sich pandemisch ausbreitenden Gewalt. Das Militär bzw. die Polizei, die ein Teil des öffentlichen Raumes sind, tragen zum Problem anstatt zur Lösung bei. Sie erleichtern die Gewaltanwendungen der Paramilitärs im Kontext von a) bis f), statt sie zu verhindern. Der nächste Schritt ist vielleicht eine Intervention von außen (die USA in Zusammenarbeit mit einigen lateinamerikanischen Ländern, z. B. könnten die USA die Militärbasen des benachbarten Ecuador nutzen), gegen linke Guerillas und *narcotráfico*. Das Ergebnis könnte ein manifestes (Vietnam) oder ein latentes (heutiges Bosnien) Schlamassel sein.

[3] Therapie. Die Wahl der Heilmittel hängt von der gewählten Diagnose ab. Jedes Heilmittel, das sich nur auf einen Faktor gründet, ist zur Unwirksamkeit verurteilt:

[a]   Das *Pakt-Paradigma* zwischen Regierung und Guerillas setzt zusammenhängende Kulturen (ein Versprechen halten) und Strukturen (für andere verbindlich sein) voraus. Unter Bedingungen von Anomie und Atomie ist das nicht der Fall. Dazu kommt die Versuchung, einen Pakt als Ziel und nicht als Mittel anzusehen. *Allgemeiner Punkt: mehr Tatsachen, weniger Pakte, weniger Glauben an Pakte.*

[b]   Dem *politischen Viel-Parteien-Paradigma* kann dadurch entgegengewirkt werden, dass man die Wahlen stärker ritualisiert und die Relevanz des Parlaments vermindert.

[c]   Das *Rechts-Paradigma* (mehr Staat, Polizei, mehr Bestrafung) setzt zusammenhängende Strukturen und Kulturen im öffentlichen Raum voraus.

[d]   Das *Krieg-gegen-Drogen-Paradigma* kann nur dann Bedeutung bekommen, wenn der gesamte Wirtschaftszyklus mitsamt der Grundursache, der Nachfrage (Anomie und Atomie in Konsumenten-Ländern wie den USA), wirksam in Angriff genommen wird (Chemikalien und Lufttransport eingeschlossen). Das Problem besteht darin, wirtschaftlichen Ersatz zu finden, um Frieden profitabel zu machen. Vielleicht könnte die Sicherstellung, dass die USA sich darum bemühen, die Nachfrage nach Drogen in ihrem Innern abzubauen, eine Lösung sein?

[e]   Dem *institutionellen Paradigma*, den öffentlichen Raum mit effizient und ehrlich operierenden Institutionen auszustatten, wirken Anomie und Atomie in Kolumbien mitsamt seinen zweifelhaften Institutionen Polizei und Militär entgegen.

[f]   Das *Plan-Colombia-Paradigma*, das die Aufgabe zunehmend den USA bzw. der OAS überlässt, kann eine lang anhaltende Abhängigkeit und

Kolonisierung schaffen, starke Gegenkräfte wecken und kontraproduktiv sein.

Aber der Versuch, einen Staat aufzubauen, ist unter den gegebenen Umständen Flickwerk, denn die eigentliche Aufgabe besteht darin, eine Gesellschaft aufzubauen und den Anomie-Atomie-Komplex zu überwinden:

- *Gegen Anomie*: (Wieder-)Erschaffen des Sinnes für verbindliche Normen und Werte, eine sehr anspruchsvolle Aufgabe für Kirche (jüngere Priester?), Schule und Familie als Haupt-Sozialisations-Agenturen einer Gesellschaft. Es ist eine Frage der (Wieder-)Erschaffung der Umgangsregeln im öffentlichen Raum. Man könnte mit den Normen: »Du sollst nicht töten« und »Du sollst nicht stehlen« und Werten der Solidarität mit den Armen gegen die egoistische Kosten-Nutzen-Rechnung und den materialistischen Individualismus des Ökonomismus einen Anfang machen. Eine moralische Gesellschafts- und Weltführung wird dringend benötigt.

- *Gegen Atomie*: (Wieder-)Erschaffung eines sozialen Gewebes im öffentlichen Raum, in dem ein dichtes, kreuz und quer gespanntes Netz von NGOs vielfältiger Art mit Mitgliedern aus allen Gesellschaftsbereichen besteht, nicht zu vergessen Verwandte, Freunde, Arbeitskollegen und Glaubensbrüder und -schwestern, die als Bindeglieder für Normen der Solidarität dienen. Dann:

(1) *Die Fähigkeit, mit Konflikten umzugehen*, auf allen sozialen Ebenen verbessern. Konflikt-Repertoires werden dadurch vergrößert, dass Kirchen, Schulen und Fernsehserien (einmal wöchentlich) sich jahrelang dafür einsetzen, den Konflikt-Analphabetismus zu bekämpfen.

(2) *Frauen und Jugendliche als Konflikt- bzw. Friedensarbeiter stärken*, indem man sie zu MediatorInnen ausbildet (durch eine *Escuela de Alto Gobierno*?).

(3) In den Schulen *Friedens- und Konflikt-Erziehung* einführen, indem man Bücher mit 50 bis 100 Geschichten über erfolgreichen und kreativen Umgang mit Konflikten zur Verfügung stellt, auf die sich die Leser ihr ganzes Leben lang beziehen können.

(4) In den Medien *Friedensjournalismus* einführen. Der Journalismus soll nicht gewaltsame Meta-Konflikte und die Gewinner, sondern stattdessen Grundkonflikte und mögliche Prozesse bzw. Ergebnisse, gewöhnliche Menschen und nicht Eliten in den Mittelpunkt stellen.

(5) Waffenfreie *Friedenszonen* einrichten, die auf Konföderationen von Gemeinden und den oben genannten Punkten aufbauen. Die

Zonen werden noch durch das Hinzufügen weiterer Punkte verbessert. Sie werden international geschützt.

(6) *Mithilfe der Nachbarländer international den Frieden sichern*, die Militärdoktrin von Sun Tzu und nicht die von Clausewitz benutzen, als Polizeimethoden müssen Gewaltfreiheit und Mediation als Mittel der Konfliktbearbeitung gebraucht werden. Viele Frauen sollten daran mitarbeiten.

(7) *»Wahrheit und Versöhnung«* wie in Südafrika und nicht die mittelamerikanischen Grundsätze anwenden, für diesen Zweck Gerichte, Kirchen, Psychologie und Fernsehen nutzen.

(8) Geschäfte gemäß modernen Erkenntnissen führen (wie das Kaffee-Geschäft) mit *höherem Anteil für die Arbeiter bzw. Produzenten*, indem man Zwischenhändler ausschaltet.

(9) *Nachhaltige Wirtschaft* einrichten (Mikro-Kredite, angemessene Technologie, Kooperativen usw.) neben der Wachstumswirtschaft.

(10) *Die Pathologien in der kolumbianischen Kultur angreifen*, wie z. B. Machismo und Gewaltkult, direkt und als Teil des Anti-Anomie-Kampfes.

(11) Ein höheres Maß an innerer Sicherheit schaffen, *indem man Polizei und Militär neu trainiert, damit sie die oben genannten Aufgaben erfüllen können.*

(12) *Die Menschenrechte, wirtschaftliche, soziale und kulturelle Rechte eingeschlossen, als moralische Richtlinien für eine lebendige Demokratie benutzen.*

All das muss parallel bzw. gleichzeitig getan werden, nicht eins nach dem anderen. Das ist tatsächlich ein großer Auftrag, aber darunter ist es nicht zu machen!

(Juni 1998)

51 | Klasse und Globalisierung:
eine Friedens- und Konfliktperspektive

[1] Diagnose. In einer Welt, in der 358 Milliardäre mehr Vermögen besitzen als die halbe Menschheit (vgl. UNDP: Entwicklungsprogramm der Vereinten Nationen), sollte die Metapher »Markt« infrage gestellt werden. Die Milliardäre (und andere) kaufen und verkaufen nicht nur, sondern sie entscheiden auch über die Produkte und die Produktionsweisen. Damit bestimmen sie das Leben von Milliarden Menschen (z. B. durch Stellenabbau durch Automatisierung).

Globalisierung bedeutet die globale Teilhabe an den positiven und negativen Konsequenzen des Wirtschaftswachstums, wobei die nationalen Märkte immer mehr verschwinden, die Ungleichheit weltweit wächst und über all das hinaus die Zahl der Menschen, die als ökologische, Wirtschafts-, politische, militärische und kulturelle Flüchtlinge ihre Heimat verlassen, ebenfalls wächst. (Im Jahr 2030 werden bei schärfer bewachten Grenzen um die reichen Länder eine Milliarde Menschen in Bewegung sein.) Wegen der Mobilität (Verlagerung) ganzer Firmen auf der Suche nach billigen Arbeitskräften und niedrigeren oder negativen Steuern (Anreizen) werden in vielen Ländern die Staatseinnahmen zurückgehen.

Durch Privatisierung wird dieser Prozess weitergetrieben, indem dem Staat auch die Steuern zahlenden Firmen genommen werden. Ständig wachsende Produktivität führt zu Stellenabbau (Arbeitslosigkeit) oder zur Reduktion der Arbeitszeit (Schrumpfung). Wenn 1,7 Milliarden weniger als einen Dollar und drei Milliarden weniger als zwei Dollar am Tag verdienen, bekommen wir im Verhältnis zur Nachfrage bzw. zum Verbrauch eine Überversorgung bzw. Überproduktion (80 Millionen Autos wetteifern um 60 Millionen Käufer). Die weiter zunehmende Ungleichheit zwischen Spitze und »Bodensatz« führt an der Spitze zu kürzerfristigen Investitionen auf der Suche nach Profit und beim Bodensatz zu niedrigerem Verbrauch von Gebrauchsgütern und schließlich zu zunehmendem Elend.

Der IMF verhält sich wie ein Arzt, der nur über eine einzige Medizin verfügt: Die Autonomie der Firmen auf Kosten des Staates (Privatisierung, niedrigere Steuern, Geldentwertung), auf Kosten der Arbeiter (Arbeitsflexibilität, Vertragsarbeit), auf Kosten des Landes (der Profit wird aus dem Land geschafft) und auf Kosten der Öffentlichkeit (keine Subvention der Grundbedürfnisse, keine Steuern auf Luxusgüter) vergrößern. Solchen verantwortungslosen Firmen werden Kredite zur Verfügung gestellt, die zu noch mehr Ungleichheit, Elend, freier Kapitalspekulation und Abhängigkeit führen. Das Endresultat ist: *Die Menschen am Boden der Gesellschaft werden geopfert.*

[2] **Prognose.** Das Ergebnis von alledem ist, dass die Krisen sich selbst erhalten. Das System bewegt sich von einer Krise zur anderen. Die Krise tritt dort auf, wo das System am schwächsten ist, und lenkt die Aufmerksamkeit auf die Therapie der Symptome: Börsenkräche werden verhindert, indem man Verzögerungen einbaut, um Panik zu verhindern, und indem man ausländischen Firmen aus der Patsche hilft. Ein großer Krach, Rezession und Depression sind höchst wahrscheinlich.

[3] **Therapie.** Extreme Konflikte verlangen extreme Heilmittel:

- *Die Wiedererfindung örtlicher Behörden*: Eine der Hauptaufgaben örtlicher Behörden sollte es sein, die Produktion zur Deckung der Grundbedürfnisse auf Gemeindebasis (oder in einer Konföderation von Gemeinden) zu koordinieren, um zu garantieren, dass sie gedeckt werden und dass das, was bis dahin von außen kam, nun im Inneren hergestellt wird, um die Umweltverschmutzung durch Transport und andere Faktoren zu reduzieren.
- *Die Wiedererfindung des Staates*: Eine der Hauptaufgaben des Staates ist es, die Aufgabe der Produktion normaler und Luxusgüter auf Staatsbasis (oder in einer Konföderation von Staaten) zu koordinieren und das, was von außen kam, im Inneren herzustellen, um die Umweltverschmutzung zu reduzieren und als Verteilungsagent zu wirken.
- *Die Wiedererfindung von Unternehmen*: Unternehmen müssen soziale Verantwortung übernehmen und je nach deren Erfüllung oder Nichterfüllung belohnt oder bestraft werden.
- *Die Wiedererfindung der Zivilgesellschaft*: Das Gewissen der Verbraucher muss zu organisierter Bevorzugung und organisiertem Boykott von Firmen führen.
- *Die Wiedererfindung der Medien*: Die Medien müssen von Geschäftsinteressen, Staatsinteressen und Zensur befreit werden.
- *Die Wiedererfindung globaler Kontrolle*: Das würde eine hohe Besteuerung von Spekulationsgewinnen bedeuten und die Garantie für die Erfüllung der Grundbedürfnisse der gesamten Menschheit als *globales Menschenrecht für Weltbürger* umfassen.

(Mai 1998)

52 | Generation und Nachhaltigkeit: eine Friedens- und Konfliktperspektive

[1] Diagnose. Der Konflikt zwischen den Generationen ist diachron, überzeitlich. Die meisten Konflikte sind synchron, und deshalb sind Konflikttheorie und -Praxis auf synchrone Konflikte ausgelegt. Das Ziel jeder Generation ist definitionsgemäß ihr Lebensunterhalt. Jede Generation will ihre eigenen Grundbedürfnisse befriedigen. Der Konflikt ist offensichtlich: Jede Generation (oder besser: Kohorte) kann den Lebensunterhalt folgender Generationen durch ihren Bedarf und ihre Gier gefährden. Konkret gesprochen tut sie das

- *wirtschaftlich* durch Umweltverschmutzung und Erschöpfen der Ressourcen,
- *militärisch* durch Fortsetzung der Gewalt durch Trauma und Ruhm,
- *politisch* durch nicht transformierte Konflikte und nicht umkehrbares Handeln,
- *kulturell* durch das Akzeptieren von Kulturen, die die genannten Konsequenzen in Kauf nehmen.

Das Konzept der Nachhaltigkeit führt über den engen wirtschaftlichen und ökologischen Diskurs hinaus zu einem allgemeinen Diskurs über die Übergabe einer Welt, die in guter Verfassung ist, eine intakte Umwelt besitzt (vielfältig, symbiotisch), in der Menschen leben, die weniger durch Gewalt traumatisiert und durch Wünsche, deren Erfüllung nur mit Gewalt durchzusetzen ist, deformiert sind. In einer solchen Welt werden die Konflikte so transformiert, dass man gewaltfrei und kreativ mit ihnen umgehen kann, denn sie sind nicht durch unumkehrbare Entscheidungen blockiert. Dazu kommt eine Weltkultur, die diese Botschaft übermittelt.

In diesem Zusammenhang sind Versöhnungsprozesse von großer Bedeutung.

[2] Prognose. Jedoch wachsen Umweltverschmutzung und Erschöpfung der Ressourcen in der gesamten Welt, die Gewalt nimmt zu, die Klugheit, mit der Konflikte gehandhabt werden, nimmt ab und Kulturen in der Welt, die dem entgegenwirken, werden an den Rand gedrängt. Die Last der unbearbeiteten Probleme, die von einer Generation an die nächste weitergegeben wird, nimmt mit einer Ausnahme zu: Die materiellen Lebensbedingungen des reichsten Teils der Menschheit verbessern sich. Die Prognose ist ein Ansteigen der Gewalt zwischen den Klassen und Massenmigrationen aus unsicheren Gebieten. Die vier apokalyptischen Reiter: Eroberung, Krieg, Hungersnot und Pest (Tod) kündigen sich hier an.

[3] Therapie. Welche Therapie gibt es bei extremem Generationenegoismus, dem Mangel an Solidarität zwischen den Generationen und Kurzzeitperspektiven, durch die die Lebensgrundlagen der nächsten Generationen beeinträchtigt werden?

Das indianische Sprichwort »Denk über die Folgen deines Handelns für die kommenden sieben Generationen nach« ist ausgezeichnet und weist in Richtung Zukunftsstudien. Aber diese Studien müssen den zu engen Zeithorizont, den die meisten von ihnen haben, weit überschreiten. Darüber hinaus könnten sie auch als Ausrede für Rücksichtslosigkeit dienen, wenn sie auf Möglichkeiten hinweisen, die den Gedanken bzw. die Illusion nahelegen, dass die Welt für eine außerordentliche Belastung robust genug wäre. Wenn man auf der sicheren Seite sein will, muss die Einsicht in das Morgen an die Ethik einer diachronen Solidarität gebunden sein, die heute gilt.

Eine Trainingsmöglichkeit für den Anfang wären Haushalte (oikos), in denen drei bis vier Generationen nahe beieinander leben. Dann hätten die Menschen künftige Generationen so nahe bei sich, dass die Solidarität eine Notwendigkeit des täglichen Lebens würde. Die Solidarität würde sich auch rückwärts auf die Eltern, Großeltern usw. ausweiten, die bei einer einseitigen Konzentration auf künftige Solidarität leicht vergessen werden. Die ältere Generation in Altersgettos abladen ist mit zurückblickender Solidarität nicht zu vereinbaren.

Ein weiterer Ansatz wäre es, das Gleichgewicht der Macht in der Gesellschaft und der Weltgesellschaft allgemein in Richtung von Kategorien zu kippen, von denen man bisher schon weiß, dass es klüger ist, sie anzuwenden, da sie holistischer, globaler, mehr an den Grundbedürfnissen orientiert und mit größerer Zeitperspektive ausgestattet sind. Das verweist auf die ältere Generation und auf Frauen. Frauen und Jugend gelangen heute an die Macht, und das ist ausgezeichnet. Aber der älteren Generation geht die Macht verloren: Das bedeutet Erfahrungsverlust und weniger aktives Zusammenleben der Generationen miteinander. Über dies alles hinaus denken wir an massenhafte Erziehungs-Kampagnen: Institutionen für formale und nicht formale Bildung und religiöse Organisationen müssen dazu veranlasst werden, dass sie Solidarität zwischen den Generationen propagieren.

(März 1999)

53 | Friedensmuseen: eine Friedens- und Konfliktperspektive

[1] **Diagnose.** Die meisten Friedensmuseen sind Antikriegsmuseen, und zwar gewöhnlich gegen einen besonderen Krieg, den das Land, in dem das Museum steht, verloren hat. Die Exponate zeigen die Schrecken des Krieges und nicht den Segen des Friedens. Das entspricht einem Gesundheitsmuseum, das sich auf Krankheit und Todesarten spezialisiert und nicht auf den Segen der Gesundheit für Liebe, Arbeit und Wachstum.

[2] **Prognose.** Antikriegsmuseen können in den Besuchern tiefe Betroffenheit auslösen, sodass sie den Krieg als schlecht erkennen, wie ein Antikrankheitsmuseum Krankheit als schlecht erkennen lässt. Sie bieten den Besuchern jedoch nicht die geeigneten Werkzeuge für die Kriegsvermeidung und den Aufbau von Frieden an. Das ist eine Unterlassung, die schwerer wiegt als die aktive Handlung der Einrichtung eines Kriegsmuseums.

[3] **Therapie.** Einige Wünsche für ein Friedensmuseum: Das (gute) Friedensmuseum

- soll uns über Frieden informieren, darüber, wie man gewaltfrei und *kreativ* mit Widersprüchen umgehen kann, nicht nur mit wenig oder ohne Gewalt.
- könnte Gewalt, Krieg und Frieden im Hinblick auf »Bellogene« darstellen, d. h. Faktoren, die Krieg hervorbringen und von einer Straße zum Frieden ablenken: z. B. Kriegsbegrenzung durch das *ius ad bellum, ius in bello* (Recht zum Krieg, Recht im Krieg) und Waffenkontrolle. Im Gegensatz dazu sollte es auf Folgendes hinweisen: Abschaffung des Krieges durch Kriegsdienstverweigerung, kein Geld für Waffen ausgeben, hippokratischer Eid der Wissenschaftler[13], A9[14], Abrüstung, überhaupt keine Waffen in 30 Ländern und 17 Territorien.
- könnte den Schwerpunkt auf »Paxogene« legen, etwas das, ebenso wie die Weltgesellschaft, gestärkt werden muss, indem auf Recht und Gesetz, Konflikttransformation und Gewaltfreiheit gebaut wird. Beide sind dann von Bedeutung, wenn der Konflikt verborgen ist und eine Partei die andere unterdrückt, wie in der Sklaverei und dem Kolonialismus geschehen.
- könnte drei Gänge rechts herum (»Verminderer bzw. Veränderer von Bellogenen«) und drei Gänge links herum (»Verstärker von Paxogenen«) bekommen.

---

13   Wenn ich nun diesen Eid erfülle und nicht breche, dann möge ich von meinem Leben und meiner Kunst Segen haben und bei allen Menschen geachtet sein für alle Zeiten; wenn ich ihn aber übertrete und eidbrüchig werde, dann soll mich das Gegenteil davon treffen.«

14   A9 steht für Artikel 9 der japanischen Verfassung.

- sollte auf dieselbe Weise durch Erziehung zum Weltfrieden beitragen, wie ein Museum prinzipiell auf Erziehung durch alle Sinne gerichtet ist: Augen (lesen, sehen), Ohren (zuhören) und die Stimmbänder (sprechen), Tastsinn (wenn Berühren denn erlaubt ist), Geruchssinn (Religionen gebrauchen Weihrauch) und Geschmack (Getränke und Essen in der Cafeteria sollten zu den Exponaten passen).
- sollte einen Weg durch das Museum vorschlagen, aber es sollte die Wahl alternativer Wege erleichtern, sodass nicht das Gefühl entsteht, dass ein Museumsdesigner vorschreibt, welches die »richtige« Besichtigungsordnung ist.
- besitzt eine Bibliothek für eigene Lektüre, kleine Gesprächsräume oder -ecken für gemeinsames Lernen und für Vorlesungen.
- sollte einen Hauptschwerpunkt auf die wichtigsten Bruchlinien zwischen einzelnen Gruppen legen: Natur, Geschlecht, Generation, Rasse, Klasse, Ausschlüsse, Nation, Staat. Es gibt heute mehr direkten Geschlechter-Genozid und strukturellen Klassen-Genozid als direkten Rassen- oder Nationen-Genozid. Es führt völlig in die Irre, wenn man den Schwerpunkt ausschließlich auf Gewaltanwendung zwischen Staaten und auf die Sicherheit legt.
- sollte die menschliche, soziale und Welt-Normalität, in der es wenig oder keine Gewalt gibt, ausstellen. Friedensvorstellungen variieren im Raum (geografisch) und variierten in der Zeit (historisch), aber sie bringen uns zu Bewusstsein, dass das normale Leben oft sehr harmonisch und nicht voller Streit, gewaltfrei, freundlich und liebevoll vor sich geht.
- sollte sehr deutlich machen, dass jeder zum Frieden beitragen kann, vom Brahmanen bis zum Paria, nicht nur Buddha, Christus und Gandhi.
- muss zeigen, dass Frieden als eine Schöpfung von Menschen erkannt werden kann und nicht für ein Geschenk der Eliten gehalten werden sollte. Schöpfung umfasst sowohl materielle als auch spirituelle Erschaffung.
- sollte Frieden als Prozess zeigen, in dem friedliche Konflikttransformation mit dem Ziel Frieden zwischen Menschen und friedliche strukturelle Revolution mit dem Ziel struktureller Frieden stattfinden: gegen Sklaverei (Abolitionismus), Kolonialismus (Freiheitskampf), Ausbeutung (Klassenkampf), Patriarchat (Feminismus), Kriege (Friedensbewegungen). In diesem Prozess spielen Demokratie und Menschenrechte die Hauptrollen.
- Für kulturellen Frieden: friedliche kulturelle Revolution gegen Gewalt in den Medien und dafür, dass diese ihre Aufmerksamkeit viel stärker auf Konfliktlösung richten sollen.
- Ein Friedensforschungsstudienaktionsflügel könnte Besucher dazu einladen, über bisher noch nicht begangene Wege zu sprechen, z. B. eine Politik, durch die große Kriege – z. B. der Bürgerkrieg in den USA, der Erste und der Zweite Weltkrieg – hätten vermieden werden können.

Geschichte gegen die Fakten könnte ein wichtiger Teil eines Friedensmuseums sein – außerdem wäre sie sehr erzieherisch!

(Juni 1998)

54 | Christen-Heiden-Beziehungen 1493: eine Friedens- und Konfliktperspektive

[1] Diagnose. Ein Großteil der Legitimation, die den Hauptgrausamkeiten der christlichen (später »westlich« genannten) Eroberungen unter der Bezeichnung »Entdeckungen«, dem Kolonialismus und dem Imperialismus zugrunde liegt, ist in der päpstlichen Bulle *Inter caetera* vom 4. Mai 1493 und verwandten Dokumenten zu finden. Der Papst war Alexander VI. aus Valencia.

Zunächst preist er »den teuersten Sohn bzw. die teuerste Tochter in Christo«, *los Reyes Católicos*, Ferdinand und Isabella (Papst Alexander war Spanier) dafür, dass sie

- die christliche Religion so verbreitet haben, dass sie »die barbarischen Nationen überwunden und zum Glauben gebracht haben« – wie
- zur Ehre des Namens Gottes bei Eurer Befreiung des Königreichs Granada vom Joche der Sarazenen bezeugt ist.
- Ihr habt Unseren geliebten Sohn Christoph Kolumbus bestimmt,
- eifrig nach diesen entfernten und unbekannten Festländern und Inseln auf den Meeren zu suchen, zu denen bisher noch niemand gesegelt ist und gewisse entfernte Inseln und unbekannte Festländer zu entdecken, die bisher noch nicht entdeckt waren, in denen sehr viele Völker in Frieden leben,
- die unbekleidet gehen und kein Fleisch essen
- und die die erforderlichen Anlagen besitzen, um den katholischen Glauben zu erfassen und zu guten Sitten erzogen zu werden.
- Kolumbus hat veranlasst, dass eine gut gerüstete Festung errichtet und ausgebaut wird, in die er als Besatzung eine Anzahl Christen aus dem Kreise seiner Gefährten gelegt hat, die nach anderen entfernten und unbekannten Inseln und Festländern forschen sollen.
- In den bereits entdeckten Inseln und Ländern sind Gold, Gewürze und viele andere kostbare Dinge gefunden worden.
- Aus diesen Gründen habt Ihr Euch das Ziel gesetzt, die besagten Festländer und Inseln mitsamt ihrer Bevölkerung zum katholischen Glauben zu bekehren.

Woraufhin Alexander VI, *los Reyes Católicos*
- und Euren Erben und Nachfolgern, den Königen von Kastilien und León, für alle Zeiten die Länder schenkt,
- alle Rechte, die Rechtsprechung und zugehörigen Berechtigungen, alle Inseln und Festländer, die gefunden wurden oder noch gefunden werden, die entdeckten und noch nicht entdeckten.

- Wir bestellen und beauftragen Euch mit der vollkommenen und frei zu verfügenden Macht und *Rechtsprechung jeder Art.*
- Niemand möge daher diese Unsere Empfehlung, Ermahnung, Forderung, Begebung, Gewährung, Übertragung, Konstitution, Dekretierung, Betrauung, Beauftragung, dieses Unser Verbot und Unseren Willen übertreten. Sollte irgendjemand die Absicht haben, dieses zu versuchen, so sei ihm kundgetan, dass er den Zorn des Allmächtigen Gottes und der Heiligen Apostel Peter und Paul auf sich laden wird.[15]

Kurz gesagt: Die Erde gehört Gott, der Papst verwaltet Gottes Willen und überträgt den Königen von Spanien die *gesamte Rechtsprechung.* Das Ergebnis: Eine Legitimation der scheußlichsten Realisierung von Kolonialismus.

[2] Prognose. Wie von Steven T. Newcomb in »The Evidence of Christian Nationalism in Federal Indian Law: The Doctrine of Discovery«[16] dargestellt, wird *Theologie* (Jahwe sagt durch den Mund König Davids in Psalm 2,8 seinem auserwählten Volk: »Ich werde dir die Heiden als dein Erbe geben, und den äußersten Teil der Welt als deinen Besitz«) zum *Landesrecht* erhoben (»das Prinzip, das im 15. Jahrhundert zum Gesetz des Christentums erklärt wurde, ist folgendes: Entdeckung berechtigt dazu, *Souveränität auszuüben und die nicht christlichen Eingeborenen* von Afrika, Asien und Nord- und Süd-Amerika *zu regieren«*, so der Oberste Gerichtshof von Tennessee 1835 »über das Recht, Gehorsam zu erzwingen«).

[3] Therapie. Wenn Gewalt und die dadurch geschaffenen Konflikte durch ein Dokument legitimiert werden, dann können Frieden und Konflikttransformation auf einem Widerruf dieses Dokuments aufbauen. Die päpstliche Bulle muss ebenso bekannt werden, wie es viele ihrer fatalen Folgen sind. Viele von ihnen waren Völkermord und werden heute allgemein verurteilt. Dieser Widerruf sollte von der höchsten Stelle des Vatikans in Form einer Erklärung kommen, in der die Bulle *Inter caetera* ausdrücklich annulliert wird und die das Ausmerzen dieser Denkungsart zu einer christlichen Pflicht macht.

(September 2000)

---

[15] Zitiert wird die deutsche Übersetzung der Bulle aus: Gott in Lateinamerika: Texte aus fünf Jahrhunderten. Ein Lesebuch zur Geschichte. Ausgewählt und eingeleitet von Mariano Delgado. Düsseldorf: Patmos 1991, S. 68–71.
[16] In Review of Law & Social Change, No. 2 (1993), pp. 303–341.

55 | Afghanistan:
eine Friedens- und Konfliktperspektive

[1] **Diagnose.** Die Gebirge schützten Afghanistan vor Fremden, z. B. vor Engländern und Russen, die in ihrem »großen Schachspiel« um die Kontrolle kämpften. England griff 1938 an, und englische Soldaten wurden 1842 in Kabul massakriert. Nur einen einzigen ließ man übrig, damit er die Geschichte erzählen könnte. 1878 griffen sie erneut an und das Ergebnis war dasselbe. Die Gebirge teilen außerdem das Land in Teile, die Autonomie wollen. Der König wurde 1972 abgesetzt, dann folgte 1978 ein kommunistischer Staatsstreich, dann im Dezember 1979 die sowjetische Invasion, die zum Vietnam der Sowjetunion wurde. Gorbatschow leitete 1986 den Rückzug der Truppen ein. Das trug wesentlich zur Beendigung des Kalten Krieges bei. Die Afghanen kämpfen anscheinend so lange gegen Invasoren, bis sie sie vertrieben haben.

Dann kamen die *Mujahedin* (teilweise eine Konstruktion der USA) und ihr Machtkampf, ihnen folgten die *Taliban* (teilweise eine pakistanische Konstruktion) und ihr Kampf. 23 Kriegsjahre ließen Afghanistan verarmen und zerstörten zu großen Teilen die Infrastruktur. Die von Pakistan, Saudi-Arabien und den Emiraten unterstützten Taliban und die Nordallianz einiger Nationalitäten, unterstützt von den USA, Russland, China, dem Iran (und Indien? und der EU?), führten Krieg gegeneinander. Die *Shanghaier Organisation für Zusammenarbeit* von China, Russland und vier zentralasiatischen Republiken richtete sich gegen die islamische Militanz, aber sie zielte auch auf Handel, Investitionen und strengere Sicherheitsbindungen im Allgemeinen.

Afghanistan steckt in einer komplexen Konfliktformation:
- die Konflikte im Inland: Ablehnung der Zentralbehörde in Kabul,
- die Zangenbewegung der USA, die die NATO nach Osten ausweiten und die AMPO nach Westen, schafft eine starke Bindung zwischen Russland und China mit Verbindungen zu Indien, Iran und Irak,
- der anhaltende Konflikt zwischen Indien und China,
- der anhaltende Konflikt zwischen Indien und Pakistan, zum Teil über Kaschmir,
- der Kampf um die Kontrolle über das zentralasiatische Öl und die Pipelines,
- der Konflikt mit der Wiederbelebung des Islam bzw. der Militanz bzw. dem Fundamentalismus,
- die UN-Sanktionen wegen der Probleme eines Mitglieds der UN mit einer Person.

[2] Prognose. Afghanistan wird weiterhin ein Schlachtfeld für ausländische Mächte und deren Verbündete in den afghanischen Fraktionen auf Kosten des afghanischen Volkes, das tief im Elend steckt, sein. Die »humanitäre Intervention für Militärbasen der USA« ist wahrscheinlich. Das ist so, weil Afghanistan schwach ist, zwar nicht militärisch (bisher hat noch niemand Afghanistan besiegt), aber es ist äußerst arm, geteilt und von Hilfen aus dem Ausland abhängig, es leidet unter Uneinigkeit schaffenden Identitäten und Streit zwischen Nachbarn.

[3] Therapie. Eine Fünf-Stufen-Politik für Afghanistan umfasst:

* *Ein starkes afghanisches Volk*, dessen Grundbedürfnisse (Bedürfnis nach Überleben, Wohlbefinden, Freiheit und Identität) durch ein Ende des Krieges, erfüllt werden: Nahrung, Wohnung, Kleidung, Gesundheitsfürsorge und Bildung für alle, Männer wie Frauen, die Freiheit, zwischen miteinander konkurrierenden politischen Akteuren zu wählen, und die religiöse und sprachliche Identität, die in Wahrheit dem afghanischen Volk entspricht.
* Ein an der Erfüllung der Grundbedürfnisse orientiertes Afghanistan muss eine *Zentralregierung haben, die auf einer breiten Basis ruht,* eine Koalition nach einem Waffenstillstand, ohne einen Sieger im gegenwärtigen Krieg, die z. B. für das im Folgenden Genannte offen ist:
* Für *ein föderales Afghanistan*, das viele Nationen beherbergt. Ein gut geplantes *Loya Dschirga*[17] kann Legitimität für eine breite Basis bieten.
* *Eine zentralasiatische Gemeinschaft*, die dazu in der Lage ist, einem Druck aus dem Ausland Widerstand zu leisten, muss kulturell, wirtschaftlich und politisch stark sein. Kulturelle Stärke könnte von einem Islam kommen, der die Sunni-Shia-Teilung übergreift. Wirtschaftliche Stärke kann auf regionaler Selbstversorgung beruhen. Politische Stärke kann von einer *Organisation für Sicherheit und Zusammenarbeit in Zentral-Süd-Asien* (OSZZSA) beruhen, die aus den fünf zentralasiatischen Republiken, Iran und Pakistan bestehen würde. Das scheint heute auch nicht »unmöglicher« zu sein, als in den späten 1940er-Jahren eine Europäische Union zu sein schien.
* Dem UN-Sicherheitsrat gehört keine einzige muslimische Veto-Macht an, wohl aber gehören ihm vier christliche Mächte und eine kunfuzianische Macht an. Deshalb kann er *Sicherheit* nur in *Zusammenarbeit mit der Organisation der Islamischen Zusammenarbeit (OIC)* und nur dann bieten, wenn er gemeinsam mit einer afghanischen Regierung, die breite Zustimmung genießt, Programme der genannten Art durchführt.

(Februar 2001)

---

17 Großer Rat, der zur Klärung der großen nationalen und ethnischen bzw. Stammes-Fragen abgehalten wird. – Die Übers.

56 | Bürgerkrieg in Angola:
eine Friedens- und Konfliktperspektive

[1] Diagnose. Im gegenwärtigen Krieg geht es vor allem um Ressourcen. Er hat seinen Ursprung in ethnischen und kolonialen Konflikten und in Konflikten aus dem Kalten Krieg.

Patronatsstrukturen oder Autokratien, die von kleinen Oligarchien betrieben werden und an denen das Volk nur wenig teilhat, bilden die zentralen Organisationen auf den beiden Hauptseiten. Die »internationale Gemeinschaft« konzentriert ihre Unterstützung auf die Regierungsseite und verbietet den Kontakt mit der Oppositions-Partei UNITA. Allerdings gibt es Hinweise darauf, dass der CIA beide Seiten unterstützt. Gewisse kontrollierende Interessengruppen innerhalb der großen Parteien im Inneren des Landes und im Ausland profitieren von der gegenwärtigen Kriegswirtschaft.

Der Mangel an Führung, Regulierung und Besteuerung führt zu Korruption, hoher Kriminalität (auch aufseiten der Polizei), Armut, leeren Schulen und der Ausbreitung infektiöser Krankheiten. UNICEF nennt Angola *das* Land in der Welt, in dem es am schlimmsten ist, Kind zu sein. Das Wahlsystem ist nach dem Zwei-Parteien-System der USA gebildet und entspricht den Komplexitäten der angolanischen Gesellschaft überhaupt nicht.

Dazu kommen noch die UN-Sanktionen, die zum Teil effektiv sind, zum Teil auch nicht, und die Situation mit den Landminen, die in Angola stärker als überall sonst in der Welt konzentriert sind.

[2] Prognose. Wenn es keinen Ausweg aus der politischen Sackgasse gibt, ist es wahrscheinlich, dass die Kriegswirtschaft die Gewalt in unterschiedlichen Intensitätsgraden jahrzehntelang aufrechterhält. Die militärischen Ressourcen werden die Militärausgaben bestreiten und damit die Eliten in Angola und in der internationalen Gemeinschaft bereichern.

Die Verarmung wird sich fortsetzen. Ernährung, Gesundheitsfürsorge und Erziehung werden weiterhin weit unter dem Standard liegen. In zehn bis fünfzehn Jahren wird die Mehrheit der Lehrer gestorben oder zu alt zum Unterrichten sein, was dazu führen wird, dass die Grunderziehung bei Null anfangen muss.

Die »internationale Gemeinschaft« wird wahrscheinlich gegen die Aktionen sein, die im Wesentlichen dazu notwendig wären, die Situation zu verändern. Sie wird auf den Mangel an politischem Willen der angolanischen Parteien hinweisen und feststellen, dass der Konflikt für einen Friedensprozess noch nicht »reif« sei.

Auch wenn die Regierung möglicherweise andere Präsidentschaftskandidaten aufstellt, wird jeder Ausgang einer Wahl nach dem Motto »der Sieger nimmt alles« nur dazu dienen, die gegenwärtige Konfliktsituation aufrechtzuerhalten.

[3] **Therapie.** Einem komplexen Konflikt muss mit einer komplexen strategischen Friedenskonfrontation begegnet werden. Aus der politischen Sackgasse könnte es einen Ausweg geben, der sich aus dreierlei zusammensetzt:

(1) geheime, informelle Diplomatie,
(2) humanitärer Waffenstillstand zur Ausrottung von Polio und
(3) Information der Öffentlichkeit über die Ansammlung des Reichtums in den angolanischen und internationalen Eliten, die die Gelegenheiten der Kriegswirtschaft ausnutzen.

Eine Neuerfindung der Öffentlichkeit sollte auch einen stichhaltigen Dialog über ein neues Wahlsystem mit sich bringen, das eine Machtaufteilung vorsieht, die besser in die angolanische sozio-politische Landschaft passt.

Der Gebrauch der natürlichen Ressourcen sollte so strukturiert werden, dass er sich in Übereinstimmung mit Angolas Verpflichtungen als Unterzeichner des Internationalen Pakts für wirtschaftliche, soziale und kulturelle Rechte mit speziellem Bezug auf Artikel 2 befindet.

Kriegs-Diamanten und Kriegs-Öl sollten (soweit möglich) ausfindig gemacht und überwacht werden. Die Diamanten sollten dem Markt und das Öl dem Aktienhandel zugeführt werden.

Die Zivilgesellschaft kann durch die Schaffung von Friedenszonen gestärkt werden. Dort würden Verwaltungsformen herrschen, denen gemäß die Ressourcen in den lokalen Gemeinden geteilt würden.

Die katholische Kirche, der man in Angola vertraut, sollte bei der Friedensstiftung und beim Versöhnungsprozess eine Schlüsselrolle spielen. Um das bestmögliche Ergebnis zu erreichen, sollten alle diese Akteure zusammenarbeiten.

(September 2001)

57 | Die Nation der Sami:
eine Friedens- und Konfliktperspektive

[1] **Diagnose.** Das traditionelle Sami-Gebiet besteht aus den nördlichen Teilen Finnlands, Schwedens, Norwegens und dem nordwestlichen Teil Russlands. Schon vor dem illegalen Einschluss ihrer Gebiete durch Könige und Zaren in die vier Länder war die Kultur des samischen Volkes systematisch zerstört worden. Überaus gewaltsame Mittel wurden gebraucht, um ihre Religion auszurotten, ihre traditionellen Gemeinwesen zu zerstören, die natürlichen Ressourcen auszubeuten, ihnen den christlichen Glauben aufzuzwingen, ihre Identität zu diskreditieren, die Bevölkerung als Arbeitskräfte zu benutzen und jeden organisierten Widerstand zu verhindern.

Als 1854 der Aufstand in Kautokeino stattfand, wurden zwei Führer vom norwegischen Obersten Gerichtshof zum Tode verurteilt. Ihr Verbrechen bestand darin, dass sie »mit Gewalt und Macht daran arbeiteten, die natürlichen Grenzen zwischen sich und ihren Herren niederzureißen, wodurch sie eine Gleichheit erzwingen wollten, die die Zivilisation zerstört hätte«. Ihre Schädel wurden für die »wissenschaftliche Untersuchung niedrigerer Rassen« an die Universität Oslo gebracht und erst 150 Jahre später für ein anständiges Begräbnis zurückgegeben.

Die Ausbeutung der natürlichen Ressourcen wird in allen vier Ländern ohne Entschädigung fortgesetzt. Das samische Volk wird nicht gehört, wenn es seine Rechte auf Territorium, Jagd und natürliche Ressourcen reklamiert, die ihm nach der ILO-Konvention 169 zustehen.

[2] **Prognose.** Kultur, Territorium und Ressourcen werden weiter von den vier Besatzungs-Staaten, den Militärs und den internationalen Unternehmen ausgebeutet. Ihre Kultur wird weiterhin zerstört und Zeugnisse davon enden als exotische Stücke in Museen und Ausstellungen. Eine wachsende Anzahl bewusster und entschlossener junger Sami wird gewaltsame Mittel benutzen, um dafür zu sorgen, dass ihr Fall auf die politische Tagesordnung der vier Staaten gesetzt wird. Die Menschen könnten Geheimgruppen, die spektakuläre Aktionen unternehmen, attraktiv finden, und diese könnten leicht stärkeren Zulauf bekommen. Auch das würde zur allgemeinen Gewaltkultur beitragen.

[3] **Therapie.** Die im Folgenden genannten fünf Punkte erscheinen nützlich:
   (1) Eine Kommission von Forschern verschiedener Disziplinen wurde von der UNESCO und der Organisation der nicht repräsentierten Nationen und Völker (UNPO) beauftragt, alle Grausamkeiten zu dokumentieren, die gegen die samischen Völker begangen wurden, seit

die vier Staaten die Kontrolle über samische Territorien übernahmen. Die Ergebnisse sollen in verschiedenen Medien veröffentlicht und die Zusammenfassungen davon zu einem Teil des Lehrplans der Schulen werden.

(2) Entschädigung für die Verletzung der Menschenrechte und die Ausbeutung der natürlichen Ressourcen könnte in eine Stiftung für die Stärkung der samischen Kulturen und die Arbeit für Konflikttransformation zwischen Sami und anderen Völkern, die in den traditionellen Sami-Gebieten leben, investiert werden.

(3) In allen vier Staaten sollte ein samisches Parlament mit Vetorecht gegen die Ausbeutung der natürlichen Ressourcen innerhalb des traditionellen Sami-Territoriums eingerichtet werden. Zu den natürlichen Ressourcen gehören Wasserfälle, Bergwerke, das Fischen, Öl- und Gas-Ressourcen auf dem Land, in den Flüssen und auch in der Barentssee und in den entsprechenden Sektoren im Nordatlantik. Eine Repräsentantengruppe aus Mitgliedern des samischen Parlaments, des Nordischen Rates und der OSZE sollte zusammengestellt werden, um die Einführung des Vetorechts zu überwachen und Konflikte über seine Auslegung zu regeln.

(4) Alle militärischen Einrichtungen und Übungsplätze müssen aus dem samischen Territorium entfernt werden, und Sami dürfen nicht zum Militärdienst einberufen werden.

(5) Alle Menschenrechte müssen in allen Ländern, in denen die Sami heute leben, für die Sami verwirklicht werden. Ihre Autonomie muss wachsen, sodass die Schaffung einer Konföderation der samischen Autonomien möglich wird, die die Sami in den vier Ländern, in denen sie heute leben, miteinander verbindet.

(September 2001)

58 | Die USA, der Westen und die übrige Welt:
eine Friedens- und Konfliktperspektive

[1] **Diagnose.** Die Welt wird nach dem schrecklichen Angriff am 11. September 2001 auf die wirtschaftlichen USA, die militärischen USA und auf die Menschen nicht mehr so sein, wie sie einmal war. Das Wort »Terrorismus« nennt die benutzte Taktik, aber es bezeichnet ebenso wie das Wort »Staatsterrorismus« einzig und allein den Täter als böse und satanisch, ohne dass es etwas über die Wurzeln des Konflikts aussagt. Die Symbolik der Ziele (World Trade Center, Pentagon) und der Nicht-Ziele (das Kapitol, das Weiße Haus, kulturelle Symbole) sieht nach Vergeltung dafür aus, dass die USA ihre wirtschaftliche Macht gegen arme Menschen und arme Länder und ihre militärische Macht gegen wehrlose Völker einsetzten. Das erinnert uns an die etwa 230 militärischen Interventionen der USA im Ausland, die fast gelungene Ausrottung der einheimischen Amerikaner, die Sklaverei, sechs Millionen Menschen zwischen 1947 und 1987, für deren Tötung gemäß Berichten von Dissidenten die CIA verantwortlich war, und die 100 000, die täglich am untersten Ende eines Wirtschaftssystems sterben, das von vielen mit der wirtschaftlichen, militärischen und politischen Macht der USA gleichgesetzt wird. Bei Millionen von Opfern ist zu erwarten, dass diese Tatsache eines Tages an irgendeinem Ort den Wunsch nach Vergeltung weckt.

In diesem Konflikt geht es um die Klasse – von Ländern und von Menschen. Es ist nicht die Kultur, auch wenn der Missionsgeist der USA, ihr Sendungsbewusstsein, und der islamische Sinn für Rechtschaffenheit zum Konflikt beitragen. Die Konfrontation findet zwischen den USA bzw. dem Westen und den Arabern bzw. den Muslimen statt. Dabei darf man die Solidarität der »übrigen Welt« mit den Muslimen und des Westens mit der Oberklasse der Welt nicht unterschätzen. Wenn wir den furchtbaren Angriff auf die USA im Zusammenhang mit Vergeltung für Aggressionen der USA sehen, die zur Vergeltung der USA für die Vergeltung und so immer weiter geführt haben, bedeutet das durchaus nicht, dass wir den Angriff rechtfertigen oder entschuldigen wollen. Wir wollen uns nur darum bemühen, die Ereignisse zu verstehen. Wir bedauern aus tiefem Herzen, dass solche Ketten von Gewalt und Vergeltung zur menschlichen Realität gehören. Aber die Bombardierung von Basen der Terroristen und der Länder, die Terroristen beherbergen, wird wahrscheinlich noch mehr Vergeltung provozieren, Rache für die Gewaltanwendung. Wenn wir den Terrorismus vermindern wollen, dann müssen wir die Gründe dafür verstehen und vermindern.

[2] **Prognose.** Die USA sprechen von Kreuzzügen und die islamischen Führer vom vierten Stadium des *dschihad*, des heiligen Krieges: Diese Auffassungen können die Welt in den größten Gewaltzusammenstoß stürzen, der jemals stattgefunden hat. Der erste *dschihad*, der gegen die Kreuzritter in den Kreuz-

zügen von 1095–1291, dauerte 196 Jahre, und die Muslime gewannen. Der zweite *dschihad* gegen Israel ist bisher unentschieden. Der dritte *dschihad* gegen den Kommunismus in Afghanistan endete mit einem muslimischen Sieg, dem Rückzug der Sowjets und schließlich dem Zusammenbruch der Sowjetunion. Viele der 1,2 Milliarden Muslime in der Welt, von denen etwa drei Millionen in den USA leben, sind bereit, für ihren Glauben zu sterben, denn sie idealisieren das Märtyrertum und erwarten, dass sie sich damit einen Platz im Paradies erwerben. Die Zukunft sieht finster aus.

[3] Therapie. Wenn wir verhindern wollen, dass wir in einen großen Krieg mit enormem, weit verbreitetem Leiden hineinschlittern, brauchen wir tiefe Selbstreflexion. Wir müssen die Konflikte, die Streitpunkte, identifizieren, wir brauchen Versöhnung. Erziehung zum Verständnis dafür, wie andere denken, die Achtung vor anderen Kulturen und der Dialog können uns den Weg zur Versöhnung weisen.

Die enorme Ungleichheit in der Welt, die bewirkt, dass Milliarden von Menschen die Erfüllung ihrer Grundbedürfnisse verwehrt wird, während sie zusehen müssen, wie die privilegierten Wenigen in Luxus und Abfall ertrinken, muss durch ein friedliches, kooperatives Wirtschaftssystem überwunden werden.

Alle christlichen ebenso wie muslimischen Geistlichen müssen darauf bestehen zu verkünden, dass es falsch ist, unschuldige Zivilisten zu töten, und blasphemisch, sich dabei auf Gott zu berufen.

Die Unterstützung autokratischer Regime und die Waffenlieferungen an sie müssen aufhören. Menschen, die in demokratischen Kulturen aufwachsen, in denen sie ihre Gedanken ausdrücken können und ihre Klagen gehört werden, wo die Regierungen wirklich die Ziele ihrer Bevölkerung repräsentieren, solche Menschen nehmen nur selten ihre Zuflucht zur Gewalt. Aber wenn es keine Möglichkeiten zu einer Veränderung mit friedlichen Mitteln gibt, nehmen Menschen leicht ihre Zuflucht zur Gewalt.

Die sich hinziehenden Kriege im Nahen Osten und in vielen anderen Regionen der Dritten Welt haben eine Gewaltkultur herangezüchtet. Wesentlich ist es, diese Konflikte zu transzendieren und Lösungen zu finden, die allen Parteien Gerechtigkeit bringen.

Man kann das von den Regierungen im Westen und auch von vielen im Süden nicht erwarten, denn sie sind zu sehr an die USA gebunden und haben Angst davor, ihren Zorn zu erregen. Aber die Bevölkerungen können das, die globale Zivilgesellschaft kann das. Wir brauchen, so bald wie nur menschenmöglich, eine *massenhafte Friedensbewegung, dieses Mal eine nord-südliche.* Die ost-westliche hat jedenfalls funktioniert. Die Zukunft der Welt liegt wieder einmal in den Händen der einzigen Quelle der Legitimation: der Menschen in der ganzen Welt.

(Oktober 2001)

59 | Mobbing:
eine Friedens- und Konfliktperspektive

[1] **Diagnose.** Überall in der Welt drangsalieren Schüler in Grund- und Sekundarschulen einander und manchmal auch die Lehrer und Schulleiter. Die
Mobber und die Gemobbten können Einzelne oder eine Gruppe, Jungen oder
Mädchen sein, nur die Methoden unterscheiden sich. Jungen gebrauchen eher
physische Gewalt, Mädchen eher verbale und soziale Gewalt: Klatsch und Aus-
schließung. Mobbing ist echte Gewaltanwendung, Gewalt gegen den Geist, die
Seele und den Körper. Die extreme Form, Mitschüler und Lehrer mit Schuss-
waffen zu töten, findet sich häufig in den USA, aber auch anderswo, z. B. in
Erfurt. Fehlzeiten aus Angst davor, gemobbt zu werden, gibt es überall. Die
äußerste Form dieser Angst ist der Selbstmord, besonders häufig in Japan. Die
Nachwirkungen auf das Erwachsenenleben des Mobbers und des Gemobbten
sind wahrscheinlich heftig und zerstörerisch, bisher weiß man darüber allerdings noch wenig.

Es gibt fünf verschiedene Ebenen der Analyse: Mobber – Gemobbter, die
Klasse, die Schule, das Schulsystem und die Gesellschaft. Die Führenden auf jeder
Ebene sehen den Grund für das Mobben gerne zwei, drei oder vier Ebenen unter
der ihren angesiedelt. Der Klassenlehrer zieht die Analyse der Beziehung Mobber
– Gemobbter vor, der Schulleiter möchte die Klasse mitsamt dem Lehrer analysieren, der Schulrat oder Erziehungsminister diese besondere Schule mit diesem
besonderen Schulleiter, die Regierung hat vielleicht einige Ideen über das gesamte
Schulsystem. Sie alle möchten den Schwarzen Peter gerne nach oben weitergeben,
denn Mobbing ist so ein heißes Eisen!

Die Analyse Mobber und Gemobbter, die sich entweder auf ihre Beziehung
zueinander und auf ihre Familien und andere Menschen in ihrer Umgebung konzentriert, passt ins System und kann zu dem Prinzip »keinerlei Toleranz« führen:
Der Mobber wird sofort der Schule verwiesen. Es gibt Klassen und Schulen, die
problematischer als andere sind. Manchmal bringt der Wechsel in der Schullei-
tung eine Veränderung zum Positiven.

Alle Ebenen können etwas zum Verständnis beitragen. Meine Hypothese ist,
dass die Hauptursache das Schulsystem selbst ist. Kleine, dann größere Menschen als
Rohmaterial zu behandeln, das auf einem Montageband, Curriculum genannt,
verarbeitet wird, ist selbst schon Gewalt der strukturellen Art. Die Legitimation dafür ist, dass man sie für die Gesellschaft passend machen möchte. Schüler
empfinden das gleicherweise und werden entfremdet, frustriert und aggressiv. Die
meisten sind jedoch zu feige, die Schule selbst anzugreifen, also lassen sie ihre
Aggressionen an anderen Schülern aus.

Hypothese 1: Die Mobber-Gemobbten-Beziehung ist die Beziehung zwischen Unangepassten und Angepassten. Die Unangepassten wollen die Schule angreifen, indem sie diejenigen, von denen sie denken, sie liebten die Schule, angreifen.

Hypothese 2: Je mehr individuelle Freiheit ein Schulsystem zulässt, umso weniger Mobbing gibt es. In Norwegen ist Mobben in den Steinerschulen und war es in den experimentellen Gymnasien nicht vorhanden oder selten.

[2] **Prognose.** Wenn das stimmt, dann kommt das Mobben auch in dem Maße an die Universitäten, wie sie mehr wie Grund- und Sekundarschulen organisiert werden: Die Freiheit der Wahl von Form und Inhalt der Lehre nimmt ab. Wenn andererseits einiger Druck des Montagebands von den Grundschulen genommen wird, dann kann die Prognose für sie andersherum lauten. Anders gesagt: Das Drangsalieren kann die Schulleiter heraufsteigen und, wie die meisten Formen der Gewalt, eskalieren – wie es bisher ja bereits geschehen ist.

[3] **Therapie.** Die allgemeine Richtung der Therapie ist klar: die Curricula entspannen, den Schülern und Lehrern mehr vertrauen, ihnen mehr Freiheit bei der Wahl von Inhalten, Formen und Zeiten (wann sie kommen müssen) und Raum (wohin sie gehen sollen) lassen. Die Schüler sollen mit sich selbst wetteifern und sich also über die eigenen Fortschritte freuen und sich nicht mit den anderen vergleichen bzw. verglichen werden. Standardisierte nationale und regionale Tests und Examen sind zu vermeiden. Natürlich müssen sie sich schließlich für einen Beruf qualifizieren, aber das zu überprüfen kann man dem künftigen Arbeitgeber überlassen.

Wer weniger strukturelle Gewalt sät, wird weniger direkte Gewalt ernten, wer mehr strukturellen Frieden anbaut, wird mehr direkten Frieden ernten!

(Mai 2002)

60 | Männer, Frauen, Ehe, Kultur: eine Friedens- und Konfliktperspektive

[1] **Diagnose.** Für gewöhnlich wirken Kultur und Struktur gemeinsam. Man stelle sich einerseits eine Familienphilosophie vor, die auf Kollektivität und Vertikalität basiert: Die Familie ist eine sehr eng zusammengeschlossene Gruppe, in der es gegenseitige Rechte und Verpflichtungen gibt, und sie ist gleichzeitig nach Generation, Geschlecht und Alter stark hierarchisch gegliedert, vom alten Großvater bis zur kleinen Enkelin. Man stelle sich andererseits eine Familienphilosophie vor, die auf Individualismus und Horizontalität basiert, eine Familie, in der sehr viel Wert auf Selbstverwirklichung auch außerhalb der Familie gelegt und in der wenig auf Normen entlang der Linie Generation – Geschlecht – Alter geachtet wird.

Nach der ersten Philosophie wird ein großer Teil des Lebens innerhalb der (ausgedehnten) Familie verbracht. In der zweiten wird nur ein kleinerer Teil und umso mehr in der Außenwelt gelebt: zusammen mit anderen derselben Generation, desselben Geschlechts und derselben Altersgruppe.

Nach der ersten Philosophie wird von der älteren Generation über eine Heirat entschieden, in der zweiten wird die ältere Generation lediglich informiert. Dazwischen liegt die Gewohnheit, dass der junge Mann seinen zukünftigen Schwiegervater um die »Hand« seiner Tochter bittet.

[2] **Prognose.** Stellen wir uns eine Ehe zwischen einem Mann aus einer Familie mit der einen und einer Frau aus einer Familie mit der anderen Philosophie vor. Sie lassen sich in einem Land nieder, in dem die eine oder die andere Philosophie vorherrscht. Daraus ergeben sich acht verschiedene Fälle. Was wird geschehen? Die Bindung von Liebe, Sexualität und Ehe ist stark, aber ebenso stark sind die sozialen Kräfte, wie der häufige Fall von muslimischen Immigranten in den westlichen Ländern bezeugt.

Nehmen wir einen der möglichen acht Fälle: eine Frau aus der kollektivistisch-vertikalen Linie mit einem individualistisch-horizontalen Mann im Land des Mannes. Das Leben der Frau wird ihren Mittelpunkt in der Familie haben und es wird ihr schwerfallen, kollektivistische Vertikalität in anderen Gruppen zu schaffen, da die Gastgesellschaft in diesem Punkt wenig zu bieten hat. Durch Schule und Arbeit dringt die Philosophie von außen in die Familie ein und die Kinder werden das, was für ihre Mutter Liebe ist, als Kontrolle erleben. Der Mann wird leicht Beziehungen zu anderen Frauen aufnehmen: mit ihnen gemeinsam arbeiten, sich betören lassen, vielleicht eine Affäre haben, vielleicht das alles. Das steht völlig im Widerspruch zur Philosophie der Frau: erst die Familie, die Mutter ist für die Kinder die erste Autorität und sie reproduziert sich in den Kindern, besonders in den Töchtern. Das Ergebnis ist, dass die Frau sozial einsam wird und Probleme mit Kindern und einem untreuen Mann hat, während diese sich alle für völlig normal halten.

Nehmen wir einen anderen Fall: Das Paar lässt sich im Land der Frau nieder, wo ihre Philosophie die normale ist. Die Kinder sind der Mutter nahe. Auch die Kinder erleben die mütterliche Kontrolle als Liebe. Der Mann ist der Außenseiter. Die Interaktionen mit der weitläufigen Familie überfordern ihn in seiner Zeitplanung und emotional.

In einer solchen Familie gibt es immer jemanden, der ein Problem oder etwas zu feiern hat. Vom Mann wird erwartet, dass er an allem teilnimmt. Von ihm wird nicht nur Treue zu seiner Frau, sondern zum ganzen »System« erwartet. Untreue mit Körper, Seele und Geist nimmt eine andere Bedeutung an, wenn sie innerhalb des Systems der Frau stattfindet und weckt vielleicht viel größere Eifersucht. Vielleicht macht der Mann nun viele Reisen.

[3] **Therapie.** Zu möglichen Therapien würde das Folgende gehören:

- Die Beteiligten müssen sich bewusst werden, welche soziale Philosophie da auf sie wirkt. Sie dürfen den anderen nicht als jemanden sehen, der kontrolliert, schwierig, untreu und Ähnliches ist, sondern als jemanden, der gemäß der etablierten Philosophie handelt und sich dessen nicht einmal völlig bewusst ist.
- Vor der Heirat die »Spielregeln« klären. Das kann bedeuten, dass man sich an Fachleute außerhalb der Familie wendet, da unter Umständen nur sie über die notwendigen Sachkenntnisse verfügen.
- Gegenseitiger Respekt vor der Philosophie des/der anderen. Man lernt einfach, mit dem Unterschied zu leben: »Sie ist nun mal so« und »er ist nun mal so«.
- Eine/r von beiden wechselt zur Philosophie oder in die Gesellschaft des anderen über.
- Sie lassen sich in einem dritten Land nieder und sprechen eine dritte Sprache.
- Beide schaffen sich ihre jeweils eigene Nische, in der entweder die individualistisch-vertikale oder kollektivistisch-horizontale Philosophie herrscht.
- Sich trennen, sich scheiden lassen oder nicht heiraten.

(Oktober 2002)

61 | USA und Großbritannien gegen den Irak:
eine Friedens- und Konfliktperspektive

[1] **Diagnose.** Wir wollen einmal davon ausgehen, dass das einzige Motiv des Krieges von USA und Großbritannien gegen den Irak, der am 20. März 2003 (Bagdad-Zeit) anfing, die Sicherheit der Menschen vor Saddam Husseins säkularem Ba'ath-Sunniten-Regime gewesen wäre. Am 1. Mai war das staatskapitalistische Regime zerstört und die Macht war in Händen der USA und der CPA (Coalition Provisional Authority, Koalitions-Übergangsverwaltung). Neun Monate nachdem der Krieg begonnen hatte, war Saddam Hussein ein Kriegsgefangener. Also eine Erfolgsgeschichte? Nach der simplifizierten Logik von Hussein-an-der-Macht gegenüber Hussein-nicht-an-der-Macht durchaus. Aber hinter dieser Logik verbergen sich zwei wichtige Fragen:

A: *Wie sieht die vollständige Kosten-Nutzen-Rechnung dieses Regimewechsels aus?*

B: *Hätte es alternative, weniger kostspielige Wege zu einem Regimewechsel gegeben?*

Ich argumentiere nicht gegen einen Regimewechsel noch dagegen, dass ein Regimewechsel durch eine Intervention von außen herbeigeführt wird. Die Grundannahme, dass durch eine humanitäre Intervention für Sicherheit von Menschen gesorgt wird, akzeptiere ich. Staaten sind nicht souverän, Menschen dagegen schon. Nicht nur Staaten brauchen Sicherheit, sondern auch Menschen.

Für die Feststellung des Verhältnisses Kosten zu Nutzen gehen wir von dem Maßstab der Erfüllung der menschlichen Grundbedürfnisse aus. Die Rechtfertigung einer Intervention hängt dann von dem folgenden Vergleich ab:

Nutzen: *Niveau der Erfüllung der menschlichen Grundbedürfnisse mit Intervention gegenüber der Erfüllung der menschlichen Grundbedürfnisse ohne Intervention.*

Kosten: *Nichterfüllung menschlicher Grundbedürfnisse als Kosten der Intervention.*

Dieser Vergleich könnte auf Jahresbasis nach dem 20. März 2003 stattfinden, denn manche Erfüllung menschlicher Grundbedürfnisse kann so lange dauern. Wir vergleichen das mit Vorteilen ohne Intervention, den Kosten einer tiefer gehenden UN-Inspektion von Massenvernichtungswaffen, dem Umgang mit den Menschenrechten und den Vorteilen vom Aufheben der Sanktionen. Die meisten Grausamkeiten des Saddam-Regimes fanden in der Vergangenheit statt.

Das Folgende weist nur auf Denkweisen hin und bezieht sich auf die vier Klassen der menschlichen Grundbedürfnisse: Überleben, Wohlbefinden, Freiheit und Identität.

(1) *Überleben.* Offensichtlich abnehmend. Es ist die Rede von bisher 10 000–15 000 Toten. Das sind für eine Intervention sogar in unserer Epoche viele. Die Opfer auf der US-Seite haben 500 überschritten. Das Zahlenverhältnis verweist auf Staats- oder private Terrorismusstrategie: das Opfer-Täter-Verhältnis hoch ansetzen, sodass die Täter nicht mehr für eine Vergeltung zur Verfügung stehen. Rein rechnerisch gesehen, ist das Verhältnis im Bereich 20 bis 30 niedrig im Verhältnis zu 3000 bis 3100 : 19 = 158 bis 163 für die terroristische Gräueltat am 11. September. Wenn wir die Definition des »Krieges im Irak« ausweiten, sodass sie auch die Luftangriffe in der Zeit nach dem Ersten Irakkrieg 1991 einschließen, würde die Zahl der Opfer, nicht aber die der Täter, ansteigen, sodass das Verhältnis zu Ungunsten der Opfer steigt. Und der Krieg geht weiter.

(2) *Wohlbefinden.* Durch Kämpfe zerstörte Wohnungen und Infrastruktur, Zerstörung von Obstgärten und Bauernland als Vergeltung dafür, dass Bauern der Zusammenarbeit mit dem Widerstand verdächtigt wurden, Arbeitslosenzahlen von 70 Prozent in manchen Regionen und überfüllte Krankenhäuser weisen auf starke Abnahme der Erfüllung der Grundbedürfnisse nach Nahrung, Kleidung, Unterkunft, Gesundheitsfürsorge und Erziehung. Dieser Niedergang im Verhältnis zum hohen Niveau der Grundbedürfnisbefriedigung im ölreichen Ba'ath-Wohlfahrtsstaat hatte seine Vorgeschichte im Krieg 1980–1988 mit dem Iran, dem Ersten Golfkrieg und den Wirtschaftssanktionen und Luftangriffen danach. Allerdings gibt es einige Vorteile durch die Aufhebung der Sanktionen.

(3) *Freiheit.* Am 19. September 2003 gab Bremer den Befehl 39, demgemäß die 200 irakischen Staatskompanien aufgelöst wurden. Es wurde verordnet, dass ausländische Firmen zu 100 Prozent die Eigentümerschaft über die irakischen Banken, Bergwerke und Fabriken behalten konnten. Ihnen wurde gestattet, 100 Prozent ihres Profits aus dem Irak auszuführen. *The Economist* bezeichnete diese Regeln als die Erfüllung des »kapitalistischen Traums«.

(4) Gemäß den Genfer Konventionen hätte diese Entscheidung nur von den Irakern selbst getroffen und nicht erzwungen werden dürfen. Aber es entschied eine gut vorbereitete Autokratie und nicht die Mehrheit der Iraker. Dieselbe Tendenz findet sich in der Aufschiebung der direkten Wahlen. Man benutzte das afghanische Modell der *loya dschirga,*

um Delegierte für eine Versammlung oder ein Kabinett handzuverlesen.

(5) *Identität.* Der muslimische Irak wurde von zwei protestantischen ständigen Mitgliedern des Sicherheitsrates angegriffen, dem stellten sich die anderen drei, ein säkular-katholisches, ein säkular-orthodoxes und ein konfuzianisches Mitglied, entgegen. Der Angriff begann an einem der heiligsten Orte des schiitischen Islam, in Karbala, noch dazu am Tag der Frühlingssonnenwende 2003, als Hussein ibn Ali, Mohammeds Enkel, in der Schlacht der Sunniten gegen die Schiiten geköpft und zum Märtyrer des schiitischen Islams wurde. Der US-Führungsstab nannte seinen Angriff eine »Enthauptung«. Das gründete sich auf den Hinweis, dass Saddam Hussein als Haupt des Irak sich dort versteckt halten könnte. Im Kielwasser des US-Militärs kamen christlich- fundamentalistische Missionare, um zu bekehren, und politische Missionare, um eine Trennung zwischen Kirche und Staat, dem Heiligen und dem Profanen, zu erzwingen, was dem islamischen Glauben widerspricht, sie seien untrennbar. Es gibt vielleicht einen Weg zur Demokratie über die Moschee und *Ulema*[18], aber den wollte weder Saddam Hussein, noch wollten ihn die USA gehen. Bisher brachte die Intervention keinen Vorteil für die Identität, sondern sie brachte ausschließlich hohe Kosten.

Allgemeine Zusammenfassung: Die Intervention brachte weder Sicherheit noch Erfüllung der menschlichen Grundbedürfnisse.

[2] Prognose. Und so wird es während der Zeit der Besetzung weitergehen.

[3] Therapie. *Die Konflikte im und um den Irak* mithilfe eines Elf-Parteien-Modells des Konflikts im und um den Irak lösen: drei Parteien im Land und acht im Ausland. Man kann sie noch unterteilen. Außerdem kann das Folgende hinzugefügt werden:

I. KONFLIKTPARTEIEN IM IRAK: *Kurden.* Sie wollen Unabhängigkeit oder sehr weitgehende Autonomie. Turkmenen wollen Sicherheit und Autonomie von den Kurden. Die *Sunniten* wollen den Irak von Bagdad aus mit säkularen, sozialistischen Wohlfahrtsstaats-Zügen (Ba'athismus) regieren. Die *Schiiten* wollen, dass der Irak eine islamische Republik wird, oder sie wollen wenigstens eine islamische Republik für sich selbst.

II. KONFLIKTPARTEIEN AUSSERHALB DES IRAK: Die *USA* wollen den Irak von Bagdad aus beherrschen, um die Golfregion geopolitisch und Eurasien überhaupt zu kontrollieren, sie wollen das Erdöl unter die Kontrolle transnationa-

---

[18] Theologische Gelehrte und Rechtsgelehrte des Islam.

ler Konzerne bringen. In den USA gibt es jüdisch-christliche Fundamentalisten, die Israel beschützen wollen. *Großbritannien* will eine alte imperiale Rechnung mit dem Irak begleichen und es will seine besondere Stellung herausstellen, die es dem Umstand verdankt, ein von Gott erwähltes Land zu sein. *Japan* will »Japan normalisieren«, indem es Japan militärisch (SDF [*Self Defense Forces*: engl. für Japanische Selbstverteidigungsstreitkräfte]) legitimiert und seine besondere Stellung, von der Weltnummer 1 gewählt worden zu sein, herausstellt. *Australien, Spanien* u. a. wollen, dass ihnen die USA als Ausgleich für ihre Teilnahme in ihrem Antiterrorismuskampf beistehen. *Frankreich* und *Deutschland* wollen, dass die EU von den auswärtigen und sicherheitspolitischen Angelegenheiten der USA unabhängig wird. *Die Türkei* will nicht, dass die Kurden autonom werden, damit die türkischen Kurden nicht dieselben Ansprüche erheben. Und sie will Schutz für die Turkmenen. *Syrien, Jordanien, Kuwait, Iran* wollen nicht von den USA angegriffen werden und sie wollen gute Beziehungen mit dem künftigen Irak. *Saudi-Arabien* will zwischen Wahhabismus und den USA überleben.

Elf Parteien, 19 Ziele ist eine Vereinfachung, aber immer noch besser als die Übervereinfachung: »die Welt gegen Saddam Hussein«. Die Lösung ist weder ein Einheitsstaat, der durch Kolonialismus aufgezwungen werden müsste, und der sich auf die Teile des Osmanischen Reiches Mosul, Bagdad und Basra gründen würde (mit der Diktatur einer Mehrheit, 61 Prozent, der Schiiten), noch eine Zersplitterung in 18 Provinzen oder eine Teilung in drei Staaten. Die Lösung könnte eine (Kon)Föderation mit starker Autonomie für die kurdischen, sunnitischen und schiitischen Teile sein mit einer konföderalen Hauptstadt, aber nicht Bagdad. Kuwait, das vor seiner Loslösung 1899 als Protektorat im Britischen Empire die 19. Provinz war, will auf Dauer vielleicht ein unabhängiges assoziiertes Mitglied werden mit einem Status wie Liechtenstein in seinem Verhältnis zur Schweiz.

Alternative: *Erfüllung der Grundbedürfnisse + sanfte Intervention + Konfliktlösung.*

LÖSUNG: Die Angreifer sollen sich zurückziehen, Irak wird eine Konföderation mit offenen Grenzen zu anderen Kurden und schiitischen Arabern. USA und Großbritannien und die Koalition der Unterstützer entschuldigen sich und leisten Entschädigung. Eine Konferenz für Sicherheit und Kooperation im Nahen Osten (Conference for Security and Cooperation in the Middle East, CSCME) wird eingerichtet.

(Januar und November 2003)

62a | Nepal I: eine Friedens- und Konfliktperspektive

[1] **Diagnose.** Dieses Konfliktmolekül enthält elf Konfliktatome in struktureller Gewalt, die zu viel direkter Gewalt führen:

BRUCHLINIE	THEMA	MÖGLICHE HEILMITTEL
1 *Menschen/Natur*	Ausbeutung und Verschmutzung	geeignete Technologien
2 *Geschlecht*	Unterdrückung von Frauen	angemessene Vertretung
3 *Generation*	Jugend	angemessene Vertretung
4 *politische Klasse*	His Majesty's Government (HMG), König	parlamentarische Demokratie, konstitutionelle Monarchie
5 *militärische Klasse*	Royal Nepal Army (RNA)	Parlament kontrolliert das Militär
6 *ökonomische Klasse*	Elend, Ungleichheit	massenhafte Erhebung von unten Landreform Tempellandreform öffentlich *und* privat streng kooperativ
7 *kulturelle Klasse*	Randständigkeit	massenhafte Alphabetisierungskampagne Kultur miteinander teilen
8 *soziale Klasse*	Dalits	angemessene Vertretung wirtschaftlich-kulturelle Maßnahmen
9 *Nationalitäten*	herrschende Kultur Einheitsstaat	muttersprachlicher Unterricht Dezentralisierung – weicher Föderalismus
10 *Territorien*	Elend, Ungleichheit	massenhafte Erhebung von unten
11 *andere/Nepal*	Intervention	panch *shila* [fünf Prinzipien, vgl. Kap. 100] neu bestätigen

Der hohe Grad an Durcheinander, Entropie, kann die Mobilisierung abschwächen.

[2] **Prognose.** Ein Konflikt von hoher Entropie wird viele Mikro- und wenige Makro-Dynamiken aufweisen, außer wenn verschiedene Parteien alliiert sind.

[3] **Therapie.** Maoisten und König dominieren, weil es keine alternativen repräsentativen Parteien (Dritte Parteien) und keine politischen Parteien des »mainstreams«, gibt. Die Zivilgesellschaft, im wesentlichen in NGO's gebündelt, umfasst vielleicht 2000 Personen. Im Allgemeinen fehlt es am aktiven Einsatz engagierter Menschen und die parlamentarische Demokratie und konstitutionelle Monarchie als Prozesse sind behäbig. Drei Maßnahmen scheinen notwendig:

- Die Dritten Parteien arbeiten gemeinsam an einem starken Programm für sozialen Wandel. Sie laden Maoisten und den König dazu ein, an

Gesprächen am Runden Tisch teilzunehmen. Sie bilden mit den Maoisten eine Übergangsregierung und leiten einen Prozess der Überarbeitung der Verfassung ein. Sie könnten auch dadurch zu solchen Aktionen gebracht werden, dass die Menschen auf die Straßen gehen und/oder durch starken Druck der Zivilgesellschaft.

- Die Maoisten erklären ihre Loyalität gegenüber einer parlamentarischen Demokratie.
- Der König erklärt seine Loyalität gegenüber einer konstitutionellen Monarchie.

Die Nationale Menschenrechtskommission könnte weiterhin eine wichtige Rolle in diesem Friedensprozess spielen. Sie könnte z. B.

- versuchsweise einen Runden Tisch für alle Parteien organisieren. Dabei könnte sie Menschenrechtsdiskurse mit entsprechenden Prozessen nutzen und die folgenden Themen in Angriff nehmen: Überwachen des Waffenstillstandsprozesses und der Einführung einerseits der zivilen und politischen und andererseits der sozioökonomischen und kulturellen Rechte allgemein.
- *Sarvodaya*[19]-Experimente in den Ortschaften durchführen. Dabei kann man auf die eindrucksvollen Sarvodaya-Erfahrungen in Sri Lanka und auf Techniken von Ashok Khoslas Entwicklungsalternativen in Neu-Delhi zurückgreifen.
- eine allgemeine Konferenz über die Überschneidungen von Frieden und Menschenrechten organisieren.
- einen Wahrheits- und Versöhnungsprozess einleiten.

Aktionen der Zusammenarbeit, z. B. mit entwaffneten Soldaten, die in Gesundheits-Lagern mitarbeiten und Schulen und Straßen bauen, wären nützlich und hätten symbolische Kraft.

Zu behaupten, dass Handeln die direkte Gewalt des Terrorismus belohne, ist ebenso verfehlt, als wenn man sagte, dass Nichthandeln die strukturelle Gewalt des Status quo belohne. Gehandelt werden sollte um der Menschen willen, die leiden, um *dukkha* [Leiden] zu vermindern und *sukha* [Freude] zu vermehren. Das wäre *Politik* im besten Sinne des Wortes. Unverzichtbar, aber keine Ziele an sich sind: die Akteure beeinflussen, politische Allianzen bilden und die Frage »Wer bekommt was?« zu klären. Nepal muss sich der Situation gewachsen zeigen und wichtige Themen in Angriff nehmen.

(Mai 2003)

---

[19] Selbsthilfegruppe in Sri Lanka zur Aktivierung der Bevölkerung, eine neue Gesellschaft aufzubauen, gegründet von Dr. Ariyaratne.

62b | Nepal II: eine Friedens- und Konfliktperspektive

[1] Diagnose. Ich nenne drei Vorschläge aus der Konfliktberatung und Mediation im Mai 2003:

- Vier Parteien (jetzt Siebenparteienallianz) arbeiten gemeinsam an einem»starken Programm für sozialen Wandel. Sie laden Maoisten und den König dazu ein, an Gesprächen am Runden Tisch teilzunehmen. Sie bilden mit den Maoisten eine Übergangsregierung und einen Prozess der Überarbeitung der Verfassung. Sie könnten auch dadurch zu solchen Aktionen gebracht werden, dass die Menschen auf die Straßen gehen und/oder durch starken Druck der Zivilgesellschaft.
- Die Maoisten erklären ihre Loyalität gegenüber einer parlamentarischen Demokratie.
- Der König erklärt seine Loyalität gegenüber einer konstitutionellen Monarchie.«

Erfolgreiche Gewaltfreiheitsaktionen vom 6. bis zum 24. April 2006 in den Straßen Kathmandus brachten eine Veränderung in diese Richtung. Der Druck des Volkes und Indiens brachten den König dazu, seine absolute Monarchie aufzugeben. Vielleicht wird er am Prozess teilnehmen und das Ergebnis eines Referendums respektieren. Aber der gegenwärtige Dialog zwischen dem Premierminister und dem Führer der Maoisten, ein Dialog, der Indien und den USA gegenüber verantwortlich und rechenschaftspflichtig ist, nicht aber der Regierung bzw. dem Volk bzw. dem Parlament ist geheim. Es bedarf einer angemessenen Bezeichnung für dieses merkwürdige politische Rechenschaftssystem, dass als »Indo-U.S.-okratie« zu beobachten ist. Das Schwergewicht liegt auf Waffenstillstand, Entwaffnung, Wahlen für eine verfassungsgebende Versammlung, die die Verfassung von 1990 abändert, auf Monarchie gegenüber Republik und nicht auf Aktionen für sozialen Wandel.

Nepal war eine Feudalgesellschaft mit absoluter Monarchie. Die maoistische Revolte gebrauchte illegitime Mittel, um am 1. Februar 1996 40 legitime Modernisierungsziele vorzubringen. Sie wurden zurückgewiesen und am 13. Februar folgte der Volkskrieg. König und Regierung gebrauchten illegitime Mittel, um den illegitimen Status quo aufrechtzuerhalten. Von da an wurden nur Konflikte ernst genommen, die die Eliten betrafen: Kontrolle der Gewalt und Legitimität von Parlament, Regierung und Staatsoberhaupt. Dagegen wurden soziale Ungleichheiten und Entbehrungen der Massen nicht ernst genommen. Das führte zur Ungleichzeitigkeit im Prozess.

[2] Prognose. Das ist ein Waffenstillstandsprozess, kein Friedensprozess. Eine Kausalkette von ungelösten Konflikten, Polarisierung und Entmenschlichung einerseits führt zu Gewalt und Trauma andererseits. Das verlangt nach einem

Friedensprozess mit vier Komponenten: Konfliktberatung und Mediation für die Lösung des Konflikts, Friedenskonsolidierung, Gewaltkontrolle und Versöhnung zur Heilung der Traumata *(closure)*. Sie sollten gleichzeitig, sozusagen im Paket, umgesetzt werden. Die Hauptgefahren sind: *Ein Waffenstillstand ohne Konfliktlösung kann die Gewalt neu eröffnen* und *Versöhnung ohne Konfliktlösung ist nur Beschwichtigung.* Das kann zur Instabilität der Massen, Generalstreik und Gewalt führen. Konflikte müssen von einer Leitungsgruppe, die selbst das tägliche Leiden der Menschen erlebt, kreativ in Angriff genommen werden.

[3] Therapie. Zehn mögliche Heilmittel für gemeinsame Aktionen von Siebenparteienallianz und Maoisten sowie eine Annäherung, für die die Maoisten als Energiequelle und für den Zweck der nationalen Erneuerung für ein besseres Nepal eingesetzt werden. Die Jugend fordert sie alle zu Aktionen heraus:

[a] ein Komitee einrichten wie das Nationale Waffenstillstands-Beobachtungs-Komitee, Arbeiten an wichtigen sozialen Themen mit Maoisten auf verschiedenen Ebenen: Dörfern, Distrikten, Regionen und im Zentrum,

[b] von der »positiven Entwaffnung« der Sandinisten- bzw. der Kontra-Teams von Militanten und Militär in Nicaragua lernen: Sie bauten gemeinsam das Zerstörte – Brücken, Krankenhäuser, Schulen u. a. – wieder auf,

[c] aus Maoisten und anderen bestehende Teams in entlegene Dörfer schicken, damit sie dort zügig den Menschen Lesen und Schreiben in Nepalesisch und anderen Sprachen beibringen,

[d] Quotenlösungen für Frauen, Junge und Dalits auf vielen Ebenen politischer Körperschaften praktizieren und nicht darauf warten, bis die Verfassung so weit ist,

[e] sichern, dass Nepal im Hinblick auf arbeitsintensive, kosteneffektive und umweltfreundliche Technologien auf zeitgemäßem Stand ist,

[f] mit auf Arbeitswert (nicht nur auf Geldwert) gründenden Nischen in der Wirtschaft experimentieren, um den Menschen, die kein Geld haben, ihre bittere Armut zu erleichtern,

[g] Indien einladen, seine Erfahrungen mit dem Föderalismus nepalesischen Experten mitzuteilen, dabei muss es aber *Panch-shila*-Normen von Nichteinmischung respektieren,

[h] die USA einladen, den Konflikt vom 11. September zu lösen und ihn nicht als Vorwand dafür zu verwenden, sich in die nepalesische Politik einzumischen, und

[i] anfangen darüber nachzudenken, wie ein Versöhnungsprozess aussehen könnte.

11 vermittelte Konflikte + 1 Waffenstillstand = 12 Aufgaben inkl. Versöhnungsarbeit als Voraussetzung für Frieden.

(Oktober 2006)

63 | Indonesien gegen Osttimor: eine Friedens- und Konfliktperspektive

[1, 2, 3] **Diagnose, Prognose, Therapie.**
Dieses eine Mal wird die Perspektive in Form eines Dialogs wiedergegeben: eine fast wörtliche Wiedergabe des Dialogs zwischen mir (JG) und einem indonesischen General (IG):

JG: Danke, dass Sie mich zu diesem Gespräch eingeladen haben. Könnten wir über die Zukunft Indonesiens sprechen?

IG: Zukunft! Sie spielen mit den Worten! Indonesien hat keine Zukunft!

JG: Keine Zukunft?

IG: Die Kommunisten sind überall und spalten das Land!

JG: Kommunisten? In Osttimor gab es ein Referendum, bei dem eine klare Mehrheit für Unabhängigkeit stimmte. Waren das alles Kommunisten?

IG: Vielleicht nicht alle. Trittbrettfahrer. Die Kommunisten fingen dort unten in Angola und Mosambik an, dann kamen sie nach Lissabon, aber es gelang ihnen nicht, dort die Macht zu ergreifen. Sie kamen schließlich alle hierher.

JG: Herr General, wie sieht die militärische Zukunft Indonesiens aus?

IG: Ha! Die Amerikaner kommen! Der Kennan-Plan gleich nach dem Krieg: eine US-Flotte in Indonesien, die Südasien, Südostasien und Ostasien kontrolliert! Sobald Osttimor »frei« ist, wie sie es nennen, werden die USA dort eine Militärbasis einrichten. Denken Sie an meine Worte!

JG: Und die Alternative?

IG: Die Sicherheit in diesem Archipel ist einzig und allein unsere Aufgabe!

JG: Wie sieht Indonesiens Wirtschaftszukunft aus?

KG: Ha! Australien kommt! Sie nennen es »Friedenssicherung«! In Wirklichkeit ist es Öl-Sicherung. Sie wollen alles Öl zwischen Timor und Darwin. Gleich nach der »Unabhängigkeit«, wie sie es nennen, werden sie überall sein und das Öl abpumpen. Denken Sie an meine Worte!

JG: Und die Alternative?

IG: Alle Ressourcen im Archipel gehören einzig und allein uns!

JG: Wie steht es mit der kulturellen Zukunft Indonesiens?

IG: Sie meinen Religion? Na gut, ich bin Moslem, aber ich mag die Fundamentalisten nicht. Wir brauchen Religion: Religion bringt meine Soldaten eher zur Ordnung. Vielleicht auch mich! *(Lacht.)*

Ich mag keine Missionare, die anderen ihre Religion aufdrängen. Sobald Osttimor »frei« ist, wie sie es nennen, wird der Vatikan hier sein und »evangelisieren«. Denken Sie an meine Worte!

JG: Und die Alternative?

IG: So gut wir können, in Toleranz zusammenleben.

JG: Wie steht es mit der politischen Zukunft?

IG: Alles zerbröckelt, wir haben keine Zukunft! Zuerst Osttimor, dann Aceh, Malakka, Papua und Irian Jaya und ein paar andere, die Sie nicht kennen! Wir haben jahrhundertelang zusammengelebt, dasselbe Fleisch und Blut, starke Bindungen, wir haben untereinander geheiratet. All das wird wegen ein paar Kommunisten und Fundamentalisten auseinandergerissen.

JG: Und die Alternative?

IG: Da muss ich weinen. Wir könnten in diesem Archipel zusammenleben!

JG: Wie wäre es mit einer Föderation, jeder Teil hat seine eigene Kultur, es gibt offene Grenzen und eine gemeinsame Außen-, Sicherheits- und Finanzpolitik?

IG: Wie die Sowjetunion? Wir wissen, wie das ausgegangen ist.

JG: Da war die Föderation nur vorgetäuscht, in Wirklichkeit hatten die Russen die gesamte Macht. Und die Schweiz?

IG: Mit Kuckucksuhren? Na! Aber Osttimor will Unabhängigkeit!?

JG: Sie könnten sowohl frei als auch mit einer indonesischen Föderation verbunden sein, wie die Schweiz mit Liechtenstein, und könnten durchlässige Grenzen haben.

IG: Föderation? Verbunden? Hm, hm. Sagen Sie mal, können Sie morgen Abend um acht Uhr zum Kaffee in mein Büro kommen? Ich habe ein paar Freunde, mit denen wir sprechen könnten. Sie wären sicherlich daran interessiert, mehr darüber zu erfahren.

(August 2003)

64 | Nagorno-Karabagh: eine Friedens- und Konfliktperspektive

[1] **Diagnose.** Nagorno-Karabagh, ehemalige Enklave im sowjetischen Aserbaidschan, ist *de facto* eine 1991 ausgerufene unabhängige Republik (NKR, »Arzach«-Berg-Karabach). Es hat eine Fahne, eine Armee, einen Befreiungskrieg 1989–1994, nachdem Armenier in Sumgait in der Nähe von Baku 1988 umgebracht worden waren. Aseri hatten während des Krieges auf Zivilisten, Kirchen und Denkmäler gezielt. Das Land hat eine Geschichte, eine Kirche, ein Parlament, einen Präsidenten und Gesetz und Ordnung, aber *de jure* fehlt ihm die internationale Anerkennung. Einige sehen NKR nur als einen territorialen Konfliktpunkt zwischen Aserbaidschan und Armenien, so wie manche nur Kroatien gegenüber Serbien und nicht Krajina gegenüber Slowenien sehen. Die Reduktion eines Konflikts zwischen drei Parteien auf einen mit nur zweien führt nirgendwohin. NKR verlangt *Selbstbestimmung*, die sich auf jahrhundertealte armenische Siedlungen gründet (selbst wenn, wie Slowenien, nicht als unabhängiger Staat), und Aserbaidschan verlangt *territoriale Integrität,* die sich auf den Enklave-Status von 1922–1992 gründet, und *uti possidetis.* Territoriale Integrität wiegt schwer im Völkerrecht. Also schließen sich als Fortsetzung des Kalten Krieges die USA, Georgien und Aserbaidschan gegen Russland, Iran und Armenien zusammen.

[2] **Prognose.** Dieser Zustand, der weder Frieden noch Krieg ist, dauert so lange an, wie jede Alternative schlechter zu sein scheint. Die Armenier (wie die Serben) sind stark, aber Aserbaidschan könnte (wie Kroatien) eine Operation Sturm mit einer von den USA geschulten Armee in Bewegung setzen, oder, wie in Kosovo/a, eine NATO-Operation. Von Gewicht in der Gleichung kann die Möglichkeit sein, dass die NKR einen Krieg ohne Waffenstillstand plant und den paramilitärischen Kampf um ihre Heimat fortsetzt.

[3] **Therapie.** Länder mit großem Interesse an Öl und einer Völkermordgeschichte werden verdächtigt, starke Vorurteile zu haben. Die Alternative zu der Aufstellung USA gegen Russland ist eine Konfliktberatung oder Mediation zwischen den Regierungen, und zwar durch UN, OSZE und ihre Minsker Gruppe, den Europarat und die Europäische Union und durch NGOs oder Einzelne. Eine Konferenz für Sicherheit und Kooperation im Südkaukasus (KSKSK), bei der NGOs eine Südkaukasische Gemeinschaft mit Friedenssicherungskräften anstreben, könnte in die Wege geleitet werden.

Zum Frieden gehört die Selbstbestimmung für NKR und das Interesse Armeniens an Integration. Zum Frieden gehört auch die Rückkehr der Aseri-Flüchtlinge und die Rückgabe der umstrittenen Regionen Kelbajar, Fizuli,

Gubadli, Jabrail, Zangelan und Aghdam. Das alles sind legitime Ziele, daher sollte die Arbeit auf all diesen Geleisen fortschreiten. Es ist für NKR auch legitim, über eine Autostraße Zugang zu Armenien zu haben, so wie früher die Verbindung zwischen Westberlin und Westdeutschland geregelt war. Ähnlich sollte es auch für Nachitschewan nach Aserbaidschan sein, aber ohne den Besitz von Lachin und Shusha.

NRK muss sich seine Unabhängigkeit verdienen: eine doppelte Rückgabe – wann, wo, wie und wie viel muss ausgehandelt werden – wird der Republik Achtung einbringen. NKR sollte nicht in die Falle tappen, die Flüchtlingslast Aserbaidschan aufzubürden. Bei diesem schwierigen Prozess ist dreiseitige Zusammenarbeit auf hoher Ebene zwischen Armenien, NKR und Aserbaidschan unverzichtbar. Dabei sollte auf persönlicher und der Ebene von NGOs angefangen werden.

Zurückgekehrte Aseris müssen integriert werden und das Recht haben, an Entscheidungsprozessen auf allen Ebenen teilzuhaben. Nach x Jahren (zehn?) könnte NKR von der internationalen Gemeinschaft unter der Bedingung, dass es alle Vereinbarungen und Bedingungen erfüllt hat, vollständig als unabhängiger Staat anerkannt werden.

Neben der Arbeit für die Unabhängigkeit könnte die NKR den Gedanken einer kaukasischen Integration als einer georgisch-abchasisch-aserbaidschanisch-NKR-armenischen-Gemeinschaft am Leben erhalten. Die Wahrscheinlichkeit einer Mitgliedschaft aller fünf in der Europäischen Union mit der Türkei als einer Landbrücke ist auch ein künftiges Szenario. All diese Prozesse sollten als einander ergänzend und nicht als miteinander konkurrierend betrachtet werden. Der Frieden im Kaukasus ist anfällig und braucht viele Bindungen, für die die Unabhängigkeit der NKR der gemeinsame Nenner ist.

NRK, friedlich, schön und spirituell, ist ideal für Wander- und Alterstourismus, wenn erst einmal die Blockade zwischen Aserbaidschan und der Türkei aufgehoben ist. In einer friedlichen kaukasischen Gemeinschaft würde die gesamte Region aufblühen.

(Mai 2004)

65 | Ein Mann, eine Frau, eine Ehe:
eine Friedens- und Konfliktperspektive

[1,2] Diagnose, Prognose. Zuerst erteilen wir der Frau das Wort, damit diese Perspektive mehr Leben bekommt. Mediator und Frau sprechen allein miteinander.

Die Frau: Mein Mann legt Fliesen in Badezimmern. Solange er Überstunden machte, hatten wir ein bequemes Leben, und ich war eine gute Frau, Ehefrau und Mutter. Aber vor Kurzem hat er gesagt: Keine Überstunden mehr! Er möchte ein wenig *dolce vita* haben, wie er sagt: Er möchte, statt Überstunden zu machen, mit Freunden in Kneipen gehen. Dort verbringt er jeden Abend. Er ist acht Jahre älter als ich. Das macht 16 Jahre ohne die Sicherheit von Geld auf der Bank. Auf keinen Fall sollte ihm etwas passieren, und zwar nicht nur meinetwegen, sondern auch wegen der Kinder. Ich habe mein ganzes Leben lang für ihn gearbeitet. Was er macht, ist nicht fair. Aber ich will mich nicht scheiden lassen. Ich möchte, dass wir zusammenbleiben.

Anschließend erteilen wir dem Mann das Wort, auch mit ihm spricht der Mediator allein, damit er wirklich sagt, was er denkt:

Der Mann: Meine Frau hat keine Ahnung, was es bedeutet, Fliesen zu legen. Man muss den Körper verrenken, um zwischen Klo und Wand unter dem Waschbecken auf den Fußboden zu kommen. Sie weiß nicht, wie sehr mir alles weh tut: der Rücken, die Muskeln, nachdem ich das seit 40 Jahren mache. Ich will ja weitermachen, aber nicht auch noch Überstunden. In diesem Lebensabschnitt habe ich das Recht auf etwas Vergnügen, und meins ist wirklich bescheiden: Ich spreche in einer Kneipe mit Freunden. Wenn ich zu Hause bin, nörgelt sie ständig. Ich verdiene genug. Wenn sie mehr will, warum sucht sie sich dann nicht eine Arbeit, um etwas dazuzuverdienen? Aber ich will mich nicht scheiden lassen, ich möchte, dass wir zusammenbleiben.

Ihr Ziel ist Sicherheit und Gemeinsamkeit. Sein Ziel ist Freizeit und Gemeinsamkeit. Alle vier Ziele sind legitim. Im Konflikt steht ein legitimes Ziel einem anderen legitimen Ziel gegenüber. Das Problem ist, dass sie nicht dafür sorgen können, dass ihrer beider Ziele Gestalt annehmen.

Eines Abends ereignete sich etwas Dramatisches, das eine Lösung dringend erscheinen ließ. Sie hatte mit dem Finger auf ihn gezeigt und gesagt: »Weißt du, was du bist? Ein …«, ein Wort, das auf eine Erektionsstörung hinweist. Er sagte: »Hast du … gesagt?« und gab ihr eine Ohrfeige. Sie schrie, die Nachbarn riefen die Polizei. Die war so etwas gewohnt und riet ihm, sich zu mäßigen. Nächstes Mal würden sie ihn verhaften und bei der feministischen Stimmung im Allgemeinen hätte er vor Gericht keine Chance. Ein ungelöster Konflikt führt zu verbaler Gewalt, die führt zu körperlicher Gewalt.

Er hatte sich durchgesetzt und sein Ziel erreicht, sie nicht. Sie bekam Zuckungen um die Augen und um den Mund, hatte eine schrille Stimme und war vielleicht nur einen Monat von einem Zusammenbruch entfernt. Ihm geht es gut. Wenn sie sich durchgesetzt hätte, dann hätte er vielleicht die Ticks bekommen. Oder er hätte sich eine andere Frau gesucht.

[3] **Therapie.** Alle im Folgenden genannten Vorschläge halfen nicht: Veränderungen ihres verbalen und körperlichen Verhaltens, Kompromisse wie Kneipe jeden zweiten Tag, er legt so viel Geld, wie er für das Trinken in der Kneipe ausgibt, für sie zurück, Abende zu Hause, mehr Gemeinsamkeit am Sonntag, an Wochenenden usw. Die Aufgabe war, eine positive Transzendenz zu finden, die für beide annehmbar war und der Vorschlag war: »Wie wäre es, wenn Sie beide gemeinsam eine Kneipe aufmachten und den Gewinn teilten?« Ein Freudenschrei, ein *eccolo*! »Das ist es! Warum sind wir nur nicht selbst drauf gekommen?« Das ist eine wichtige Frage. Was blockierte die Kreativität? Es wäre doch so einfach gewesen, selbst auf diese Lösung zu kommen.

Die Antwort liegt in der Tiefenkultur: Kampf oder Kompromiss gibt es in der italienischen Konfliktkultur, aber keine Transzendenz. Und dann blockierten die Gefühle bis hin zu verbaler und körperlicher Gewalt die Kreativität. Das ging so weit, dass sie morgens aufwachten und sich fragten, was nun wieder Negatives in Wort und Tat geschehen würde.

Die Kneipe wurde übrigens ein Erfolg.

(Juni 2004)

66 | Chiapas: eine Friedens- und Konfliktperspektive

[1] **Diagnose.** Dieses Konfliktmolekül hat 18 Konfliktatome:

I MILITÄRISCH
(1) EZLN (Ejército Zapatista de Liberación Nacional) gegen mexikanische Armee
(2) Konfrontationen mit Paramilitär, d. h. mit nicht offiziellem Militär

II POLITISCH
(3) Lokale Autonomien gegen Staatsregierung
(4) Nichtregierungsorganisationen gegen Regierung
(5) Konflikt zwischen politischen Parteien im PAN[20] -PRI[21] -PRD[22]-Dreieck

III WIRTSCHAFTLICH
(6) Grundbedürfnisse gegenüber Marktwirtschaft
(7) Primärer gegenüber sekundärem und tertiärem Sektor

IV KULTURELL
(8) traditionelle (indigene) Religionen gegenüber Christentum
(9) Katholiken gegenüber (evangelikalen) Protestanten
(10) indigene Sprachen gegenüber Spanisch

V SOZIAL (lokal und national)
(11) Indigene gegenüber Mestizen
(12) Frauen gegenüber Männern
(13) Arme gegenüber Reichen
(14) Ländlich gegenüber städtisch

VI INTERNATIONAL
(15) USA gegenüber Mexiko (Geschichte, Drogen, Migranten)
(16) USA, mexikanische Regierungsunternehmens-Elite gegenüber dem Volk
(17) Mexiko bzw. Mittelamerika (Geschichte, Drogen, Migranten)
(18) mexikanische bzw. mittelamerikanische Regierungen gegenüber dem Volk der Maya

---

[20] Partido Acción Nacional: eine christdemokratisch-konservative Partei.
[21] Partei der Institutionellen Revolution (*Partido Revolucionario Institucional*).
[22] Partido de la Revolución Democrática (Partei der demokratischen Revolution).

Die 14 zuerst genannten Konflikte finden in der alltäglichen Realität von Chiapas statt und die vier zuletzt genannten sind ein wichtiger Hintergrund. *Eine Haupteigenschaft des Chiapas-Konflikt-Syndroms ist ein großes Durcheinander oder Entropie.*

[2] Prognose. Voraussagen, die sich aus einem ganzheitlichen Ansatz ergeben: Es wird keine großen Gewaltausbrüche zwischen den beiden Hauptgruppen geben, aber vielleicht viele kleine. Die kurze Dauer des Krieges im Januar 1994 und die relative Ruhe sind nicht der Politik, sondern einer allgemeinen Entpolarisierung zu verdanken, die wahrscheinlich stabil ist.

Die gesamte Gesellschaft ist im Fluss. Die Menschen bewegen sich in einigen der Kombinationsmöglichkeiten hin und her. Starke Persönlichkeiten verwandeln Ungleichgewichtigkeit in soziale Mobilität, sodass es *viele kleine Veränderungen geben wird.* Aber *große Veränderungen für große Gruppen sind unwahrscheinlich.* Ein hohes Maß an Entropie bedeutet ein niedriges Maß an Energie. Die politische Energie muss von außen kommen.

Ein derartiges System kann leicht von oben und außen manipuliert werden, weil es weder eine einige Gesellschaft gibt, die sich gegen Manipulation wehrt, noch eine stark polarisierte Gesellschaft, in der sich eine Partei gegen außen mobilisiert. Eine strukturell derartig entpolarisierte Gesellschaft würde zwar den Druck von außen mit viel Hass und feindseligen Aktionen absorbieren, aber nur auf der Mikro- und lokalen Ebene, nicht auf der Meso- und Makroebene. Das System ist sehr stabil und gefällt darum denen, die kleine Veränderungen lieber haben als große.

[3] Therapie. Wenn nicht große Ereignisse oder politische Initiativen auf nationaler oder Staats-Ebene starke Energien freisetzen, wäre die beste Therapie, wenn viele kleine Schritte zur Lösung so vieler Konflikte wie möglich gemacht würden:

* Rückzug der Streitkräfte, Mediation und Konfliktberatung hin zur Konflikttransformation, zu einem Mehr an Dialog und Friedenskultur,
* geeignete und traditionelle Technologien zur Befriedigung der Grundbedürfnisse an Nahrung, ausreichende Ernährung, Unterkunft, Bekleidung, Gesundheit, Bildung und Energie,
* mehr Eigenverantwortlichkeit und mehr Austausch innerhalb von Netzwerken lokaler Autonomien, Beseitigung von Vorurteilen zwischen NGOs und Regierungsakteuren,
* starke informelle Wirtschaft, eine Mischung aus Wirtschaft des primären, sekundären und tertiären Sektors,
* Dialoge zwischen Angehörigen verschiedener Religionen, Zweisprachigkeit, flächendeckende Bildung für Indigene und Frauen, Quoten,

- viel stärker das Augenmerk auf den Aufschwung der Armen richten,
- mehr städtische Kultur im Landleben,
- Versöhnung zwischen den USA und Mexiko wegen des Krieges 1846–1848 und hohe Quoten für Siedlung der Mexikaner in ihren alten Gebieten,
- ein Plan in den USA, den Drogenkonsum dort zu reduzieren,
- wenn neoliberale Initiativen den Konflikt verschärfen und die Kluft vertiefen: Wirtschaftsboykott gegen US-Waren,
- höhere Quoten für mexikanische und zentralamerikanische Wiederbesiedlung, Menschenrechte für die Maya überall, flexible autonome Regionen für die Maya und eine Konföderation der Regionen. Dabei sollen zwar die Grenzen zwischen den Staaten nicht verändert werden, aber Maya und Mexikaner bekommen die Staatsbürgerschaft von zwei Staaten. Die Maya in Guatemala könnten eine *Republica Maya* bilden.

PRIORITÄT SOLLTE DAS IM FOLGENDEN GENANNTE HABEN: LOKALE UND GEMEINDE-AUTONOMIE, ERFÜLLUNG DER GRUNDBEDÜRFNISSE, RECHTE VON INDIGENEN UND FRAUEN, INTERRELIGIÖSER DIALOG, ZWEISPRACHIGKEIT, VERFOLGEN VON CHIAPAS' INTERESSEN UND BEDÜRFNISSEN, EINE FRIEDENSKULTUR …

Wie ernst das Syndrom ist, unterscheidet sich von Ort zu Ort und ändert sich im Laufe der Zeit. Die Menschen in Chiapas konzentrieren sich auf militärische und politische Ereignisse, z. B. den Gewaltausbruch und den Waffenstillstand in (1) und (2) und die Wahlen 2006 in (5) und nicht darauf, dass wirtschaftliche, kulturelle, soziale und internationale Formationen statisch oder höchstens minimal dynamisch sind. Trotzdem gibt es einige schnelle Veränderungen, z. B. in (3) und (9), vielleicht in (15) und (16). Am stärksten statisch ist die zugrunde liegende soziale Formation: Am Boden befinden sich indigene Frauen, Arme und Landbewohner. Sie werden in einer Formation, die hauptsächlich von Mestizenmännern, Reichen und Stadtbewohnern bestimmt wird, missbraucht, ausgebeutet und unterdrückt. Indigene, Frauen, Arme und Landbewohner gegen männliche Mestizen, Reiche und Städter.

Das Konfliktsyndrom in Chiapas als komplexer Konflikt

In welcher Wechselwirkung stehen die elementaren Konflikt-»Atome« in Chiapas und anderswo? Auf diese Frage gibt es zwei mögliche Antworten: durch *allocation (Zuteilung)* und durch *causation (Verursachung)*.

Wir wollen (11) und (1) als Beispiele nehmen. Wie stehen die Indigenen und die Mestizen zur EZLN und zur Armee? Wenn EZLN nur aus Indigenen und die Armee nur aus Mestizen bestände, kämen wir zur größten strukturellen Polarisierung und zur kleinsten Entropie. »Hoher Grad an Entropie« bedeutet Unordnung, Vermischung, Chaos. Tatsächlich finden sich beide Gruppen in beiden militärischen Formationen. Das bedeutet einen hohen Grad an Entropie und wenig strukturelle Polarisierung. Ein anderes Wort für die Wechselwirkung ist Durcheinander, das durchaus nicht eine starke Polarisierung hinsichtlich Haltung und Verhalten ausschließt: Hass und wenig oder kein Kontakt in (11) und (1).

Wenn wir die 14 Chiapas-Konflikte nehmen, dann gibt es für jeden Menschen zwei Möglichkeiten in 13 davon und drei in (5), das bedeutet 2 hoch 13 x 3 = 24 576 Kombinationen. Wenn man die vier Millionen Einwohner Chiapas' diesen Konfliktprofilen zuordnet, dann bleiben nur wenige der Möglichkeiten ungenutzt. Das ist jedenfalls die Hypothese.

Man stelle sich andererseits eine vollkommene Polarisierung vor: Alle Indogenen, Frauen, Arme, Landbewohner sind in EZLN, in den Autonomien, in Nichtregierungsorganisationen und alle Mestizen, Männer, Reiche, Stadtbewohner sind in der Armee oder für sie und das Paramilitär und in der Regierung oder für sie usw. Die zuerst genannte Gruppe ist im primären Sektor der Grundbedürfnisse und die zuletzt genannte im Markt und im sekundären oder tertiären Sektor tätig. Aber das ist weit von der Realität entfernt.

Gleichzeitig gibt es eine Kausalbeziehung zwischen (11) und (1). Die Indigenen sind nicht nur am Boden, besonders die Frauen, sondern sie sind auch Opfer gebrochener Versprechen wie den nicht gehaltenen San-Andrés-Vereinbarungen von 1996. In anderen Worten: Die soziale Stellung in einer Formation kann zu einer Verhaltensposition in einer anderen werden, z. B. »zu den Waffen greifen«. Wieder anders gesagt: Zwei Widersprüche sind kausal verbunden, wenn die Zuspitzung und Abstumpfung des einen zur Zuspitzung oder Abstumpfung des anderen führt.

Die 18 Konflikte ergeben 0,5 x 18 x 17 = 153 Paare. Es gibt in beiden Richtungen viele Kausalverbindungen: lineare, zirkulare und andere. Diese Übung kann dadurch vereinfacht werden, dass man die Konflikte ganz grob in zwei Gruppen teilt: das Zentrum und die Peripherie des Kausalnetzes des Konflikts. Im Zentrum sind die primären Konflikte, die die größte kausale Last tragen, und an der Peripherie die sekundären Konflikte, die eher Wirkungen als Ursachen sind.

Eine weitere Haupteigenschaft des Chiapas-Konflikt-Syndroms ist nicht nur ein primärer Konflikt, sondern eine Vielfalt primärer Konflikte. Dazu gehören:

- politisch: Autonomien gegen Regierung
- wirtschaftlich: Grundbedürfnisse gegen Markt
- kulturell (religiös): traditionell gegen christlich, katholisch gegen evangelikal
- kulturell: indigen gegen spanisch
- international: US- und mexikanische Eliten gegen das Volk

International: mexikanische und mittelamerikanische Eliten gegen die Maya. Nach dieser Hypothese sind die wichtigsten Faktoren die Ebene der Autonomie in Beziehung zur Regierungsmacht, die Ebene der Priorität, die man der Grundbedarfs-Wirtschaft zumisst, Rasse, Geschlecht, die kulturellen Widersprüche, die durch die Conquista eingeführt wurden, und die Widersprüche zwischen Elite und Volk, woran auch die Länder im Norden und Süden beteiligt sind. Die militärische Konfrontation von EZLN und Armee ist sekundär und wird reproduziert, wenn die primären Grundwidersprüche nicht angesprochen werden, besonders die Befriedigung der Grundbedürfnisse. Soziale Antagonismen wie die zwischen Arm und Reich, ländlich und städtisch und der Parteienkampf leiten sich auch daher.

Einige Voraussagen für die Entwicklung der 18 Konflikte:

I Militärisch
(1) manchmal flammt es auf, hauptsächlich stabil
(2) sehr unstabil

II Politisch
(3) Autonomien bleiben randständig
(4) grundsätzlich stabil
(5) Politische Parteienkonflikte im PAN-PRI-PRD-Dreieck: Entlang welcher Interessen sich diese artikulieren dürften, ist noch unklar.

III Wirtschaftlich
(6) die Wirtschaft gewinnt
(7) wird zu sekundärem gegenüber tertiärem Sektor

IV Kulturell
(8) traditionell
(9) evangelikal
(10) stärker zweisprachig

V Sozial
(11) mehr Bestärkung der Indigenen
(12) mehr Bestärkung der Frauen
(13) eine stärkere Kluft zwischen Arm und Reich
(14) mehr Urbanisierung

VI International
(15) Konflikt spitzt sich zu
(16) Konflikt spitzt sich zu
(17) Konflikt spitzt sich zu
(18) Konflikt spitzt sich zu

Hauptquellen der Dynamik sind die internationalen Formationen und das nicht offizielle Militär. Auch die im Folgenden genannten globalen Trends treffen Chiapas: Zunahme des tertiären Sektors und Verstädterung, Bestärkung der Religionen und der Sprachen der Indigenen, Bestärkung der Frauen, mit dem Sieg des Ökonomismus als Wirtschaftsrichtung zunehmend breitere Kluft zwischen Arm und Reich. Druck auf das gesamte System, Stress und Belastung werden entstehen. Das wird zu Aktivitäten des Paramilitärs, Evangelisation und zu Flüchtlingsströmen führen. Die PRI, die sich vielleicht als Besitzerin Mexikos ansieht, kann zugunsten des *Status quo ante* 1994 gegen Pan und PRD auf nationaler und Staatsebene auftreten.

Eine andere Möglichkeit, die Chiapas-Geschichte zu erzählen: A -> B -> C -> D -> E -> F

A. Im Hintergrund steht das internationale System, besonders das Eindringen der USA in Staat und Kapital in der mexikanischen Hauptstadt und die Regierungsvereinbarung über Grenzen und Grundstruktur zwischen Conquista-Unabhängigkeit und Mexiko-Mittelamerika. Es gibt auch Überbleibsel aus der Geschichte und Probleme mit Drogen und Migranten, aber diese sind sekundär:

International:

(16) US- und mexikanische Regierungsunternehmen-Eliten gegen das Volk von Mexiko

(18) Mexiko- und Zentralamerika-Regierungen gegen die Maya

(15) USA gegen Mexiko (Geschichte, Drogen, Migranten)

(17) Mexiko und Zentralamerika (Geschichte, Drogen, Migranten)

B. Dieses System bringt kulturellen und wirtschaftlichen Kolonialismus als Fortsetzung von Missionierung und Ausbeutung hervor und führt zum Widerstand:

Kulturell:

(8)   traditionell (indigene) Religionen gegenüber Christentum

(10) indigene Sprachen gegenüber Spanisch

Wirtschaftlich:

(6)   Grundbedürfnisse gegenüber Marktwirtschaft

(7)   Wirtschaft des primären Sektors gegenüber Wirtschaft des sekundären und tertiären Sektors

C. Das Ergebnis unterm Strich ist ein Sozialsystem mit hoher Korrelation zwischen vier sozialen Dimensionen:

Sozial:

(11) Indigene gegenüber Mestizen

(12) Frauen gegenüber Männern

(13) Arm gegenüber Reich

(14) ländlich gegenüber städtisch

Am Boden sind Indigene, Frauen, Arme, Landbewohner, an der Spitze Mestizen, Männer, Reiche, Stadtbewohner, an der wirklichen Spitze die USA und der »Distrito Federal«.

D. Da das nicht erträglich ist, gibt es militärische und politische Reaktionen:

Militärisch:
(1) EZLN gegenüber der mexikanischen Armee

Politisch:
(3) lokale Autonomien gegenüber der Staatsregierung

E. Die Dialektik setzt sich kulturell, militärisch und politisch fort:

Kulturell:
(9) Katholiken gegenüber (evangelikalen) Protestanten

Militärisch:
(2) Konfrontationen, die auch das Paramilitär einbezieht

Politisch:
(4) Nichtregierungsorganisationen gegenüber Regierung

F. Schließlich fließt das nach oben und kristallisiert sich zu Parteienkonflikten mit institutionalisierter Konfliktwahldynamik und möglichem Feedback:

Politisch:
(5) politische Konflikte im nationalen PAN-PRI-PRD-Dreieck.

Wenn der Grundkonflikt nicht transformiert wird, kehrt die Gewalt zurück.

(April 2005)

67 | Gerichtsbeschluss gegenüber Mediation und Konfliktberatung: eine Friedens- und Konfliktperspektive

[1] **Diagnose.** In der ganzen Welt sind Menschen mit Gerichtsbeschlüssen unzufrieden. Das bezeugt die Bewegung für alternative Konfliktlösung in den USA und die Bewegung für Wiedereingliederung statt Strafe, die 1995 in Neuseeland ihren Ausgang nahm und sehr stark von der Maori- (d. h. polynesischen) Tradition der Konfliktlösung inspiriert wurde. Norwegische Rechtsanwälte und der Oberste Gerichtshof in Puebla, Mexiko, nahmen Kontakt zu TRANSCEND auf, damit es diesen Konflikt untersucht. Es besteht ein Konflikt über die Frage: Wem gehört der Konflikt eines anderen? Die richtige Antwort darauf ist: Natürlich niemand anderem als den Konfliktparteien! Aber wenn sie es allein nicht schaffen?

Mediation und zivile Konfliktberatung kostet im Allgemeinen weniger Geld und Zeit. Weitere Vorteile im Gegensatz zum Gerichtsbeschluss werden im Folgenden genannt:

- Jede beliebige Anzahl an Konfliktparteien ist möglich gegenüber nur zwei Konfliktparteien bei gesetzlicher Regelung,
- Konzentration auf die Beziehung zwischen den Parteien und der Versuch, diese zu verbessern, gegenüber Konzentration auf die Klärung der Frage, wer schuldig oder verantwortlich sei,
- Versuch, den Fall in einen neuen Rahmen zu stellen: Die Parteien werden dazu angeregt, nach einem neuen Ansatz zu suchen, gegenüber immer demselben Rahmen der Gesetze,
- Offenheit für Verhandlungen gegenüber dem Pro und Contra eines Richters und
- die Parteien entscheiden selbst, ob die Vereinbarung für sie annehmbar ist, gegenüber der Entscheidung eines Richters.

Aber es gibt auch Argumente zugunsten eines Gerichtsbeschlusses: Der Fall wird gemäß den geltenden Gesetzen durchgeführt. Dabei werden kodifizierte Regeln angewendet und der Verlauf ist nicht von den Launen des Mediators und der Parteien abhängig. Das erleichtert den Gebrauch von Präzedenzfällen, die ein zweischneidiges Schwert sind, entweder dafür oder dagegen. Sehr wichtig ist das Siegel der sozialen Zustimmung, zu der ein Gerichtsprozess dem Ergebnis verhilft. Außerdem können Rechtsanwälte Auswege finden, zu denen auch »Lücken im Gesetz« gehören können, die den Mediatoren unbekannt sind.

[2] Prognose. Der Konflikt kann recht hässlich werden. Nicht nur Gehalt bzw. Honorare stehen auf dem Spiel, sondern auch die Stellung als der große Schiedsrichter in der Gesellschaft. Der Gewinner behält seinen Status oder verbessert ihn, der Verlierer nicht. Und wir reden über nicht weniger als darüber, die Macht über die Machtbeziehungen zwischen anderen zu haben.

Mediatoren haben die besseren Karten: Sie können Rechtsanwälte im Preis (= Zeit x Kosten) unterbieten und vielleicht in der Qualität der Vereinbarung überbieten. Mit Vereinbarungen, die mithilfe von Mediatoren erreicht wurden, können beide Konfliktpartner leben, da sie für beide annehmbar sind, und sie können damit zusammenleben, da sie ausgehandelt wurden. Die Rechtsanwälte haben dagegen eine andere Möglichkeit: Sie können Druck ausüben, dass Mediatoren und Konfliktberater Zulassungen erwerben müssen und dass Mediation und Konfliktberatung kodifiziert wird. Damit würden sie es den Mediatoren schwerer machen, die Rechtsanwälte einerseits zu unter- und andererseits zu überbieten. Die Rechtsanwälte appellieren an die Behörden und die Mediatoren an die Öffentlichkeit.

[3] Therapie. Das Fünf-Punkte-Schema ist anwendbar:

(1) Die Rechtsanwälte gewinnen, Mediation und Konfliktberatung wird teurer und sie wird kodifiziert.

(2) Die Mediatoren gewinnen das Vertrauen der Menschen, Rechtsanwälte werden an den Rand gedrängt.

(3) Die Menschen misstrauen beiden und entwickeln eigene Konfliktlösungsfähigkeiten.

(4) Gesetzliche Mediation, d. h. Mediation auf Rechtsgrundlage.

(5) Sowohl Rechtsanwälte als auch Mediatoren erwerben einige Fertigkeiten des jeweils anderen.

Wahrscheinlich wird in vielen Gesellschaften 3 + 4 + 5 herauskommen.

Eine höhere Stufe an Aufmerksamkeit auf den Umgang mit Konflikten, eine Friedens- und Konfliktlösungskultur in der Bevölkerung allgemein wären sehr gut und viel besser als ein Volk von Prozesssüchtigen oder ein Volk, das unter ungelösten Konflikten leidet. Die Kompromisslösung einer gesetzlichen Mediation ist eine Alternative zu beiden. Wenn Rechtsanwälte einige der Fertigkeiten von Mediatoren und Beratern erwerben – sowohl Rechtsanwälte als auch Mediatoren werden gebraucht –, dann können sie ihren Klienten weit besser beistehen. Dasselbe gilt für Mediatoren: Auch sie können den Konfliktparteien besser beistehen, wenn sie wissen, was gesetzlich vorgeschrieben und zulässig ist, und zwar besonders das Letztere, weil es neue Möglichkeiten eröffnet.

(April 2005)

68 | Sprachkonflikte:
eine Friedens- und Konfliktperspektive

[1] Diagnose. Überall in der Welt gibt es Sprachkonflikte. Meist sind sie Teil eines allgemeineren Konfliktes zwischen und innerhalb von Nationen. Im Zentrum eines Konflikts zwischen zwei Sprachen – nennen wir sie H für die herrschende und Z für die zurückweichende Sprache – steht eben das: eine ist die Sprache der herrschenden Nation HN und die andere der zurückweichenden Nation ZN, die von sich aus oder gezwungenermaßen in den Hintergrund getreten ist. Die Asymmetrie im Machtbesitz im Allgemeinen spiegelt sich in der Asymmetrie im Sprachgebrauch wider. H herrscht im öffentlichen Raum. Es ist Verwaltungssprache, die einzige Sprache, in der in öffentlichen Schulen gelehrt wird, die Sprache von Straßenschildern usw. Z hat sich in den privaten Raum zurückgezogen: in die Häuser, die Stadtviertel, vielleicht in Privatschulen. Was ebenso wichtig oder noch wichtiger für unseren Zweck hier ist: Die Sprecher von H sehen keine Notwendigkeit dafür, Z zu lernen, während die Sprecher von Z wenigstens etwas H lernen müssen, wenn sie überleben wollen. In derselben Art auf der Mega-Ebene der interkontinentalen Beziehungen sehen Englischsprechende wenig Notwendigkeit dafür, eine andere Sprache zu lernen, nicht weil, wie sie sagen, sie immer Leute finden, die Englisch sprechen, sondern weil es die Pflicht jedes Menschen, der es noch nicht kann, ist, Englisch zu lernen. Daraus ergibt sich, dass sie auf traurige Weise monoglott bleiben, während sie zunehmend von Polyglotten umgeben sind. Es besteht also nicht nur ein Konflikt zwischen H und Z, sondern auch zwischen Monoglotten und Polyglotten.

[2] Prognose. In einer sich globalisierenden Welt werden die Monoglotten die Verlierer sein. Dasselbe wird sich letzten Endes auch innerhalb eines Landes ereignen, das sich der Gleichstellung öffnet. Sprachliche Unwissenheit wird zunehmend als das gesehen, was es ist: ein Zeichen von Missachtung und Arroganz. Jede Abweichung von sprachlicher Symmetrie wird als Grund und Folge des tieferliegenden Konflikts zwischen Nationen gesehen. Jede Abkehr von der Asymmetrie wird mit dem Universalismus der Menschenrechte auf einer Linie liegen.

[3] Therapie. Das soll durchaus nicht heißen, dass alle spanisch Sprechenden in Barcelona in Katalanisch und die katalanisch Sprechenden in Kastilisch perfekt sein müssen oder die spanisch Sprechenden in Chiapas ebenso gut tzotzil sprechen können müssen wie die tzotzil Sprechenden spanisch sprechen. Oder entsprechend in der norwegisch-samischen Situation. Aber einige Bewegungen sind notwendig, und die sind nicht besonders schwierig umzusetzen.

Es gibt **vier Arten**, eine Sprache zu können:

	aktiv	passiv
mündlich	sprechen	Gesprochenes verstehen
schriftlich	schreiben	lesen

Der übliche Sprachunterricht soll zu allen vier Arten führen, aber das ist für den Anfang zu perfektionistisch, zeitraubend und unnötig. In der Schweizer Nationalversammlung entspricht es der Norm, dass man alle vier Arten in der eigenen und einer weiteren Sprache beherrscht und die passiven Arten in den anderen beiden. In einer Welt, die so reich an audio-visuellen Lernmitteln ist, die nicht notwendig vom Schreiben und Lesen und folglich von der Alphabetisierung abhängen, wäre es viel einleuchtender, sich für den Anfang auf die mündlichen Arten zu konzentrieren. Jemand, der sprechen und verstehen kann, ist schon sehr weit gekommen: Er fängt mit zehn Worten an, dann lernt er 100, dann 1000 und er lernt die Syntax durch Sätze und nicht aus der Grammatik. Zusätzlich zu Kassetten, CDs und DVDs ist die beste Art, eine Sprache zu lernen, die durch Gefühlsbindungen. Aus diesem Grund lernten Kinder von Kolonialisten oft etwas der indigenen Sprachen von ihren Dienern. Das Übrige ist eine Frage der Zusammenstellung von Programmen, des Unterrichts in zwei Sprachen und der Entwicklung von Gefühlsbindungen. Binationale Schulen sind ein guter Ansatz, aber man kann sich ebenso gut andere Ansätze ausdenken.

(April 2005)

69 | Interkommunale Grenzen: eine Friedens- und Konfliktperspektive

[1] Diagnose. Es gibt mehr oder weniger ernste Konflikte über Grenzen zwischen den 2 000 000 Gemeinden in der Welt. Mexiko allein hat den Ruf, etwa 20 000 derartige Konflikte zu haben. Einer davon ist der zwischen zwei Gemeinden im Staat Puebla, nennen wir sie A und P. A hat eine jahrtausendealte indigene Tradition, P war ein Produkt der conquista und der Mestizen. Die Grenze zwischen ihnen war ein unberührter Fluss. Ps Grenze wurde 1962 durch einen einseitigen nationalstaatlichen Erlass ausgedehnt, und zwar bis zu einem jahreszeitlich bedingten Fluss, sodass Gemeinde P eine sich schnell entwickelnde Zone von 8,5 km² dazubekam, die reich an Konzessionen und Steuereinkommen war. Die Bewohner der Zone wollten, einer Befragung entsprechend, lieber zu A gehören und das Steuereinkommen floss immer noch A zu. Darüber liegt der dunkle Schatten der conquista.

Von den vier üblichen Macht-Kanälen wurden drei aktiviert. Die Lösung erfolgt

- *durch politische Macht*: wie der Erlass von 1962 durch Entscheidung. Im Fall einer nationalen bzw. staatlichen bzw. Gemeinde-P-politischen Angleichung könnte A nach den Wahlen 2006 leicht überwältigt werden.

- *durch normative, juristische Macht*: Der Erlass begünstigt P *de jure*, dagegen begünstigen Steuerfluss, Meinung der Bewohner und tatsächliche Tradition A *de facto*. Eine Anwaltskanzlei für Verfassungsrecht aus Mexiko City kam zu dem Schluss, dass, da der Fall nicht eindeutig sei, die Gemeinden selbst zu einer Übereinkunft kommen müssten. Im Fall eines Gerichtsprozesses hat der nationale Höchste Gerichtshof das letzte Wort.

- *durch Machtaustausch, Verhandlung*: Das hat noch nicht so richtig angefangen, vielleicht weil A denkt, dass es dem Gesetz nach, und P denkt, dass es politisch gewinnen kann.

- *nicht durch die Macht von Zwang*. Wir halten fest, dass das bis vor Kurzem und vielleicht auch heute noch im zwischenstaatlichen System zu einem Krieg führen könnte. Aber immerhin musste der Staat intervenieren, um ein Aufeinandertreffen der beiden Gemeinde-Polizeikräfte unter Kontrolle zu bekommen.

[2] Prognose. Wenn von den fünf möglichen Ergebnissen »A siegt« oder »P siegt« herauskäme, würde das wahrscheinlich böses Blut zwischen den Nachbargemeinden geben. Etwas davon ist schon eingetreten, besonders bei der kleineren Partei A (»Steuerfluss wie immer« mildert den Gegensatz).

Darüber, dass ein Kompromiss, der in der Teilung der Zone bestände, kein mögliches Ergebnis sein kann, besteht allgemein Einigkeit. Es bietet sich von selbst an: keine Grenze. Ein Kompromiss über das Budget sollte möglich sein. Die »Weder A noch P«-Möglichkeit sollte nicht unterschätzt werden. Wenn weiterhin keine Einigung in Sicht ist und die Bitterkeit auf beiden Seiten zunimmt, dann könnte es sein, dass der Staat das Gebiet in irgendeiner Form übernimmt. Auf diese Weise liegt dem bilateralen Konflikt der trilaterale Konflikt Staat – P – A zugrunde, bei dem es drei mögliche Allianzen gibt. Eine vernünftige Prognose ist ein Spiel wechselnder Machtkanäle: A drängt auf einen Gerichtsbeschluss, P auf die Lösung durch politische Macht und beide wollen Verhandlungen. Aber *bona fides* (nach »Treu und Glauben«) oder *mala fides* (»Bösgläubigkeit«)?

[3] Therapie. Bleibt also die fünfte Option, eine Art Sowohl-als-auch. Es folgt eine Skizze, wie das aussehen könnte:

- eine Zwei-Gemeinde-Zone, ein *co-dominio*, das sich auf Parität und rotierende Präsidentschaft gründet, vielleicht könnte der Staat als dritte Partei auftreten,
- die Zone könnte einen Park mit Erholungsgebiet und Sportanlagen für alle Bewohner der Städte in der sich schnell ausbreitenden P-A-*con-urbanizacion* enthalten,
- ein Haus mit Mediations-Einrichtungen für andere Gemeinden; diese Lösung wird immer wichtiger, weil sich dort mehr Zonen-Erfahrung sammeln kann,
- Schlüssel für die Verteilung der Finanzen zwischen A, P, der Zone und dem Staat,
- Rechtsanwälte, die eher Kreativität als Prozessführungs-Fertigkeiten besitzen, die einen Entwurf für einen gesetzlichen Rahmen erarbeiten, der mit dem Recht im Allgemeinen, darunter auch die Verfassung, vereinbar und veränderbar ist. Vorzugsweise sollten zuerst Erfahrungen mit einem provisorischen Gesetz gesammelt werden: ein Fall von *lege ferenda*, einer Rechtssituation unter Gesetzen, die erst noch zu verabschieden sind.
- Wesentlich ist die Beratung mit den Bewohnern.
- Jede derartige Vereinbarung sollte nach x (fünf?) Jahren überprüft werden.

Eine derartige Zone würde eine rechtlich-politische Attraktion werden.

(April 2005)

70 | Menschengerechte Technik:
eine Friedens- und Konfliktperspektive

[1] Diagnose. Durch Techniken werden Ressourcen in Produkte umgewandelt, und zwar mithilfe von Arbeit, Kapital und Management. Technik macht Produkte für den Verbrauch durch eine ständig zunehmende Weltbevölkerung verfügbar. Techniken werden oft danach analysiert, ob sie natur-, arbeits- oder kapitalintensiv sind, ob sie riesigen Materialeinsatz brauchen oder nicht, ob sie als naturintensive Techniken die Natur ausbeuten, vielleicht auch verschmutzen, und ob kapitalintensive Techniken Arbeitslosigkeit schaffen, indem sie die Arbeitskräfte durch Kapital ersetzen (Automatisierung).

Alles das ist wichtig, aber dabei übersieht man leicht den fünften Faktor, die Management-Intensität: Je management-intensiver die Technik ist (Marx: Produktionsmittel), umso kopflastiger ist die Technikstruktur (Marx: Produktionsweise), die von der Technik eingeführt oder begleitet wird. »Wer bezahlt, darf auch bestimmen« ist ein Aspekt der Technikanalyse, ein anderer ist: »Wer managt, darf bestimmen«.

Der Konflikt besteht dann zwischen der Spitze der Technikstruktur auf der einen und den Produzenten (Arbeitern) und den Konsumenten auf der anderen Seite. Die Produzenten werden vielleicht ausgebeutet und entfremdet und die Konsumenten werden vielleicht durch Produkte betrogen, die nicht tatsächlich ihren Bedürfnissen und ihren Mitteln entsprechen. Moderne, (post-)industrielle Technik lässt die Technikstruktur undurchsichtig erscheinen. Traditionelle, handwerkliche Technik ist transparenter, was nicht bedeutet, dass die Fertigkeiten eines Handwerkers leichter zu erlernen wären als die Fertigkeiten eines modernen Ingenieurs. Zwischen beiden gibt es einen Konflikt, auch hinsichtlich anderer Faktoren.

[2] Prognose. Natürlich gewinnt die moderne Technik, und die traditionelle Technik geht auf den meisten Gebieten zurück. In Asien gibt es den Versuch, dadurch, dass man die Ausübung eines Handwerks zu einem Menschenrecht erklärt, der Handwerkskunst zur Hilfe zu kommen, wie bei der Fischerei. Aber das zerschneidet die Angelegenheit vielleicht zu sehr, lässt sie zu dichotom erscheinen.

[3] Therapie. Ein besserer Ansatz ist es vielleicht, wenn man sich die drei anderen Möglichkeiten in einem Konflikt zwischen zwei Parteien über ein Ziel ansieht, den Markt: weder – noch, Kompromiss und sowohl als auch, wenn man nach menschlicheren und angemesseneren Techniken sucht. Sie sollten sanft mit der Natur umgehen, mehr menschliche Arbeit als Kapital verlangen und sich, so sehr es geht, selbst managen/verwalten oder wenigstens auf transparente Weise verwaltet werden und endlose Ketten von Abhängigkeiten nach oben von einem unbekannten Zentrum vermeiden.

Wenn jemand mit einem hochkomplizierten Auto an einem Ort, der wie ein unkompliziertes Dritte-Welt-Dorf aussieht, eine Panne hat, und Handwerkskünste, die die Anforderung erfüllen, mobilisiert werden, dann wird das Auto aller Wahrscheinlichkeit nach wieder in Gang gebracht. Man sehe nur die Autos in Havanna!

Oder betrachten wir die erstaunlichste Technik der Welt, die sich hauptsächlich in den Händen von Frauen befindet: sanft (sparsam) was die Zutaten angeht, die wenig Geld und viel Arbeit kosten: kochen. Nur die Frauen geben den Ton an, oft tauschen sie den Ton, d. h. Rezepte, mit anderen Frauen aus. Sobald Männer ins Bild kommen, bilden sich vertikale Strukturen aus: Drei-Sterne-Restaurants entstehen und Rezeptgeheimnisse werden gut gehütet.

Fertigen Sie ein Kochgerät aus einem schwarzen Stück Papier an, legen Sie ein Stück Autoreifen auf das Blatt, ein Kessel mit Wasser und Reis kommt in den Reifen, obendrauf ein Glas, um es möglichst dicht abzuschließen, stellen Sie das Ganze in die heiß scheinende Sonne und der Reis wird gar. Sobald Männer ins Bild kommen, machen sie lange Ketten aus Produktion, Distribution und Konsum, Befehl, Ersatzteilen, Anweisungen.

Weder-noch bedeutet weniger Konzentration auf das Material und mehr auf das Seelische, dabei wird auch die Möglichkeit eines Klosters nicht ausgeschlossen. Kompromiss ist etwas dazwischen, z. B. kompliziertes Kochen nachahmen. Sowohl-als-auch deutet auf etwas Neues, z. B. lokale Massenproduktion des beschriebenen Kochgerätes, etwas, das weder entfernt ist noch nur eine einzige Familie umfasst und leicht verfügbar ist.

(April 2005)

71 | Kapitalismus gegenüber Menschlichkeit: eine Friedens- und Konfliktperspektive

[1] **Diagnose.** Der sich globalisierende Überkapitalismus klebt zunehmend Preisschilder auf alles: Güter und Dienstleistungen, richtet grenzüberschreitende Märkte ein (außer für Arbeitskräfte), beseitigt den Staat als Agentur für die Verteilung, aber nicht für Polizei- und Militärinterventionen, transportiert Kapital nach oben zu den Kapitalbesitzern in der Menschen- und Weltgesellschaft, schafft zunehmend eine Kluft zwischen beiden, wobei der Reichtum oben und das Elend am Boden ist, was zum Tod durch Hunger und vermeidbare bzw. heilbare Krankheiten von täglich mehr als 125 000 Menschen führt. Zwei Gebäude, die als Befehlszentralen dienen, die diese Weltstruktur aufbauen und schützen, waren das World Trade Center und das Pentagon: Am 11. September starben 3000 Menschen. Ich schreibe das nicht, um diese Ungeheuerlichkeit zu rechtfertigen, sondern um sie in eine Perspektive zu stellen. Dabei weiß ich genau, wie wenig Druckerschwärze und Zeit für die Darstellung des zuerst Genannten und wie viel auf die des zuletzt Genannten verwendet wurden.

Ich weiß auch, dass strukturelle Gewalt materielles Elend am Boden und seelisches Elend an der Spitze hervorbringt, außerdem enorme Defizite an Mitteln am Boden und Exzesse an der Spitze: Verschwendung oder Spekulation, die ein großes Ungleichgewicht zwischen Produktiv- und Finanzkraft und die daraus folgenden Krisen schafft. Diese Struktur wird beschützt, und sei es mit direkter Gewalt besonderer Interventionen des US-Militärs, die eine deutliche Vorliebe für ausbeuterische und Vorurteile gegen distributive Regime haben (die auch ihre negativen Seiten haben mögen, wie z. B. die Verletzung von Menschenrechten). Kulturell wird das durch die massenhafte Einrichtung neoklassizistischer Ökonomien legitimiert, die ebenso aufmerksm über Dissidenten wachen wie nur irgendeine religiöse Gemeinschaft.

[2] **Prognose.** Innerhalb der Rahmenbedingungen dieses Systems ist die einzige Prognose eine ständig zunehmende Kluft zwischen und mit den Ländern und den meisten anderen Anhäufungen von Wirtschaftsmacht. Natürlich sagte schon Marx ganz richtig die Verschlimmerung der Situation des Proletariats in einem kapitalistischen weltumspannenden System voraus, nicht nur in einzelnen Nationalstaaten. Aber er dachte fälschlicherweise, dass der Kapitalismus den Arbeitern wenigstens so viel bezahlen würde, dass sie fähig wären zu produzieren und sich fortzupflanzen. Er sagte nicht voraus, dass sie dafür bezahlt würden, dass sie sich selbst abschafften, indem sie ihre Produktivität steigerten. Er sagte nicht die Gefühllosigkeit voraus, mit dem das System sich von dem durch Kapitalismus hervorgebrachten Elend abwenden würde, das die Haupt-

ursache der vorzeitigen Todesfälle ist. Er war viel zu freundlich zum Kapitalismus und hatte nur wenige Alternativen anzubieten. Das wurde aber erst später deutlich.

[3] **Therapie.** Es gibt viele gleichlaufende alternative Wirtschaftssysteme – einige davon funktionieren ohne Geld –, dazu gehören auch zivilisierte Versionen des Kapitalismus. Der Schwachpunkt in dem oben erwähnten Dreieck von struktureller, direkter und kultureller Gewalt ist die Wirtschaftswissenschaft als Disziplin, denn sie bietet eine wichtige Handhabe für grundlegende Veränderungen. Die Wirtschaftswissenschaft koppelt die Wirtschaft von der übrigen Realität ab, indem sie sich auf eine sehr einfache ethische Hypothese stützt: Egoismus wird zu Altruismus. Sie setzt Wettbewerb über Kooperation, macht Geld zum Maß aller Dinge, hat Schwierigkeiten sowohl mit den unteren als auch mit den oberen Grenzen des Wachstums, verlässt sich auf Optimierung und nicht auf Überschreiten und ist der Meinung, all das zusammen würde die beste aller Welten hervorbringen. Diese Ansichten sind unerträglich primitiv und unwissenschaftlich.

Alternative Theorien, die z. B. die Umwelt, Frauen oder die Armen in den Mittelpunkt stellen, gibt es inzwischen reichlich, sie sind vielfältig und symbiotisch, aber die akademische Welt ist erwartungsgemäß unbeweglich. Die alternative Praxis muss von der alternativen Theorie lernen und ebenfalls vielfältig und symbiotisch sein.

Zum Folgenden sollte ermutigt werden: zu Experimenten mit geldfreien Wirtschaften, die sich auf Arbeitsstunden und Austausch gründen, und zwar auf der Basis »1 Stunde = 1 Stunde«, die Angleichung von Lohnunterschieden, auch die innerhalb von Unternehmen (das Verhältnis zwischen Geschäftsführer- und Arbeiter-Einkommen). Vor allem sollten Maßstäbe für *quantum satis* – Was ist für die Erfüllung materieller Bedürfnisse notwendig und ausreichend? – ebenso gedeihen wie die Öffnung für seelische Bereicherung. Darunter ist nichts zu machen!

(Mai 2005)

72 | Staatsterrorismus gegenüber Terrorismus: eine Friedens- und Konfliktperspektive

[1] **Diagnose.** Wir erleben die Verbreiterung und Vertiefung der Konfrontationen zwischen *Staatsterrorismus* – oft mit Folter und dem Töten von Zivilisten durch das Militär verbunden – und dem *Terrorismus*, dem Töten von Zivilisten durch Zivilisten. Die allgemeine Aufmerksamkeit auf Gewaltanwendung zu politischen Zwecken, auf Gewalt als kollektiver Macht – als Stärke – scheint sich vom Militär auf die Zivilisten zu verlagern: Zivilisten sind dabei sowohl Opfer als auch Täter. *Krieg* als die Tötung von Militär durch Militär scheint eine aussterbende Institution zu sein, die davon, dass Zivilisten (auch *Guerillas* genannt) Militärangehörige töten, und durch die beiden Arten von Terrorismus abgelöst wurde. Für diese Entwicklung gibt es viele Gründe.

Eine Gesellschaft, die auf Kasten basiert, mit einer Kriegerkaste, die die Gewalt monopolisiert hat und die mit einem Ehrenkodex ausgestattet kämpft, die einen klaren Sinn für Gewinner und Verlierer besitzt und weiß, wenn der Kampf zu Ende ist, diese Gesellschaft ist am Verschwinden. Was zunimmt. ist Demokratie, in der jeder, unabhängig von familiärer Herkunft, Geschlecht und Alter das Recht hat, alle Rollen in der Gesellschaft – zu denen auch die von Opfer und Tätern gehören – zu übernehmen.

Eine ähnliche Dialektik besteht hinsichtlich der Waffen der kollektiven Gewalt: Je perfekter sie sind, umso mehr Widerspruch rufen sie hervor. Napoleons Armeen waren überragend, aber sie wurden nicht nur wie bei Waterloo in einem klassischen Krieg von anderen Armeen geschlagen, sondern auch von zivilem Widerstand in Ägypten (1805) und von spanischen zivilen Guerillas gleich nach dem Sieg am 2. Mai 1808. Was dem Militär nicht gelingt, schafft vielleicht das Nichtmilitär. Dieses entwickelt dann seine eigenen Waffen, wobei der Selbstmordgürtel nur ein kleiner Fleck auf dem Radarschirm der Geschichte ist. Viel mehr in der Art ist zu erwarten und wird auf »überlegene« Armeen wie die der USA und Israels zielen.

Es gibt eine weitere Dialektik, bei der zunehmend starke Militäreinheiten gegen Zivilisten eingesetzt werden, und zwar nicht dort, wo man den Feind vermutet, sondern aus einer Kosten-Nutzen-Rechnung. Die Kosten an eigenen Verlusten sind klein (z. B. wenn aus 10 000 Meter Höhe Bomben auf vorgegebene Koordinaten abgeworfen werden) und die Vorteile des damit zugefügten Schadens sind enorm. Wer mehr Zivilisten tötet, gewinnt, wie in Hiroshima. Für kurze Zeit übernimmt dann eine neue Dialektik. So ist Schwäche in der Stärke und Stärke in der Schwäche.

[2] Prognose. Diese Entwicklung politischer Gewalt hat schon mehr Menschenleben gefordert als Kernwaffen, nur dass das Töten zeitlich und örtlich stärker verteilt ist. Man geht keine Kompromisse ein, alle Rücksichten werden wegen der nie abnehmenden Erforschung, Produktion und Einsetzung von Waffen zu militärischen Zwecken abgelegt. Außerdem hat das Gewalttheater weder soziale noch Raum- noch Zeitgrenzen: Kapitulation ist nicht mehr in Mode.

[3] Therapie. Ebenso wie es früher einmal einen Konflikt zwischen moderner und traditioneller Kriegsführung gab – eine davon vertrat Clausewitz –, so gibt es heute einen Konflikt zwischen postmoderner und moderner Kriegsführung. Es ist ein dummer und unnötiger Konflikt, ein Zeugnis für die dunkle Seite des menschlichen Genius. Natürlich wird die postmoderne Kriegsführung den Sieg über die Dinosaurier der modernen Kriegsführung gewinnen, wobei hoffentlich die USA, Israel und die anderen nicht zu weit in den Prozess hineingezogen werden.

Wenn die Elefanten kämpfen, dann leidet das Gras, sagen die Afrikaner und fügen hinzu: Wenn die Elefanten den Liebesakt vollziehen, dann leidet das Gras ebenso. Das Gras sind wir alle, einschließlich der Täter in moderner und postmoderner Kriegsführung. Jedes Mal, wenn ein Konflikt nach negativer Transzendenz schreit, wird eben das Weder-der-eine-noch-der-andere dabei herauskommen.

Diese negative Transzendenz bedeutet natürlich, den zugrunde liegenden Konflikt zu erkennen und mit friedlichen Mitteln zu lösen. Es gibt einen kleinen Hoffnungsschimmer. Die politische Gewalt mit den vier Möglichkeiten des Kampfes, die miteinander um die Aufmerksamkeit der Öffentlichkeit konkurrieren, hat einen solchen Grad an Absurdität erreicht, dass dies vielleicht viele dazu bringen wird, in andere Richtungen zu blicken, und zwar besonders die Starken, die durch die postmoderne Kriegsführung geschwächt wurden, ebenso wie der Adel unter den Folgen des Duellierens zu leiden hatte.

(Mai 2005)

73 | 2000 Nationen gegenüber 200 Staaten: eine Friedens- und Konfliktperspektive

[1] Diagnose. Da es nur etwa 200 Staaten, aber 2000 Nationen gibt, die heiligen Raum und heilige Zeit für sich fordern, und nur 20 Nationalstaaten, gibt es ein Weltpotenzial für 1980 Unabhängigkeitskriege, bei denen die Staaten, die sich am Status quo orientieren, den Nationen gegenüberstehen, die sich an Veränderungen orientieren. In einigen sind wir bereits mittendrin. Die Verbindung von »heiligem Ort und heiliger Zeit«, eine säkulare Fortsetzung der religiösen Tradition, in der Punkte in Raum und Zeit mit Heiligkeit ausgestattet werden, wird benutzt, um »Nation« als von »Kultur« unterschieden zu definieren. Kultur wird durch Symbole wie Sprache, Religion und Mythen definiert. Etwa 180 Staaten sind multinational, in fast allen herrscht eine der Nationen, oft aufgrund von Eroberung. Expansionistische Nationen, von denen viele europäisch-christlich oder arabisch-muslimisch sind, haben es schon vor der unerwünschten Ankunft des abrahamitischen Okzidents in Europa, Asien, Afrika, Amerika und in Palästina geschafft, einander mit ähnlichen Mustern zu beherrschen.

Die Staat-Nation-Dialektik nimmt vier Formen an. Hier sind einige Beispiele:

Anzahl der Staaten / Anzahl der Nationen	EIN STAAT	ZWEI ODER MEHR STAATEN
EINE NATION	A 20 Nationenstaaten: (Fast) homogen (Fast) keine Diaspora Ideale, nicht reale Realität	B KOREA DIE KURDEN DIE MAYA
ZWEI ODER MEHR NATIONEN	C ISRAEL SIMBABWE HAWAI'I SOMALIA CHINA	D ZYPERN ULSTER KASCHMIR JUGOSLAWIEN SRI LANKA LIBANON EUSKADI

In A ist das Modell Nationalstaat, in B ist eine Nation durch Staatsgrenzen getrennt, in C umfasst ein Staat einige Nationen und D ist eine Kombination aus B und C.

[2] Prognose. Der Kampf geht weiter, weil da etwas beteiligt ist, das einem Naturgesetz ähnelt: Menschen wollen lieber von Menschen ihrer eigenen Art (auch wenn sie nicht nett[23] sind) regiert werden, und ein großer Teil der Identität des Menschen nimmt die Form einer Identifikation mit seinem Herrscher an. Je stärker die strukturelle Gewalt durch die herrschende Nation und ihre Staatsinstrumente und je mehr beherrschte Nationen in ihrem Gebiet konzentriert sind, umso stärker ist der Kampf gegen den asymmetrischen Multinationalismus. Die Bezeichnung »Vereinte Nationen« ist unglücklich gewählt, denn de facto handelt es sich um »Vereinte Regierungen« (nicht »Staaten«, da diesen Ausdruck jemand anderes für sich beansprucht) mit einem deutlich gemeinsamen Interesse: Staatliche Grenzen sollten unveränderbar bleiben.. Jede Mediation, Konfliktberatung oder Intervention von außen wird eher regional sein.

[3] Therapie. A war der Normalfall, aber ist jetzt wohl zu Überstaaten = Regionen, Gemeinschaften, Konföderationen integriert worden, wobei die Nationen zu Übernationen = Zivilisationen werden. Die allgemeine Therapie für B ist Teilung und nicht Zusammenschluss, mit anderen Worten: Dezentralisierung, Föderation (mit gemeinsamen Außen-, Sicherheits- und Finanz-Aufgaben) und Unabhängigkeit. Diese territorialen Trennungen können mit sozialen Zusammenschlüssen oder Machtteilung verbunden werden, z. B. proportionale Vertretung im Föderationszentrum. Für C ist wohl eine Konföderation mit offenen Grenzen eine Lösung und für D alles bereits Genannte: Föderation, Machtteilung und Konföderation bis hin zur Bildung neuer Gemeinschaften, Vereinigungen und Föderationen, die dann auch dazugehören. Das Ziel sind symmetrische multinationale Territorien. A geht zurück, es ist altmodisch und gehört ins 19. Jahrhundert.

(Oktober 2005)

---

23 An dieser Stelle macht Galtung ein Wortspiel mit dem englischen Homonym »kind«: es bedeutet im Deutschen »Art« und »freundlich«.

74 | Bündnis vs. Zusammenstoß der Zivilisationen: eine Friedens- und Konfliktperspektive

[1] Diagnose. Eine Zivilisation ist eine Megakultur und eine Kultur ist ein Code, eine Weltsicht auf Natur, Menschen, Gesellschaft, Welt, Zeit, das Jenseitige und wie man das alles in den Griff bekommt. Es gibt vielleicht Zusammenstöße, besonders mit Zivilisationen, die den Anspruch erheben, die einzige Wahrheit zu besitzen, die für den gesamten Raum und die gesamte Zeit gelten – so wie Christentum und Islam. Daraus ergibt sich, dass die Hauptzusammenstöße der Zivilisationen bei ihnen, zwischen ihnen und in großem Ausmaß auch innerhalb von ihnen stattgefunden haben.

Es gibt im Allgemeinen vier Ansätze zum Multikulturismus:

Der erste Ansatz ist *Intoleranz,* die die Extremform von biologischem oder sozialem Töten (Marginalisierung) der anderen Kulturen annehmen kann oder auch das Aufzwingen der Kultur der Invasoren, Kolonisatoren oder Imperialisten. Die herrschende Kultur verlangt die beherrschende Monopolstellung für ihren Code, was den Mord an Kulturen der Minoritäten bedeuten kann. Diese geben dann ihre Tiefencodes und eigenen Dialekte auf, vergessen in der zweiten Generation ihre Sprache, ihre Körpersprache (diese gilt dann als ungehobelt), essen nicht mehr ihre eigenen Gerichte, bekehren sich zum Glauben der Hauptströmung usw.

Der zweite Ansatz ist *Toleranz.* Die ist zwar besser als Intoleranz, aber doch nur eine passive friedliche Koexistenz. Man teilt dem andern mit: »Ich bin so großzügig, dass ich ertrage, dass es dich gibt.« Diese Haltung ermöglicht eine Welt (dominanter) Nationalstaaten, die einander tolerieren. Das ist immerhin besser als Imperialismus mit einer kulturellen Komponente. Und sie ermöglicht die Ausübung der Menschenrechte innerhalb der Staaten: »Minderheiten« werden geschützt. Die Formel Toleranz erleichtert einen Übergang von der multikulturellen Welt zu multikulturellen Gesellschaften, aber in einer Welt, in der die unterschiedlichen Kulturen immer breitere und tiefere Kontakte haben werden, reicht sie nicht aus.

Der dritte Ansatz ist *Dialog.* Er gründet sich auf gegenseitigen Respekt und auf Neugier: »Wie wunderbar, dass du anders bist als ich, dann können wir voneinander lernen und vielleicht gemeinsam etwas Neues entwickeln!« Dialog ist keine *Debatte.* Diese ist eine Form von Krieg mit verbalen Mitteln, in dem jede Seite zeigen will, dass die andere Seite unaufrichtig ist, dass sie Unrecht hat, dass sie schlecht, hässlich und gottlos ist. Dialog ist ein großer Schritt vorwärts in eine multikulturelle Gesellschaft, in der die Teilnehmer sich gegenseitig als

Quelle der Bereicherung ansehen. Auch wenn diese aktive, friedliche Koexistenz nicht häufig vorkommt, bedeutet sie einen deutlichen Sprung nach vorn. Und doch gibt es noch ein viertes Stadium: das des *Voneinander-Lernens*. Dieses ermöglicht einen Übergang von einer multikulturellen Gesellschaft zu einer *multikulturellen Persönlichkeit*. In einer solchen Persönlichkeit koexistieren mehrere Kulturen *innerhalb eines Menschen*, nicht nur innerhalb seiner Gesellschaft, friedlich nebeneinander.

[2] **Prognose.** Angesichts des Umfangs von Kommunikation in Realzeit und des Transports wird es mehr Zusammenstöße geben, aber auch mehr Zusammenschlüsse von Zivilisationen, die sich durch die vier Ansätze bewegen werden. Sowohl der Westen als auch der Islam werden, ob sie wollen oder nicht, ihre universalistischen Ansprüche modifizieren müssen.

[3] **Therapie.** Jeder Aspekt der Kultur durchläuft die folgenden vier Stadien: *Mehrsprachigkeit,* d. h. Menschen sprechen zu Hause nicht ausschließlich ihre »Muttersprache«, aber sie beherrschen sie wenigstens passiv (lesen und verstehen, aber nicht schreiben und sprechen); über *mehr als eine Körpersprache* verfügen: die Betreffenden beherrschen mehr als eine Körpersprache; *mehr-kulinarisch* sein: die Betreffenden genießen mehr als eine kulinarische Ausdrucksweise; *mehr-religiös(-ideologisch)* sein: die Betreffenden beziehen ihre Führung und Tiefenidentität aus mehr als einer Religion bzw. Ideologie.

Multikulturismus ist in dem Fall eine unerschöpfliche Quelle der Bereicherung, wenn andere Kulturen nicht nur toleriert, sondern aufgenommen werden. Zusammenstöße müssen gewaltfrei und gleichzeitig kreativ gehandhabt werden, damit sie alle bereichern.

Marginalisierung kann zu Gewaltakten gegen sich selbst oder gegen andere führen, im Extremfall zu Selbstmord und Mord und sogar zum Krieg.

Das Verpassen von Gelegenheiten, die Ressourcen aller Kulturen, der herrschenden und der beherrschten, kreativ zu nutzen, indem man sich von mehr als einer Kultur leiten lässt, ist eine ernst zu nehmende Unterlassung, die sehr kostspielig werden kann.

Jede Kultur hat ein Geschenk an den Weltfrieden: der Westen die *Gleich-heit vor dem Gesetz*, die Polynesier *ho'o pono pono*, die Somalier *shir* und die Chayenne *calumet*.

Um diesen Punkt hier zu illustrieren, folgt eine Liste von dem, was der Autor als Einzelner in einem kurzen Leben, einer winzigen Sekunde in der Geschichte der Weltkulturen, an Edelsteinen in den Weltreligionen gefunden hat:

Im Judentum: Die Wahrheit ist kein Glaubensbekenntnis, sondern ein endloser Prozess durch Dialog wie im *Talmud*.

Im orthodoxen Christentum: Der Optimismus des Sonntagschristentums gegenüber den nekrophilen Freitagschristentümern der anderen beiden christlichen Bekenntnisse: Christus ist auferstanden, er ist unter uns.

Im katholischen Christentum: die Unterscheidung zwischen *peccato* und *peccatore*, zwischen Sünde und Sünder, gegen die Sünde, aber gleichzeitig dem Sünder vergebend.

Im protestantischen Christentum: das lutherische *»Hier stehe ich, ich kann nicht anders«*, individuelles Gewissen und individuelle Verantwortung, Gleichheit vor dem Angesicht des Schöpfers.

Im Islam: die Wahrheit von Sure 8, Vers 61: Wenn ein anderer sich dem Frieden zuneigt, dann tu dasselbe, Frieden gebiert Frieden, dazu *zakat*: mit den Armen teilen und *islam*: Unterwerfung unter den Frieden.

Im Hinduismus: die trinitarische Konstruktion der Welt: Schöpfung, Bewahrung und Zerstörung. Wenn man das auf Konflikte anwendet, dann bedeutet das: Schöpfung durch Erkennen des Konflikts als eine Herausforderung zur Kreativität, die Parteien bewahren und das Tote zerstören.

Im Buddhismus und Jainismus: Gewaltfreiheit, *ahimsa* natürlich, aber dann allem Leben gegenüber; die gesamte Erde, nicht nur den Teil der Menschen, und die Schnittstelle zwischen Erde und Mensch berücksichtigen. Das *engi* des japanischen Buddhismus, dass alles mit allem zusammenhängt, voneinander abhängige Entstehung ohne Anfang und Ende, niemand ist vollständig schuldig oder vollständig unschuldig, wir alle haben gemeinsam die Aufgabe, *dukkha*, das Leiden, zu verringern und *sukha,* die Erfüllung, Befreiung aller, auch unser selbst, zu vermehren.

Im Konfuzianismus: das Prinzip der gleichförmigen Harmonie, Harmonie in uns selbst, innerer Friede, in der Familie, in der Schule und bei der Arbeit, in der Gesellschaft, im Land und in der Nation, in der Region und in der Zivilisation, wobei alle Ebenen sich gegenseitig inspirieren.

Im Daoismus: das Prinzip von *yin und yang*, das Gute im Bösen und das Böse im Guten, *und* das Böse im Guten im Bösen und das Gute im Bösen im Guten usw.: eine Komplexität, die den westlichen Dualismus hinter sich zurücklässt.

In der polynesischen Kultur: der *Ho'o pono pono*-Schwerpunkt auf Unterlassungen und die alo'ha, die Einheit allen Lebens und aller Natur.

Im Humanismus: die Idee der *Notwendigkeit der Erfüllung menschlicher Grundbedürfnisse*, die sich in gewisser Weise in den *menschlichen Grundrechten* widerspiegelt. Diese sollen allgemeingültige Richtlinien für menschliches Handeln im Allgemeinen und Politik und Wirtschaft im Besonderen sein.

Wählen Sie das Beste für sich aus und verlieren Sie keine Zeit, indem Sie mit den schlechten, seltsamen, dunklen und sogar gegen Frieden gerichteten Botschaften ringen. Wenn wir von jedem das Beste wählen, bewirken wir religiöse Entpolarisierung, die ein großer Schritt vom Zusammenstoß in Richtung Einigung der Zivilisationen ist.

(Oktober 2005)

75 | Patriarchat:
eine Friedens- und Konfliktperspektive

[1] Diagnose. Im extremen Patriarchat sind die Frauen Opfer der direkten Gewalt selektiver Abtreibung, von Kindermord, von sexueller Gewalt und Schlägen, der strukturellen Gewalt der Vernachlässigung und Diskriminierung und der kulturellen Gewalt eines Rechtsstatus, der Frauen für minderwertig erklärt. Es besteht ein Grundkonflikt zwischen dem patriarchalischen Status quo und den Grundbedürfnissen und Grundrechten von Frauen. Das Patriarchat wird durch den üblichen Mechanismus struktureller Gewalt verstärkt: Die Frauen werden gelehrt, die Welt, sie selbst eingeschlossen, so zu sehen, wie Männer sie sehen; Einschränkung auf Sexualität, Nahrung und Fürsorge; Trennung voneinander; an den Rand der Hauptströmung der von Männern bestimmten Gesellschaft gedrängt. Freud missverstand die Reaktion der Mädchen darauf, dass die Oberschule als obere Begrenzung der Mädchenbildung galt, und ihre er-satzweise Beschäftigung mit Stickerei als »Hysterie«, die am besten mit Wechselbädern zu bekämpfen sei.

[2] Prognose. Um das Patriarchat – ebenso wie Sklaverei, Kolonialismus und Rassentrennung – zu festigen, müssen alle strukturellen Bedingungen erfüllt sein, sodass keine Frauenrevolution entsteht. Gewissensbildung, und zwar nicht nur durch Erziehung, Hinterfragen von Konditionierung und Einschränkung, und Mobilisierung, auch von den Menschenrechten unterstützt, untergruben die Trennung und Marginalisierung. Die Arbeitsteilung der Geschlechter wurde in der Familie, in der Ehe, in der Schule, bei der Arbeit und in der Gesellschaft ernstlich infrage gestellt.

Und jetzt, 2008, überflügeln die Mädchen die Jungen auf einem Gebiet nach dem anderen, Frauen übernehmen die Führung über Männer in der Gesellschaft. Die Befreiung der Talente der Mädchen und Frauen von den Fesseln des Patriarchats kann bewirken, dass die Parität in Richtung weiblicher Überlegenheit überschritten wird. Da kommt die Frage auf: Werden Frauen die Männer ebenso behandeln, wie sie von den Männern behandelt wurden? Was wird aus dem nicht mehr verlangten Männertyp mit mehr Muskeln als Gehirn?

[3] Therapie. So weit sind wir noch nicht, darum wollen wir erkunden, was Parität auf der Mikroebene der Familie und der Mesoebene der Gesellschaft bedeutet. In der Familie haben wir es mit Einzelnen zu tun: Mutter, Vater, Tochter, Sohn, in der Gesellschaft mit Gruppen: Frauen, Männer, Mädchen, Jungen. In allen zweiseitigen Konflikten gibt es fünf mögliche Ergebnisse, wir wollen sie uns alle systematisch auf der Mikro- und auf der Mesoebene ansehen.

Parität schließt die Herrschaft eines einzigen Geschlechts aus und verlangt nach den drei anderen Möglichkeiten: weder – noch, Kompromiss, sowohl als auch.

Auf der Mikroebene bedeutet *Kompromiss,* dass sich die Beteiligten alle Arbeiten im Haus teilen. Dazu gehört auch Freistellung von Mutter oder Vater und dieselbe Erziehung für Jungen und Mädchen. Das ist leicht zu verstehen und leicht zu überwachen. Auf der Makroebene bedeutet das 50 Prozent Frauen in allen Nischen der Gesellschaft – auch in der Armee und im Geheimdienst –, das ist ebenfalls leicht zu verstehen und leicht zu überwachen. Das ist keine Überforderung von Familie bzw. Gesellschaft, sondern nur eine symmetrische Rollenverteilung.

Auf der Ebene eines *Weder-noch* taucht eine interessante Frage auf: Wenn die Rollen weder mit Männern noch mit Frauen besetzt werden, mit wem oder was denn dann? Die Einteilung in männlich und weiblich füllt das menschliche Universum völlig aus, wenn wir nicht niedrigere oder höhere Grenzen der Geschlechtlichkeit setzen, indem wir das Feld für Junge und Alte und andere Geschlechtlichkeiten öffnen. Man könnte sich einen geschlechterblinden Konfuzianismus vorstellen, der alle Macht den Alten überlässt in der Annahme, dass sie auf einen Reichtum an Erfahrungen zurückgreifen können und keine sexuellen Spiele mehr treiben. Wir wollen das erst einmal als Möglichkeit und zur Erinnerung im Kopf behalten, um über die altgewohnten Dichotomien hinauszudenken.

Auf beiden Ebenen ist ein *Sowohl-als-auch* interessanter. Es gibt Parität, aber auch Vielfalt, beide in fairer Symbiose. Die Formel lädt alle dazu ein, ihre auf Geschlecht beruhenden Neigungen auszuspielen, die meist ein Resultat der Ernährung, aber auch von etwas in der Natur Begründetem sind (wie *Corpus callosum, Monoaminooxidase*?). Das wäre eine wichtige Kraft für die soziale Veränderung in Familie und Gesellschaft. Sowohl-als-auch würde mehr Einfühlung, mehr emotionale und soziale Intelligenz und mehr Sensibilität mit sich bringen. In einer sich verweiblichenden Gesellschaft würde die physische Gewalt abnehmen und vielleicht eher verbale Formen annehmen.

(November 2005)

76 | Auseinandersetzung mit dem US-Imperium:
eine Friedens- und Konfliktperspektive

[1] Diagnose. Das US-Imperium ist eine Struktur, die wirtschaftliche Ausbeutung mit allem verbindet: a) 70 Militärinterventionen seit dem Zweiten Weltkrieg mit zwölf bis 16 Millionen Toten und Einkreisen von Russland und China, b) Missbrauch der inner- und zwischenstaatlichen Konflikte für politische Manipulation, dabei Verhindern von Regionalisierung, starke Beschädigung oder Missbrauch der UN, c) ein Monopol auf die kulturelle Wahrheit. Das sind alles Prozesse, aus denen die unteren Klassen, unterdrückte Nationen und Frauen ausgeschlossen werden. Es gibt einen heftigen Konflikt zwischen dem Ziel der Welthegemonie der USA und der Emanzipation eines großen Teils der übrigen Welt.

[2] Prognose. Das Nettoresultat ist ein zunehmend heftiger Widerstand innerhalb und außerhalb der USA (innen: Arme, Nicht-WASP, Frauen; außen: z. B. die Shanghaier Organisation für Zusammenarbeit). Die vielen Widersprüche, die aus dem US-Imperialismus erwachsen, werden die USA schließlich (2020?) stürzen, wie es Japan, Deutschland, Italien und anderen westlichen Kolonialreichen und kürzlich dem Sowjetreich geschah. Während dieses Prozesses werden die USA sich langsam anpassen müssen, und zwar wirtschaftlich der Gerechtigkeit, militärisch dem Rückzug, politisch dem internationalen Recht und kulturell dem Dialog. Innerhalb der USA wird es vielleicht christlichen Faschismus und heftige wirtschaftliche Depression vor einer Blütezeit der USA geben, nachdem das Empire verschwunden ist.

[3] Therapie. Es gibt zwei Anomalien, für die Heilmittel gesucht werden müssen: Das US-Imperium selbst und direkte und strukturelle Gewalt, die seinen Untergang und Fall begleiten. Der Kampf gegen das Imperium sollte gewaltfrei sein. Ein Ansatz wäre ein Boykott von *Verbrauchsgütern* aus den USA: Filme, Coca-Cola, McDonald's usw., Autos, Benzinmarken, Flugzeuge zum Verreisen, wenn es eine Alternative gibt, US-*Kapitalgüter* aller Art, besonders militärisches Gerät, US-*Finanzmittel* wie Dollar, stattdessen Euro, Yen usw., um Preise zu bezeichnen und für Verträge, Tourismus, auch das Vermeiden von US-Kreditkartengesellschaften und Abstoßen von US-Anleihen und -Aktien oder wenigstens nicht die Kriege der USA durch Anleihen finanzieren.

Der Boy-kott könnte von einem *Girl-kott* begleitet werden: selektives Kaufen bei US-Firmen, die nach den angewendeten Kriterien positiv abschneiden (wie Rüstungsverträge) oder wenigstens weniger schlecht oder die sich in die richtige Richtung bewegen.

Da die USA eine Demokratie sind, hätte ein Teilboykott schon Signalwirkung. Falls es eine faschistische Übernahme gäbe – die nicht unmöglich ist –, wäre vollständiger Boykott notwendig. Aber da der Kampf dem System gilt, nicht Personen, sollten Kommunikations- und Dialog-Kanäle offengehalten werden, vorausgesetzt, dass diese Kanäle gut genutzt werden. Zu Besuchen in den USA sollte angeregt werden, ebenso zu Konferenzen dort. Dabei sollte mitgeteilt werden, dass das US-Imperium der Welt schadet und dass die USA selbst das erste Land wäre, das aus dem Fall des US-Imperiums Vorteil zöge.

In der interaktiven und sich globalisierenden Welt von heute ist die Verantwortung für Leiden durch direkte und strukturelle Gewalt unteilbar, darum muss es humanitäre Interventionen geben, selbst wenn diese imperialistisch praktiziert werden. Aber die Verantwortung für Wohlergehen und Erfüllung setzt sich auch über Grenzen hinweg. Die übrige Welt hat nicht nur ein Recht, sondern eine Pflicht, Vorschläge für eine postimperiale Blütezeit der USA zu machen. Hier sind einige:

- für wirtschaftlichen Umbau: Verringerung der Kluft zwischen Reich und Arm, wobei mit der Kluft zwischen den Einkommen von Managern und Arbeitern in Unternehmen angefangen wird, mehr Arbeit und weniger Verträge,
- für militärischen Umbau: Schließen von Militärbasen, Umrüsten auf defensive Verteidigung, Abbau der Abhängigkeit von ausländischen Ressourcen,
- für politischen Umbau: neue politische Parteien anregen, statt sie blockieren, das Wahlsystem revidieren, vielleicht das deutsche Modell nutzen,
- für kulturellen Umbau: Kenntnisse der Weltgeschichte, Weltgeografie und von Fremdsprachen, die USA darin üben, dass sie *ein* Land unter vielen anderen sind, und
- für sozialen Umbau: a) die USA von Kleinfeuerwaffen und anderen Waffen befreien, b) Anregung zur Schaffung lokaler Gemeinschaften, c) die ethnische Vielfalt vollkommen nutzen.

(Oktober 2005)

77 | Einwanderer gegenüber Gastgesellschaften: eine Friedens- und Konfliktperspektive

[1] Diagnose. Hier ist von Einwanderern die Rede, die in das Gastland kommen, um in den folgenden Jahren dort zu wohnen, ohne dass ein Ende dieses Aufenthalts in Sicht ist (außer im Todesfall). Dazu kommt die Fortsetzung des Aufenthaltes durch ihre Nachkommen. Hier ist von einer ernst zu nehmenden Entscheidung, in einem neuen Land zu leben, die Rede, nicht von Touristen und Besucher, obwohl Einwanderung durchaus so anfangen kann: Der Ferienaufenthalt wird zu einem lebenslangen Aufenthalt, nicht nur ein Umzug von einer Wohnung in eine andere, sondern eine Veränderung des Wohn-Landes.

Hier ist die Rede von Beziehungen über eine kulturelle Kluft hinweg, die sich in Unterschieden in Recht und Regulierungen und/oder Sprache und/oder Religion und/oder Lebensweise auftut, nicht in kleinen Unterschieden in Regeln, Dialekten, Sekten und Gewohnheiten. Darüber, dass das ein recht wichtiges Thema ist, bestehen keine Zweifel, denn je stärker sich die Welt globalisiert, desto mehr Migration wird es geben, entweder legal innerhalb des EU-Konzepts der vier Freiheiten – freie Bewegung von Waren und Dienstleistungen, Kapital und Arbeit – oder illegal nur innerhalb der drei globalen Freiheiten für Waren, Dienstleistungen und Kapital. Beide Konzepte bauen auf Migration zum Erwerb des Lebensunterhalts durch Arbeit.

Aber sehr viele ziehen heute in ein anderes meteorologisches oder soziales Klima um, um bessere Lebensbedingungen durch bessere Gesundheit zu bekommen. Einige ziehen um, weil sie müssen, einige, weil sie es sich leisten können.

Der Islam kommt in diesem Kontext sehr oft vor, weil er eine starke Kultur ist. Muslime geben ihren Glauben nicht auf, nur weil sie in ein anderes Land umziehen. Außerdem fordern vier der fünf Säulen des Islam einige Praxis im öffentlichen Raum: offenes Gebet fünfmal am Tag, mit den Armen teilen, fasten und nach Mekka pilgern.

[2] Prognose. Die jüngsten Ereignisse in Frankreich zeigen deutlich, dass das Gewaltpotenzial beträchtlich ist und wahrscheinlich überall zunehmen wird.

[3] Therapie. Die Frage ist: Wie macht man eine Beziehung, die durch das Eingreifen des Staatssystems leicht asymmetrisch wird, symmetrisch und etwas Tiefes aus etwas Flachem, das an Arbeitsstelle und Klima gebunden ist? Dies kann zum gegenseitigen Nutzen durch den Einsatz von Kultur und Teilhabe geschehen:

Jeder der beiden Vertragsnehmer muss etwas beitragen:
- *Der Einwanderer muss* so viel wie möglich von der Kultur des Gastlandes *lernen und internalisieren.* Dazu gehören auch Gesetze und Regeln, die Fähigkeit, über Alltägliches zu kommunizieren – umherlaufen, einkaufen, Leute kennen lernen –, und Kenntnis der Religion und des Lebensstils, dazu Respekt vor beiden und vielleicht auch Ausübung. Der Einwanderer steuert auf ein bikulturelles Leben zu und muss an der Koexistenz von zwei Kulturen in seinem Innern arbeiten.
- *Das Gastland muss Respekt* vor der Kultur des Einwanderers *zeigen und Neugier* darauf. Es muss sein Recht, die Kultur im privaten Raum auszuüben, respektieren und auch sein Recht, etwas davon in den öffentlichen Raum hinüberzutragen.

Das bedeutet: in beiderlei Richtung lehren und lernen. Zum Beispiel können Sprach- und Kulturkurse von beiden Seiten organisiert werden, damit die Einwanderer in ihrem Gastland kulturell kompetenter werden.

Einwanderer sollten ihre Sprache, Religion und ihren Lebensstil darstellen und bei öffentlichen Anlässen wie Nationalfeiertagen ihre Kleidung zeigen, Essen und Trinken anbieten, Musik und Tänze aufführen und Lesungen halten. Sie müssen dazu eingeladen werden, das im Gastland in Schulen und Gemeindevereinigungen zu tun. Wenn man auch nur zehn Worte in einer Fremdsprache weiß, ist das schon das Signalisieren von Respekt und Gegenseitigkeit: Wir lernen gemeinsam.

Beide Seiten haben das Recht auf ihren eigenen monokulturellen privaten Raum. Aber der öffentliche Raum muss zunehmend multikulturell werden, sodass sich alle darin zu Hause fühlen, ganz gleich, aus welchem Land sie stammen. Das geschieht durch das im Folgenden Genannte:
- Informationen – über Orte, Veranstaltungen, Waren – in der Sprache der Einwanderer geben,
- sowohl Einwanderer als auch Verkäufer und Kellner müssen polyglott sein,
- Servieren von multikulturellem Essen und Trinken in polyglotten Restaurants,
- multi-religiöse – nicht nur mono-religiöse – Gottesdienste im öffentlichen Raum einrichten,
- nicht-offensive Unterschiede in der Bekleidung tolerieren, z. B. den *hidschab*[24].

(Januar 2006)

---

[24] Der arabische Name einer islamisch begründeten Körperbedeckung für Frauen, die nicht nur den Kopf, sondern auch den Körper als Ganzen bedeckt. – Die Übers.

78 | Europäische Union – Demokratie – Frieden:
eine Friedens- und Konfliktperspektive

[1] Diagnose. *Demokratie.* Der EU wird zu Recht ein »Demokratiedefizit« vorgeworfen, das besonders beim Prozess des Entwurfs der Europäischen Verfassung sichtbar wurde. Der Entwurf wird als etwas beschrieben, das von und für Juristen verfasst wurde oder von und für Eurokraten, die, besonders in den Artikeln 115–448, Hauptpunkte der Verwaltungs-Politik der EU bekräftigen. Der Entwurf geht sehr ausführlich von Verfassungen aus, unverständlich und sehr detailliert, während er sich gleichzeitig bei den Themen Gleichheit in der Behandlung der Geschlechter, soziale und Arbeiterrechte sehr kurz fasst, Themen, die in eine Verfassung gehören. Dann ordnet er die Politik der Europäischen Zentralbank und die EU der NATO unter und führt Erhöhungen im Militärbudget ein, die dort nicht hingehören. Eine Verfassung hat keine konkrete Politik zu befürworten, sondern Menschenrechte und Regeln für Entscheidungen in der konkreten Politik.

Außerdem war ein Referendum nur im westlichen Teil von Westeuropa sicher, z. B. weder in Deutschland noch in Italien. Spanien überließ es Berühmtheiten wie dem Fußballstar Zidane, den Entwurf ohne Debatte zu verkaufen. Der einzig demokratische Aspekt war eine bewusste öffentliche Meinung in Frankreich und den Niederlanden, eine links und eine rechts, Frankreich verwarf den Entwurf am 29. Mai 2005 mit 55 Prozent (darunter 71 Prozent Arbeitslose) und die Niederlande am 1. Juni mit 62 Prozent. Die Reaktion der EU-Spitze war äußerst undemokratisch: Sie beschuldigte sie, im Allgemeinen antieuropäisch und im Besonderen gegen die Aussicht, die Türkei als Mitglied aufzunehmen, zu sein. Das Eurobarometer zeigte, dass das Thema Türkei nur für 6 Prozent in Frankreich und 3 Prozent in den Niederlanden eine Rolle spielte und beide Länder sind sehr für die EU. Die EU-Spitze hätte respektieren müssen, dass hier die Demokratie bei der Arbeit zu erleben war, und hätte den Menschen dafür danken müssen, dass sie sie vor einem schlechten Entwurf bewahrt haben, hätte auf ihre Meinung eingehen und sie zu einem neuen Prozess einladen sollen. Stattdessen liegt der Prozess nun bis 2009 auf Eis.

Frieden. Die Europäische Union wird zu Recht als Friedensgemeinschaft angesehen, in der interne Kriege zwischen den Mitgliedsstaaten höchst unwahrscheinlich sind, außerdem kann sie Deutschland nach den Nazigräuel einen Platz bieten. Die Frage ist, ob diese Fähigkeit zur Friedenskonsolidierung auf die übrige Welt ausgedehnt werden kann, da diese Welt von Kapitalismus gegenüber Humanität, Staatsterrorismus gegenüber Nicht-Staaten-Terrorismus, Staat gegenüber Nation, Christentum gegenüber Islam und USA gegenüber dem Westen gegenüber dem

»Rest« geprägt ist. Die EU scheint im Großen und Ganzen für die jeweils zuerst Genannte der Alternativen Partei zu ergreifen mit der positiven Ausnahme einer Öffnung für das Thema Christentum gegenüber Islam, das sich in den EU-OIC-Dialogen im Februar 2002, ein halbes Jahr nach dem 11.09., ausdrückte. Aber die EU hat eine lange Liste von »terroristischen« Organisationen aufgestellt: Sie verhält sich nicht neutral. Bei elf der EU-Mitglieder, die frühere Kolonialmächte waren, schließt der Interessenbereich einen großen Teil der nicht europäischen Welt ein. Die übrigen Mitglieder unterwerfen sich leicht den USA und akzeptieren die Art und Weise ihrer Weltsicht, wenn nur ein paar kleinere Mitglieder nicht in der NATO sind.

[2] **Prognose.** Was den Frieden angeht, so wird die EU der Politik der USA so weit folgen, dass sie, wenn das US-Imperium zerfällt, bereit und fähig ist, die neue Supermacht und der neue Welthegemon zu werden. Was die Demokratie angeht: Sie wird darauf beschränkt, dass sie derartigen Zielen nicht im Weg steht, wozu der Verfassungsentwurf den Weg ebnet.

[3] **Therapie.** Die EU stellt sich selbst als *Friedens-Supermacht* dar. Sie stellt sich als Mediatorin und Ratgeberin und als Vorbild für andere, z. B. im Nahen Osten für Israel und die Grenzstaaten, zur Verfügung. Ihre Militärkapazität ist dieser Absicht angemessen und eine defensive Verteidigung.

Darüber hinaus sollte Folgendes geschehen: Unterordnung unter den Sicherheitsrat der Vereinten Nationen und systematische Arbeit für gute Beziehungen mit anderen Regionen wie der AU, der Afrikanischen Union, der SAARC, der Südasiatischen Vereinigung für regionale Kooperation, und ASEAN, dem Verband Südostasiatischer Nationen, dazu mit lateinamerikanischen, islamischen (wie OIC, von Casablanca bis Mindanao) und ostasiatischen Gemeinschaften im Entstehen. Die EU sollte nirgendwo Demokratie einführen wollen, sondern sie selbst praktizieren, auch indem sie alle Konfliktparteien respektiert, unter ihnen auch die EU-Mitgliedstaaten, und indem sie alle ihre Völker einschließt.

(Januar 2006)

79 | Pattani bzw. Aceh gegenüber Bangkok bzw. Jakarta: eine Friedens- und Konfliktperspektive

[1] **Diagnose.** Bei seiner Ausdehnung nach Osten nahm der Islam die Form des Sultanats an; ein Beispiel ist das berühmte Sultanat von Neu-Delhi von 1192. Auch die Niederlassungen auf den Südphilippinen nahmen diese Form an. Wir können von einem Archipel der Sultanate sprechen. Dieses Archipel gehört, ganz gleich, welche Form die Sultanate annahmen – gewöhnlich zuerst durch die westlichen Kolonisatoren, dann nach dem Erlangen der Unabhängigkeit durch die früheren Kolonien geformt –, zu den tieferen, weniger sichtbaren Strukturen der Welt, und diese sind nicht aus dem Gedächtnis verschwunden.

Es gibt einige Ähnlichkeiten mit Regionen und kleineren Einheiten in Europa, die im Mittelalter wohl einmal autonom waren. Es waren etwa 500 Gemeinwesen, die dann später mehr oder weniger von den etwa 50 Staaten der Moderne geschluckt wurden. Es gibt sie noch und in der Europäischen Union werden sie jetzt sichtbarer. Zwei der Sultanate waren Pattani, das heute eine der Südprovinzen Thailands ist (1909 annektiert), und das andere ist Aceh auf der nördlichen Spitze Sumatras, das im 15. Jahrhundert errichtet und 1873 von niederländischen Kolonisatoren erobert wurde. Es erlebte nur in den Jahren 1892–1893 eine kurze Zeit der Unabhängigkeit. Nach dem Erlangen der Unabhängigkeit von Indonesien gab es mit Jakarta einen Konflikt über Autonomie bzw. Unabhängigkeit. Beide haben starke, von Bangkok und Jakarta unabhängige Traditionen. Ein Grund dafür besteht darin, dass beide fortschrittliche Zentren islamischen Denkens waren. In Thailand gibt es eine starke Verbindung zwischen Buddhismus und dem Thai-Staat, der außerdem gemäß der Verfassung einheitlich und unteilbar konzipiert ist (wie z. B. auch Norwegen).

[2] **Prognose.** Das Problem wird auch dann nicht verschwinden, wenn die Waffen aus Aceh verschwinden, zurzeit gibt es keine, da die vorhandenen im Dezember 2006 vom Tsunami ins Meer geschwemmt wurden. Es kann Ruhepausen im Widerstand geben, aber beide werden sich weigern, sich völlig in Thailand bzw. Indonesien integrieren zu lassen. Je mehr der Westen den Drang nach Autonomie stärkt, wofür er Bangkok und Jakarta als Vermittler benutzt, umso stärker wird der Drang. Versöhnung ohne irgendeine Lösung nennt man zutreffender Pazifizierung und sie wird auch als solche wahrgenommen.

[3] **Therapie.** Was einem zuerst einfällt, ist Föderation und Teilung der Macht in beiden Ländern mit weitgehender Autonomie für Pattani bzw. Aceh: Dezentralisierung als Mindestlösung und Konföderation und Unabhängigkeit als bes-

sere, radikalere Lösung. Für Pattani gibt es auch die Möglichkeit, sich Malaysia mit seiner Muslim-Mehrheit, einem Nachbarn, anzuschließen. Aceh hat dagegen keinen solchen Nachbarn auf dem Land. Aber das ist gegen die thailändische Verfassung. Indonesien hat zurzeit sehr viele solcher Fälle und ist daher kaum bereit, eine Föderation mit weitgehender Autonomie zuzulassen. Beide müssen vielleicht ihre Standpunkte zugunsten einer Anpassung aufgeben. Aber das geht am Hauptpunkt, der hier untersucht wird, vorbei: das Archipel der Sultanate inmitten von religiös anders Denkenden oder religiös weniger Engagierten. Die Ähnlichen neigen dazu, sich zusammenzutun, das gilt auch für die Sultanate. Wenn man also mehr föderale oder nicht föderale Autonomie zugesteht, sollte die Möglichkeit, miteinander Konsulate auszutauschen (Botschaften sind den Staaten reserviert), untersucht werden. Oder vielleicht auch nicht, weil es starke Kräfte in beiden Ländern gibt, die von sogar noch stärkeren westlichen Kräften gestützt werden, die gegen die Ermutigung des Islam (islamischen Fundamentalismus) in ganz Südostasien als einem Teil einer Umma von Marokko bis Mindanao eingestellt sind. Und doch haben ehemalige Sultanate ebenso das Recht, einander näherzukommen, wie die vielen Enklaven an der indischen Küste oder im westlichen Mittelmeergebiet Tanger, Ceuta, Mililla und Gibraltar. Die NGOs wollen Ähnliches miteinander verbinden, während die IGOs einander ähnliche Staaten miteinander verbinden wollen. Das einzig Neue ist eine Verbindung zwischen Teilstaaten von Nationen, die sich zwangsläufig in naher Zukunft ergeben wird.

(Februar 2006)

80 | Simbabwe: eine Friedens- und Konfliktperspektive

[1] Diagnose. Nach den Berichten in den westlichen Medien steht der Präsident Robert Mugabe gegen britische Siedler und dann auch gegen sein Volk: Er missachtet die Menschenrechte, die Wirtschaft verschlechtert sich, seine Regierung ist schlecht und es herrscht zügellose Korruption.

Beides enthält Wahrheiten, aber vielleicht sind wie gewöhnlich auch noch andere Wahrheiten beteiligt. Eine Hauptwahrheit ist der britische Kolonialismus, der im späten 19. Jahrhundert mit der Britischen Südafrika-Gesellschaft in der Region begann, die von Cecil Rhodes, einem berüchtigten Superimperialisten, der durch seine »Rhodes-Wissenschaftler«, eine recht zweifelhafte Auszeichnung, berühmt war, geführt wurde. Der Name Südrhodesien stammt aus dem Jahr 1898.

Von 1923 bis zur Unabhängigkeit im April 1980 wurde das Land von einer kleinen (typischerweise nur 4 Prozent betragenden) weißen Minderheit regiert, die am 11. November 1965 unter Ian Smith eine einseitige Unabhängigkeitserklärung hervorbrachte, die von London verurteilt wurde. Ein Befreiungskrieg fing an, der 1979 zum Lancaster-House-Abkommen führte, darin gab es ein Landreformprogramm. Das ging von Anfang an schief, da das Land nach dem »willing seller, willing buyer«-Prinzip verteilt wurde, d. h., das Land wurde den weißen Farmern abgekauft: Mit dem Land wurde Handel getrieben und dabei die koloniale Vergangenheit nicht berücksichtigt.

[2] Prognose. Es wird sehr viel Gewalt in Simbabwe geben. Früher oder später wird das Regime wechseln. Die Menschen werden scharenweise das Land verlassen.

[3] Therapie. Der Schlüssel einer möglichen Lösung – und es ist nie zu spät! – kann in einer Unterscheidung zwischen Landbesitzer und Landnutzer liegen. Das Land gehört eindeutig dem Volk von Simbabwe (das Wort »Staat« wird angesichts der gegenwärtigen Situation, die wenigstens teilweise illegitim ist, absichtlich nicht benutzt), das durch die britische Invasion und Besetzung von 1880 an sein Land verlor. Es folgt eine Liste mit möglichen Maßnahmen:

Besitzurkunden der britischen Kolonialverwaltung an die britischen Siedler werden für ungültig erklärt.

Landbesitzer wird ein Parlament in Simbabwe, das in freien und gleichen Wahlen gewählt wurde. Es richtet eine Kommission für Landverpachtung ein.

Die übrig gebliebenen Siedler werden dazu eingeladen, als Nutzer des Landes unter folgenden Bedingungen zu bleiben:

Die Siedler bekommen ein ständiges Mindestgehalt, das, abhängig vom Einkommen der Farm, aufgestockt werden kann.

Eine weiträumige Zeitbegrenzung, etwa zwei künftige Generationen, wird festgelegt.

Das Land muss gut genutzt werden – es steht unter treuhänderischer Verwaltung –, sonst geht es an die Kommission zurück.

Die Technologie muss an einheimische Landarbeiter weitergegeben werden, damit sie später pachten können.

Teilnahme an einem Landverteilungsprogramm.

Eine Überwachungskommission wird eingesetzt, um das Ausmaß der Erfüllung der Bedingungen zu überwachen.

Es müsste also prinzipiell eine geordnete, friedliche – und, angesichts des britischen Angriffs, großzügige – Übertragung der Landbesitzerschaft auf die rechtmäßigen Besitzer erfolgen. Aber das genügt noch nicht. Es geht nicht nur um Land, sondern um Kolonialismus, nicht nur um Wirtschaft, sondern um Würde. Eine Möglichkeit, damit umzugehen, ist Versöhnungsarbeit bei Anerkennung dessen, was geschah, und ausführlicher Darstellung, warum es geschah, und Pläne für die Zukunft. Erprobte Instrumente sind gemeinsame Geschichtsbücher-Kommissionen und vielleicht Wahrheits- und Versöhnungskommissionen. Dieser Prozess bezieht sich zwar vor allem auf den britischen Kolonialismus, wozu auch das Smith-Regime zu zählen ist, aber auch das Mugabe-Regime sollte sich vorwärtsbewegen und seine Bereitwilligkeit erklären, an einem derartigen Prozess teilzunehmen. Ein Unrecht hebt das andere nicht auf. Dass es doch so wäre, wurde anscheinend bisher angenommen.

Dagegen summieren sich zwei richtige Handlungen zu einer superrichtigen Handlung. Die Zeit ist reif, dass das endlich eintritt.

(Februar 2006)

81 | Versöhnung der USA und Großbritanniens mit dem Irak: eine Friedens- und Konfliktperspektive

[1] **Diagnose.** Den illegalen Krieg im Irak kann man mit dem in Vietnam hinsichtlich der Unfähigkeit der Kriegsmaschinerie der USA, mit einem Volkskrieg fertigzuwerden, vergleichen. Während aber die vietnamesische Nation brutal in zwei Staaten geteilt wurde und es schaffte, im Großen und Ganzen nach dem Abzug der USA-Truppen wieder zusammenzukommen, besteht der Irak aus Nationen, die brutal durch äußere und innere Aggressoren in einen Staat zusammengezwungen wurden, und zwar nach dem Niedergang und Fall des Osmanischen Reiches.

Auf der Suche nach den Ursachen des Krieges stoßen wir auf Politik, schlaues Lobbying, Lügen und taktische Fehler. Aber ebenso wichtig ist es, die Tiefenkultur mit heranzuziehen. Die Neigung der USA zu dualistischem Denken, angeregt von fundamentalistischen Christen und reiner Dummheit, verhinderte, dass die USA erkannten, dass eine Mehrheit nichtkurdischer Iraker sowohl gegen Saddam als auch gegen einen Angriff der USA und die Besetzung sein könnten. Es ist tief bedauerlich, dass das Leiden der Hinterbliebenen, sowohl der Iraker als auch der US-Amerikaner, keine große Rolle im Gespräch spielt. Keines der Versäumnisse ist leicht wiedergutzumachen.

[2] **Prognose.** Von Anfang an war die Strategie der Iraker, einen Volkskrieg des Widerstandes zu führen. Sie zogen die Uniformen aus und verbrannten sie, kleideten sich wie die anderen Iraker und lebten mit ihnen. Sie rückten vor und zogen sich zurück, wenn die Truppen der USA und Großbritanniens sich zurückzogen und vorrückten. Einige Gruppen waren aktiver und redegewandter als andere. Wer die längere Zeitperspektive und die niedrigere Verletzbarkeit hat, wird gewinnen, und das sind nicht die USA und Großbritannien, sie hatten nie eine Chance dazu.

[3] **Therapie.** Illegalität, Unmoral und Operationsunfähigkeit weisen in dieselbe Richtung: die (zunehmend widerwilligen) Koalitionstruppen herauszuziehen, besonders die der USA und Großbritanniens, ihre Militärbasen aufgeben. Das ist zwar notwendig, aber ebenso ungenügend, wie wenn ein Arzt einen völlig falsch behandelten Patienten, dem es schlechter als vor der »Behandlung« geht, allein lässt. Wenistens eins der X aus der Liste X1–X9 muss hinzugefügt werden:

X1: Gründung einer **Konferenz für Sicherheit und Zusammenarbeit im Nahen Osten**, KSZNO, nach dem Vorbild der Helsinki-Konferenz 1973–1975.

Irak, Iran, Kurdistan, Israel/Palästina stehen als mögliche Mitglieder auf dem Programm. Alle sind unauflöslich miteinander verbunden. Ein Waffenstillstand ist zwar keine Bedingung für einen Start, wäre aber hilfreich.

X2: Der UN-Sicherheitsrat allein kann den Irak nicht sicher und stabil halten, da er keine muslimischen Vetomächte umfasst und unmenschliche Sanktionen verhängt. OIC[25], parlamentarische Demokratien wie die Türkei und Indonesien, nicht am Krieg beteiligte Europäer: Frankreich, Deutschland, Spanien und Belgien, und dazu Indien könnten helfen.

X3: Irak ist eine Tatsache und eine Nichttatsache. Er hat zentripetale und zentrifugale Kräfte. Irak als Einheitsstaat ist kein Ziel an sich. Eine Föderation oder sogar Konföderation, eine »Irakische Gemeinschaft«, wäre realistischer.

X4: Die irakischen Kurden sollten ihre Beziehungen zu den Kurden in Syrien, der Türkei und im Iran entwickeln dürfen. Für Menschenrechte und einige Autonomie in allen vier Ländern sollte gesorgt und die Grenzen so durchlässig wie möglich gemacht werden. Die Gesamtheit dieser Autonomien könnte »Kurdistan« sein. Garantien für Turkmenen sind wichtig.

X5: Die irakischen schiitischen Araber sollten Beziehungen zu den schiitischen Arabern im Iran nach ähnlich flexiblem Modell entwickeln dürfen. Das Augenmerk liegt hier beim Kerngebiet Chuzestan.

X6: Die irakischen Sunniten (vier von 18 Provinzen, aber alle gemischt) könnten wegen nicht ausreichenden Ölvorkommens und tief verwurzelter Konflikte sowohl mit den Kurden als auch mit den Schiiten international unterstützt werden.

X7: Selbstbestimmung ist besser als von Ausländern gezogene Grenzen. Autonomiebestrebungen werden jedenfalls nur wachsen, wenn ihnen Widerstand entgegengesetzt wird.

X8: Ein aus vielen Ländern, nicht nur aus den USA und Großbritannien einerseits und dem Irak andererseits zusammengesetzte Wahrheits- und Versöhnungsprozess mit einer Kommission, die die Tatsachen ermittelt, und dann:

X9: Man stelle sich nur einmal vor – nur vorstellen! –, dass die USA und Großbritannien den Anstand aufbringen,

- sich bedingungslos für den Angriff von 2003 und die Folgen zu entschuldigen und
- materielle Entschädigung für menschliche und materielle Kriegsschäden von Zivilisten und Militär, Koalition und Irakern zu leisten. Während wir auf dieses Wunder warten, geht die Aufgabe auf die anständigen Elemente der Welt über. Es gibt sie im Islam. Gibt es sie auch im christlichen Westen?

(Juni 2005)

---

[25] Organization of the Islamic Cooperation.

82 | Versöhnung der USA und Großbritanniens mit Arabien: eine Friedens- und Konfliktperspektive

[1] **Diagnose.** Wir vergleichen die Reaktionen der USA und Großbritanniens einerseits mit der Spaniens andererseits. Alle drei haben ähnlich heftige Gewalttaten erlitten: 11.09., 07.07. und 11.03. Sie unterscheiden sich darin, für welchen Diskurs und für welche Aktion sie sich entschieden haben: »Sicherheit« in den USA und Großbritannien, Konfliktbearbeitung in Spanien.

Gewalt ereignet sich in Raum und Zeit, die in hier (USA, Großbritannien, Spanien) und dort (arabische Staaten) sowie damals (Vergangenheit) und jetzt (Gegenwart) geteilt sind. Das gilt auch für Konflikte:

	HIER	DORT
JETZT	11.09., 07.07., 11.03. Integrationsprobleme	Allgemein: Irak, Israel und Palästina Besonders für Spanien: Ceuta und Melilla Krieg und Mediationsprobleme
DAMALS		Koloniale Traumata: 1945, 1916, 1925 Versöhnungsprobleme

Dem allen liegt die komplexe Beziehung zwischen Christentum und dem Westen einerseits und dem Islam andererseits zugrunde. Dazu kommt die offensichtliche Implikation: Dialog der Zivilisationen.

Wir kommen zu sechs Aspekten:

(1) Probleme zwischen Einwanderern und Gastländern: Integration,

(2) Krieg: Rückzug der Armee aus dem Kriegsgebiet oder Enthaltung von offensiven Aktionen,

(3) andauernde allgemeine Konflikte zwischen westlichen und arabischen Ländern: Mediation,

(4) andauernde besondere Konflikte zwischen westlichen und arabischen Ländern: Mediation,

(5) Kolonialismus mit seinen besonders traumatischen Ereignissen: Versöhnung,

(6) Beziehung der Zivilisationen und Religionen zueinander: Dialog.

Die Traumata (deutlich benannt):

1945: Der Vertrag zwischen den USA (Roosevelt) und Saudi-Arabien (Abd al-Aziz ibn Saud), der den USA das Recht zuspricht, die Ölressourcen auszubeuten, und die Pflicht, das Königshaus gegen seine eigenen Wahabiten zu schützen.

1916: Der Sykes-Picot-Verrat: Die Außenminister von Großbritannien und Frankreich versprachen den Arabern Freiheit, wenn sie sich gegen das Osmanische Reich erheben würden. Das taten diese, wurden dann aber kolonialisiert: Großbritannien nahm Palästina (später Israel, Jordanien und Palästina) und den Irak, Frankreich nahm Syrien und Libanon. Dann kamen die Balfour-Erklärung von 1917 und 1918 das Ende des Osmanischen Reiches.

1925: Französische Flugzeuge mit US-Piloten, von Spanien bezahlt, von General Francisco Franco befohlen, bombardierten Xauen und Marokko, wobei viele Zivilisten getötet wurden. Italien bombardierte zivile Ziele in Libyen, dann fielen die Briten 1922 in den Irak ein. *Der Konflikt ist zu 95 Prozent historisch. Die Täter vergessen, die Opfer nicht.*

[2] Prognose. Die Gewalt wird sich fortsetzen, bis Schritte unternommen werden, das Hier und Dort jetzt zu vermitteln und das Dort und Damals zu versöhnen.

[3] Therapie. Spanien arbeitete an vier von den sechs Punkten, USA und Großbritannien an keinem: Zapatero legitimierte fast eine halbe Million illegaler Marokkaner, die eine Beschäftigung nachweisen konnten, das Land zog seine Armee aus dem Irak zurück und beseitigte damit das gegenseitige Töten als einen Faktor im Konflikt, sein erster Besuch galt König Mohammed VI., der auch König über Ceuta und Melilla ist (wie Hongkong: eine Fahne wird heruntergelassen, die andere aufgezogen, eine Garnison verlässt den Ort, die andere zieht ein, das Übrige bleibt), und organisierte gemeinsam mit der Türkei für den 28. Oktober 2005 in Madrid den ersten Dialog zwischen dem Westen und dem Islam. Von Mediation und Konfliktbearbeitung im Irak und Israel/Palästina war ebenso wenig wie von Versöhnung über die Vergangenheit die Rede. Trotzdem ist das eine sehr gute Bilanz und kann anderen als Vorbild dienen. Weitere Angriffe in Spanien sind unwahrscheinlich, weitere Angriffe in den USA und Großbritannien sind sehr wahrscheinlich.

Welche vier machbaren Implikationen gibt es davon in Großbritannien?

Integration: Integration auf die Tagesordnung setzen, in die Meinungsbildung und Politik aufnehmen, freie und öffentliche Debatten über alle Themen von »jetzt und hier« über »jetzt und dort« bis »damals und dort«.

Die Situationen im Irak und in Israel und Palästina: mit Töten und Foltern aufhören, Verhandlungen vom Typ der Helsinki-Konferenz.

Konflikte in der Vergangenheit und Traumata: eine Königliche Kommission aus britischen und arabischen Historikern für die Aufarbeitung der Ereignisse von 1916 und 1917 und die Folgen einsetzen. Die Geschichte begann weder am 11.09. noch am 07.07. noch am 11.03! Der vorangegangenen Geschichte muss eine Stimme verliehen werden!

Christentum und Islam: 1000 öffentliche Dialoge sollen erblühen!

(November 2005)

83 | Versöhnung der USA und Großbritannien mit dem Iran: eine Friedens- und Konfliktperspektive

[1] **Diagnose.** Es gibt offensichtlich Ähnlichkeiten mit der Beziehung von USA und Großbritannien zum Irak, aber vielleicht ist weniger offensichtlich, dass Großbritannien nachziehen oder auch nur eine größere Rolle spielen wird (wie mit dem »Downing Street Memorandum«).

Die Ziele der USA scheinen vielfältig zu sein, darunter diese neun:

* Regimewechsel wie 1953, vielleicht auch, um die Schahfamilie wieder einzusetzen, auch diesmal in der Annahme, die Iraner werden das akzeptieren.
* Politische Kontrolle des Nahen Ostens, da die Befürchtung besteht, dass die Kontrolle von USA und Israel an Iran, Hisbollah, Hamas und dem radikal schiitischen Islam übergeht.
* Rache für 52 Geiselnahmen: 444 Tage Demütigung 1979–1981.
* Jede iranische Bedrohung der Irakkonstruktion von USA und Großbritannien beseitigen.
* Jede iranische Bedrohung Israels beseitigen, ob nuklear oder nicht, angesichts der Erklärungen von Präsident Ahmadinedschad.
* Sicherung, dass das iranische Öl zu erschwinglichen Preisen zur Verfügung steht.
* Die Einkreisung Russlands und Chinas mit Militärbasen weiter vervollständigen.
* Jede Möglichkeit des Iran, Kernwaffen herzustellen, ausschließen.

Das zuletzt genannte Ziel ist der offizielle Text, die anderen sind Subtexte. Dieser Text kann auch ein Vorwand[26] sein, damit die Öffentlichkeit mehr Geschmack daran findet, wie damals an dem Vorwurf – ohne jeden Wahrheitsgehalt – gegen den Irak, er hätte Massenvernichtungswaffen und Verbindungen zu El Kaida.

Der öffentliche Text des Iran ist das Recht des Atomwaffensperrvertrags, Uran bis zur industriellen Verwendbarkeit anzureichern, z. B. um die Energiequellen vielfältiger zu gestalten. Zu den Untertextzielen gehören:

* nie mehr 1953! Souveränität, keine Demütigung durch Intervention,
* umgeben von drei Atommächten und durch drei weitere – USA, Israel, Frankreich – bedroht, ist es verständlich, dass sich der Iran die nukleare Möglichkeit offenhalten will,
* dass Iran, da der Dollar fällt, für den Euro optiert, ist verständlich,
* islamische-schiitische Solidarität in einer vom Westen geteilten islamischen Welt,
* offener Dialog der Zivilisationen mit dem Westen auf hoher Ebene.

[2] **Prognose.** Genügend Rohmaterial für die Fertigung eines Krieges ist hier vorhanden. Darin können Luftangriffe ohne Autorisierung durch den Sicher-

---

[26] Galtung verwendet hier die englischen Begriffe text, subtext und pretext (Vorwand). – Die Übers.

heitsrat vorkommen (Wirtschaftssanktionen könnten dem Westen mehr schaden als dem Iran). Kann Bush sich das wirtschaftlich und Blair sich das politisch leisten? Die Antwort ist wahrscheinlich Nein. Luftangriffe führen vielleicht zu Angriffen auf dem Boden der USA und Großbritanniens, durch große Bomben, die in den USA und Großbritannien gebaut und durch Fernsteuerung detoniert werden. Bodenattacken würden den Widerstand im Irak gegen den im Iran wie eine Kaffeegesellschaft erscheinen lassen. Das wäre eine wahrscheinlich vielen Iranern willkommene Gelegenheit. Die Schließung der Straße von Hormus[27] wäre die geringste der zu erwartenden Reaktionen.

[3] Therapie. Der Schlüssel zu einem akzeptablen und nachhaltigen Ausweg liegt in den Subtexten, nicht in den offiziellen Texten. Da der Fokus des Textes auf der Urananreicherung liegt, kann die IAEA[28]-Inspektion helfen. Aber es ist schwer einzusehen, warum Iran dem Atomwaffensperrvertrag unterworfen sein sollte, wenn Israel, Indien und Pakistan damit durchgekommen sind, dass sie ihr Uran bis zur Waffenfähigkeit angereichert haben. Das heißt, die USA müssten ihre Israel-Indien-Politik grundlegend revidieren, wie sie es 1962 während der Kubakrise taten, als sie im Gegenzug ihre Raketen aus der Türkei herausnahmen.

Die spirituelle Armut des Westens schließt einen naheliegenden Ausweg aus: Bush und Blair erkennen ihre Rolle bei der Absetzung des legal gewählten Ministers Mossadegh durch CIA und MI6[29] und die 25 Jahre während Unterstützung der Alleinherrschaft des Schahs an. Sie fordern eine gemeinsame Kommission, die die historischen Fakten ermittelt und bereiten eine Entschuldigung vor. Bush und Blair akzeptieren die Einladung des ehemaligen Präsidenten Chātami zu einem offenen Dialog auf hoher Ebene und gebrauchen die spanisch-türkische-UN-Allianz für Zivilisation für diesen Zweck. Einige Wahrheiten müssen anerkannt werden: Das ist notwendig, um die Vergangenheit zu bereinigen, bevor man sich den pragmatischen Angelegenheiten einer kooperativen, friedlichen Zukunft zuwendet.

Sobald das geschehen ist, ist es fast sicher, dass sich der Verhandlungsweg auftun wird. Auch darüber, wie Israel sein muss, damit der Iran es anerkennen kann – z. B. könnte sich Israel auf die Grenzen vom 4. Juni 1976 festlegen (sicherlich nicht die Grenzen des heutigen Israel) –, müsste verhandelt werden.

Die Verpflichtung zum Handeln liegt beim Westen. Nur Schwache können Fehler, die sie in der Vergangenheit gemacht haben, nicht zugeben. Sind Großbritannien und die USA stark genug dazu? Oder sind sie der Liebe zum Krieg immer noch so ergeben, dass sie einen weiteren großen Fehler vorziehen?

(April 2006)

---

[27] Die Straße von Hormus ist eine an der schmalsten Stelle 21 Seemeilen (38,89 km) breite Meerenge, die den Persischen Golf im Osten mit dem Golf von Oman, dem Arabischen Meer und dem Indischen Ozean verbindet. – Die Übers.

[28] International Atomic Energy Agency, im Deutschen: Internationale Atomenergie-Organisation (IAEO).

[29] Secret Intelligence Service (SIS): britischer Auslandsgeheimdienst.

84 | Versöhnung in Myanmar: eine Friedens- und Konfliktperspektive

[1] **Diagnose.** Myanmar ist ein reich ausgestattetes Land, aber sehr viel weniger, als es sein könnte, nachdem die Versuche, ein modernes Land verschiedener Gemeinschaften mit demokratischer Regierung, einer dynamischen Wirtschaft und positiven ethnischen Beziehungen aufzubauen, stufenweise gescheitert sind. Aber es gibt auch einen breiten Konsens dafür, dass die Union von Myanmar nicht auseinanderfallen soll, für die Errichtung einer Demokratie als Regierungsform, für die Entwicklung einer modernen, florierenden Wirtschaft, für ein friedliches Leben innerhalb der Union ohne auf Rasse, ethnische Zugehörigkeit, Geschlecht oder Religion basierende Diskriminierung und Gewährleistung der nationalen Auto-nomie, also kein Satellitenstaat einer der ehemaligen Kolonialmächte oder der Nachbarn Indien und China oder der USA. Aber zwischen dem Staatsrat für Frieden und Entwicklung, der Regierung und einem großen Teil der Bevölkerung gibt es Misstrauen angesichts hoher Preise, Inflation, Nichterfüllung der Grundbedürfnisse, zunehmende Ungleichheit, Transport, Energie- und Umweltschwierigkeiten, Handel mit Drogen und anderem Schmuggel sowie Pandemien. Es herrscht auch Misstrauen angesichts der The-men Demokratie und Menschenrechte. Und Myanmar hat sich außerdem in einem tieferen Konflikt fest-gefahren, nicht über das Wie und Wann, sondern über die Zeit selbst, über Vergangenheit und Zukunft.

[2] **Prognose.** Druck von außen, um Myanmar auf den Weg von Reformen zu bringen, haben sich als konterproduktiv erwiesen. Sie haben die Regierung gezwungen, sich vom Engagement in der Welt zurückzuziehen, den Kontakt mit ASEAN eingeschlossen. Das schadete Myanmars Integration in den positiven politischen Prozess in der Region, der ein wichtiger Faktor für die Menschen von Myanmar beim Aufbau der Demokratie, der Wirtschaftsentwicklung und nachhaltiger ethnischer Koexistenz hätte werden können. Druck von außen fördert eine Bunker- und Wagenburg-Mentalität und trifft die, die schon unter den schweren Mängeln bei der Erfüllung der Grundbedürfnisse leiden. Myanmar ist ein stolzes, gut ausgestattetes Land mit einer viel älteren und längeren Geschichte als die derjenigen, die Druck auf das Land ausüben. Neue Gelegenheiten für Myanmar, mit international akzeptierten Normen in der Politik und auf dem Gebiet der Menschenrechte in Kontakt zu kommen, haben dazu geführt, dass Stimmen und Räume von Gemäßigten in der politischen Elite Myanmars zutage getreten sind. Isolation bewirkt nichts dergleichen.

[3] **Therapie.** Der Schlüssel zu Myanmars Erfolg liegt darin, dass man sich der vielen positiven Elemente, die das Land glücklicherweise hat, bedient. Ein

florierendes Myanmar, in dem jeder an kreativen Dialogen teilhat und niemand das Monopol auf die Wahrheit hat – das Wesen der Demokratie –, könnte erreichbar sein. *Damit sich das ereignen kann, muss es einen Neuanfang geben, man muss die Vergangenheit abschließen und die Zukunft eröffnen.*

Die Parteien in Myanmar könnten zwei Abmachungen treffen, die einander nicht notwendig ausschließen, eine über die Vergangenheit und eine über die Zukunft. Diese müsste nützliche Verhaltensregeln aufstellen, wie aus der Sackgasse herauszukommen ist.

Was die Vergangenheit angeht: Myanmar hat spirituelle Ressourcen, die es den Menschen ermöglichen zu vergeben, wenn nicht sogar zu vergessen. Der Staatsrat für Frieden und Entwicklung sollte anerkennen können, dass Fehler gemacht wurden, und eine Vereinbarung aller Parteien, solche Themen der Geschichte zu überlassen und sie »hinter uns zu lassen«, sollte zu erreichen sein.

Was die Zukunft angeht: Die Leistungen der Regierung müssten etwas Anerkennung finden. Zu den Leistungen gehört: Myanmar autonom zu erhalten, innere Sicherheit und der Aufbau einer Infrastruktur seit 1988 mit nur wenig Hilfe aus dem Ausland. Darauf aufbauend müssen alle Parteien detaillierte Pläne für einen künftigen gemeinsamen Prozess, der mithilfe von demokratischen Mitteln in Richtung Demokratie führt, vorlegen. Dazu gehört auch:

*   die Einbeziehung der allgemeinen Öffentlichkeit in einen Prozess in Richtung Demokratie durch Einsatz von mehr Druck- und elektronischen Medien,
*   ein offener Dialog über die Rolle des privaten und öffentlichen Sektors bei der Herstellung eines sozialen Sicherheitsnetzes für alle Bürger,
*   ein offener Dialog über Vor- und Nachteile eines Einheitsstaates, von Dezentralisierung und Föderation,
*   Förderung leichten und preiswerten Erwerbs von zwei oder sogar drei Sprachen, die in Myanmar und Nachbarstaaten gebraucht werden, für so viele Menschen wie möglich.

(November 2005, Mai 2006)

85 | Versöhnung Japans mit China und Korea: eine Friedens- und Konfliktperspektive

[1] **Diagnose.** Japan ist in einer – hauptsächlich selbst gemachten – Krise mit China, beiden Koreas und anderen Nachbarn. Es geht dabei um das Versäumnis Japans, die Vergangenheit in Ordnung zu bringen, die japanischen Gräueltaten wie Völkermord, Sklavenarbeit, erzwungene Prostitution und Plünderungen während des Pazifikkrieges politisch aufzuarbeiten. Das ist unverzichtbar, wenn Ostasien dem allgemeinen Trend in der Welt zur Regionalisierung geografischer und kultureller Nachbarn, so wie es in der Europäischen und der Afrikanischen Union, in der Südasiengemeinschaft SAARC und der Südostasiengemeinschaft ASEAN geschehen ist. Das Potenzial einer Ostasiatischen Gemeinschaft mit Taiwan, beiden Koreas, Okinawa und den australischen Northern Territories ist riesig. Aber Schatten der Vergangenheit und die Themen Geschichtsbücher und Yasukuni-Schrein verdunkeln die Zukunft. Dass der japanische Minister-präsident dem Yasukuni-Schrein, der den toten Soldaten, auch Kriegsverbre-chern ersten Ranges, gewidmet ist, Besuche abstattete, wurde damit verglichen, dass ein deutscher Kanzler ein Denkmal, das Hitler gewidmet wäre, wieder-holt besucht hätte: Das hätte Deutschlands Mitgliedschaft in der Europäischen Union außer Kraft gesetzt.

Andererseits ebnete die frühe Zulassung Deutschlands zur Europäischen Kommission, später der EU, der sich die USA nicht widersetzten, da sie Deutsch-land als Bollwerk gegen den Kommunismus betrachteten, den Weg zur Versöh-nung Deutschlands mit seinen Nachbarn, indem die Konflikte zwischen ihnen so gut gelöst wurden. Und doch vergingen zwei Jahrzehnte vom Eintritt Deutsch-lands in die Europäische Gemeinschaft für Kohle und Stahl (1950) und in den Gemeinsamen Markt (1958) vor dem Ansatz zur Versöhnung durch das Erarbei-ten neuer Geschichtsbücher und durch den Kniefall Willy Brandts im Warschauer Getto (1970).

Konfliktlösung ohne Versöhnung lässt die Vergangenheit zu einer eiternden Wunde werden, und Versöhnung ohne Konfliktlösung ist nur Beschwichtigung. Die Erfahrung lehrt, dass beide Hand in Hand gehen müssen. Im Fall Ostasien widersetzten sich die USA immer einer Annäherung zwischen »Festlandchina« und Nordkorea.

[2] **Prognose.** Der Konflikt über die beiden Themen könnte leicht eskalieren und über Demonstrationen, den Abbruch diplomatischer Beziehungen und Wirtschaftsboykotts hinausgehen. Aber die wichtigste Folge ist der Verlust von Gelegenheiten zum Frieden. Zwar gibt es Handelsbeziehungen, aber mit ein paar Ausnahmen floriert der Handel nicht und vertieft auch die Beziehun-

gen nicht. Das Rohmaterial für eine Ostasiatische Gemeinschaft gibt es heute nicht. Japans Unfähigkeit und mangelnde Bereitschaft, das, was geschehen ist, anzuerkennen, selbst wenn es einige »Wenns« und »Abers« gibt, macht Japan zu einem Außenseiter in Ostasien. Japan wird von den anderen als etwas behandelt, das sich außerhalb von kaya, der Gemütlichkeit eines gemeinsamen Moskitonetzes, befindet.

Japan riskiert zwar keinen Krieg, aber doch Ausschluss. China wendet sich einem interessanteren Wirtschaftsriesen zu, nämlich Indien, das wahrscheinlich eine Wirtschaft im chinesischen Stil wie dem Nordkorea und Myanmar hervorbringen wird und eher Brücken zu ASEAN und SAARC aufbauen als zu Japan. Japan wird sich vielleicht den drei As (Anglo-Amerika, Australien) zuwenden und hoffen, von ihnen als Ehrenmitglied aufgenommen zu werden. Aber Japan kann sich auch zwischen die Stühle setzen, statt als Brücke zu dienen.

[3] Therapie. Für das Thema Geschichtsbücher gibt es für Japan ein Vorbild: Deutschland. Aber erst einmal muss eine neue Lösung für den Yasukuni-Schrein gefunden werden, dafür gibt es nirgendwo ein Modell. Es steht mehr auf dem Spiel als nichtprovokative friedliche Beziehungen zu China und Korea. Es gibt das ewige Problem jeden Krieges: Wofür sind sie gestorben? »Ihre Seelen zur Ruhe bringen« ist ein Schritt auf dem Weg der Suche nach dieser Bedeutung. Man kann gegen den Krieg sein, nicht nur dagegen, ihn zu verlieren. Wenn man die, die ihr Leben verloren, nicht ehrt, ist das eine Gewalttat gegen sie und die Hinterbliebenen. Während das Groß-Ostasien-Konzept des militärischen Japan vertikal war mit Japan an der Spitze, müsste eine Ostasiengemeinschaft auf Gleichstellung beruhen. Der Yasukuni-Schrein, in dem nur uniformierte Japaner geehrt werden, billigt dieses militärische Konzept. Deshalb muss dringend eine Alternative gefunden werden!

(November 2005)

86 | Versöhnung Deutschlands mit den Herero: eine Friedens- und Konfliktperspektive

[1] **Diagnose.** Im Zuge der deutschen Kolonisierung Südwestafrikas – heute Namibia – vernichtete die preußische Armee unter General von Trotha 1904 zwischen 45 000 und 65 000 Angehörige der Herero- und Nama-Völker, die Widerstand gegen die deutsche Herrschaft leisteten. Brunnen wurden vergiftet, um auch Frauen und Kinder zu töten. Außer dem unmittelbaren Töten wurden viele gezwungen, in die Wüste zu gehen, wo sie verdursteten und verhungerten. Andere starben an den brutalen Behandlungen in Zwangsarbeitslagern. Das Thema ist auch darum wichtig, weil es ein Vorläufer von dem war, was unter dem deutschen Nationalsozialismus geschah, ein Hinweis auf tiefere Wurzeln in der deutschen Geschichte.

Deutschland hat sich an der Einrichtung eines historischen Museums beteiligt, das daran erinnern soll, was damals geschah. Aber bei der Eröffnung am 14. August 2004 wurde der deutschen Ministerin für Technische Hilfe Heidemarie Wieczoreck-Zeul mitgeteilt, dass die Erklärung des deutschen Parlaments unzureichend sei. Das Wort »Entschuldigung« fehlte. Stattdessen hieß es »tiefes Bedauern und Sorge um die unterdrückten afrikanischen Völker«, was ebenso gut bei Naturkatastrophen hätte gesagt werden können. Es wurde viel über die zu späten Proteste 1906 im deutschen Parlament gesagt und darüber, dass der Widerstand in Afrika fortdauerte (vielleicht war die Unterdrückung nicht ganz so brutal?).

Auch in der Rede des Ministers fehlte das Wort »Entschuldigung«. Allerdings kam die Formulierung: »Wir Deutsche nehmen unsere historische und moralische Verantwortung und die Schuld, die die Deutschen damals auf sich luden«, einer Entschuldigung nahe. Es gab auch eine Bitte um Vergebung »in den Worten des Vaterunsers, das wir gemeinsam beten« und »Erinnerung ist der Schlüssel zur Versöhnung« (nein, nur eine deutliche Entschuldigung ist »der Schlüssel zur Versöhnung«!). Die Tatsache wurde anerkannt und nicht geleugnet, aber auch das war nicht befriedigend. Die Herero meinten, dass eine wirkliche Entschuldigung vom deutschen Regierungschef kommen müsse.

Es gibt einige weitere die Angelegenheit verkomplizierende Faktoren, die auch anderswo vorkommen:

- Die Hereros haben in New York Anklage gegen den deutschen Staat erhoben. Dabei haben sie eine gerichtliche Verteidigung ohne Schuldeingeständnis gegen eine Versöhnung, bei der ein Schuldeingeständnis wesentlich ist, ausgespielt.

- Namibia verfolgt eine Politik der Gleichbehandlung aller Völker im Land. Das macht eine Entschädigung direkt an die Hereros problematisch.
- Wenn das Geld direkt an die Regierung von Namibia geht, dann wird es möglicherweise für andere Zwecke verwendet.
- Wenn das Geld direkt an die Führer der Herero geht, kann es auch anderweitig verwendet werden.
- Die Mit-Mitgliedstaaten in der Europäischen Union England und Frankreich, die eine umfangreichere Geschichte des Kolonialismus und der Massaker haben, sind gegen Schuldeingeständnisse.

[2] **Prognose.** Die Sache könnte sich in der Hoffnung in die Länge ziehen, sie würde in Vergessenheit geraten, oder sie wird mit einem Schlag durch eine Handlung Deutschlands auf hoher politischer Ebene gelöst.

[3] **Therapie.** Es geht nicht nur um die Beziehungen zwischen Deutschland und Herero, sondern um die Beziehungen zwischen Westeuropa und Afrika im Allgemeinen. Einige EU-Mitglieder waren Kolonialmächte in Afrika (Großbritannien, Frankreich, Italien, Belgien, Spanien, Portugal, Dänemark), was bedeutet, dass auch die EU in die Angelegenheit verwickelt ist. Einige Ansätze:

- Die deutsche Entschuldigung, die dieses Wort ausdrücklich enthält, sollte ohne weitere Verzögerung von der höchsten politischen Ebene geäußert werden. Die Formulierung müsste zuvor zwischen den Parteien ausgehandelt werden.
- Zwei oder drei unrechte Taten ergeben nicht eine richtige. Andere Kolonialmächte werden demselben Problem gegenüberstehen und ihre eigenen Lösungen finden müssen.
- Ein historisches Museum in Berlin wie das für die *Schoah* wird eingerichtet. Darin wird das Vorläufer-Motiv aufgenommen, das die Idee, der Nazismus sei lediglich eine Abirrung mit deutlichem Anfang und Ende gewesen, widerlegt.
- Eine gemeinsame deutsch-namibische Schulbuchkommission könnte vielleicht zu einem gemeinsamen Text kommen, der in beiden Ländern benutzt werden kann.
- Die Entschädigung könnte viele Formen annehmen, die Vorschläge des Deutschen Bundestages sind kreativ.
- Stipendien für Studenten der Völker, die zu Opfern wurden, könnten entschädigen. Bessere Bedingungen für Handel und Produkte von den Herero aus Namibia in Deutschland sind und bleiben eine wichtige Möglichkeit, den Kolonialismus zu verneinen.

(Februar 2006)

87 | Versöhnung Dänemarks mit dem Islam:
eine Friedens- und Konfliktperspektive

[1] **Diagnose.** Die dänische *Jyllandsposten* (ebenso die norwegische Zeitung *Magazinet*) veröffentlichte am 30. September 2005 zwölf Karikaturen, die den Propheten Mohammed abbilden. Sie waren beleidigend, auf provokative Weise boshaft und enthielten die stereotypen polarisierenden Ideen, dass Islam Bomben legen bedeute. Während die islamische Nation – *Umma* –, vor allem durch westliche Veranlassung, in Staaten geteilt ist, besitzt der Westen viele multikulturelle Staaten, in denen das Christentum dominiert. Wenn ein Moslem die Karikaturen-Handlung begangen hätte, dann wäre das Hochverrat gegen die *Umma* gewesen. Da sie von einem Nichtmoslem begangen wurde, ist es kein Verrat, sondern in hohem Maße beleidigend. Es ist so, als würden Mutter und Vater von jemandem beleidigt oder als würde man Jesus Christus und die Jungfrau Maria als Folterer in Abu Ghuraib darstellen.

Die Veröffentlichung wurde mit der Pressefreiheit, einem grundlegenden Menschenrecht, gerechtfertigt. Im April 2003 reichte ein dänischer Illustrator bei der dänischen Zeitung *Jyllandsposten* unaufgefordert eine Reihe von Karikaturen ein, die eine fröhliche Version der Auferstehung Christi darstellten. Sie wurden zurückgeschickt und der Sonntagsherausgeber sagte: »Ich glaube nicht, dass den Lesern der *Jyllandsposten* die Zeichnungen gefallen würden. Ich denke, sie würden eher eine Protestwelle hervorrufen. Deshalb nehme ich sie nicht an.« (*The Nation*, 27. Februar 2006, S. 4). Die Idee, dass die Beleidigung der Gefühle des Menschen durch Eindringen in ihre Privatsphäre der Pressefreiheit Grenzen setzt, war nicht unbekannt. Damit setzten sich die Dänen dem Vorwurf ungleicher Behandlung und des Verstoßes gegen die Goldene Regel und Kants kategorischen Imperativ aus.

Das wurde dann durch die Weigerung des dänischen Ministerpräsidenten verstärkt, (a) mit den Muslimen in Dänemark (200 000 bei einer Gesamtbevölkerung von 5,3 Millionen), (b) den elf Gesandten aus arabischen Ländern und (c) dem Generalsekretär der OIC, der Organization of the Islamic Cooperation, mit 57 Mitgliedsländern, indirekt mit 1,3 Milliarden muslimischen Mitgliedern, über die Auffassung der Zeitung von Pressefreiheit in einen Dialog einzutreten.

[2] **Prognose.** Der dreifache Konflikt: beleidigende Darstellung, Zurückweisung eines Dialogs und ungleiche Behandlung – was als Rassismus gesehen wurde, wo »sozialer Abstand« ein passenderer allgemeiner Begriff sein könnte – führte zu starken Reaktionen. Wirtschaftsboykott, Fahnenverbrennen und Anzünden von Botschaften, Beschwerden an die UN wurden gegen einen Staat gerichtet, der durch die Unterlassung seines Ministerpräsidenten in diese Situa-

tion geraten war. Aber das muss auch auf dem Hintergrund von Westen gegenüber Palästina und Westen gegenüber Irak gesehen werden, wobei Dänemark einen überaus deutlich formulierten prowestlichen Standpunkt einnimmt. Wichtiger ist die Frage, wie das Karikaturenthema die anderen Konflikte anfacht und zu ihrer Unlösbarkeit beiträgt, auch noch lange nachdem die Karikaturen vergessen sind.

[3] Therapie. Das Zentrum für Konflikt- und Friedensstudien (Cordoba Foundation) in Genf war am 13. Februar 2006 Gastgeberin einer Konfliktberatungsveranstaltung zwischen hochrangigen dänischen und Nah-Ost-Delegationen. Da der Ausgangsgrund Taten und Unterlassungen in der Vergangenheit waren, gehörte Versöhnung zu unserem Ansatz. Das bedeutet: die Vergangenheit abschließen und eine bessere Zukunft eröffnen. Zum Abschließen der Vergangenheit gehört eine Entschuldigung. Die westliche Standardformulierung: »Es tut uns wirklich leid, dass ihr das beleidigend fandet« grenzt an eine neue Beleidigung, denn damit wird der schwarze Peter den anderen zugeschoben.

Drei Elemente gehören zu einer Entschuldigung:

[a] Anerkennen: Ich, wir – die dänische Regierung – habe, haben – hat – einen Fehler begangen.

[b] Beschreibung: Worin der Fehler bestand (Formulierungen müssen ausgehandelt werden):

- Verweigerung des Dialogs, gleich dreimal, auf drei verschiedenen Ebenen,
- Misslingen der Abgrenzung zwischen Pressefreiheit und Beleidigung. In der Rechtsprechung eines Landes wird das zutreffender als Verunglimpfung und üble Nachrede verstanden, im Völkerrecht in einer sich globalisierenden Welt trifft das auf äußerst wenig Verständnis.

[c] Planung: Selbstverbesserung zur Verbesserung der Beziehung, z. B. durch vielseitige öffentliche Dialoge für Jugendliche, Geistliche, Politiker mit der dänischen Regierung, eine Kommission von Juristen, Theologen und anderen, die die Grenzen der Pressefreiheit untersuchen, Unterstützung der von Spanien, der Türkei und den UN geförderten Allianz der Zivilisationen30.

(Februar 2006)

---

30 Ein Projekt des UNO-Generalsekretärs zum Vereinen des Westens mit der muslimischen Welt. – Die Übers.

88 | Versöhnung des Westens mit dem Islam: eine Friedens- und Konfliktperspektive

[1] **Diagnose.** Auf den beiden nächsten Seiten findet der Leser eine Tabelle »Der Westen und der Islam: Ein Teil-Überblick nach den Kreuzzügen«. Darin stehen 25 muslimische Länder bzw. Regionen, die Namen der Kolonisatoren bzw. Angreifer mit einem Zeitfenster, die Tendenz, nach der Entkolonialisierung autokratische Herrscher zu behalten, die Jahre besonders traumatischer Ereignisse, die ins Gedächtnis der Völker eingeätzt sind, und einige Ressourcen, hinter denen der Westen her war. Bei der bodenlosen Ignoranz des Westens gegenüber dem Islam konnte es nichts Spirituelles sein. Es waren gewöhnliche Ressourcen und aufgezwungener Handel, manchmal die geografischen Orte, um diesen »Handel« zu schützen.

Das ist nicht alles, aber das, was heute die größte Bedeutung hat. Es gab auch den Angriff der Umayyaden auf die Iberische Halbinsel und die Eroberung von 711 und dann ihre Herrschaft bis zu ihrer Vertreibung 1492, die Invasion von Frankreich, die 832 in Poitiers aufgehalten wurde, die Osmanische Invasion und Besetzung Südosteuropas etwa zwischen 1200 und 1400, die in Serbien von 1389–1878 dauerte, den Versuch, die Kontrolle über das Mittelmeergebiet zu gewinnen, der 1571 in Lepanto, und den Versuch, Wien zu erobern, der 1683 aufgehalten wurde. In dieser Zeit wurden die Rollen umgekehrt. Das folgt der Standardregel: Die Täter leiden an Gedächtnisschwund, die Opfer nicht.

[2] **Prognose.** Im Allgemeinen waren der Westen und der Islam konterzyklisch: Wenn der eine sich ausbreitet, zieht sich der andere zusammen, wenn der eine blüht, verfällt der andere. Das Römische Reich war die erste Expansion des Westens. Sie umfasste den Mittelmeerraum und Territorien darüber hinaus, und die Kultur blühte. Nach dem Zusammenbruch des westlichen Römischen Reiches tauchte der Islam auf und bewirkte den Zusammenbruch des Oströmischen Reiches. Er dehnte sich von der Iberischen Halbinsel bis zu den Philippinen aus. Seine Beiträge zur menschlichen Zivilisation kennzeichneten die gesamte Epoche. Aber dann erholte sich der Westen, kolonisierte große Teile der Welt, auch die Philippinen, und stand von der Renaissance bis zur Aufklärung in Blüte. Alle Zeichen, wie z. B. die Bekehrungsraten, deuten jetzt auf eine zweite Ausbreitung des Islam und eine zweite Zusammenziehung des Westens in den kommenden Jahrhunderten. Das wird von der Konfrontation zwischen El Kaida und dem US-Imperium symbolisiert. Wir haben es mit langen Zyklen zu tun, die eine universalistische und eine singularistische Zivilisation umfassen, nicht mit Kräuseln auf den Wellen wie das, was der Westen »Weltkriege« nennt, die nur zu einigen unbedeutenden Neuverteilungen innerhalb des Wes-

tens führten. Wenn man in Betracht zieht, wie stark der Islam unter der zweiten westlichen Expansion gelitten hat, lautet die Prognose: Gewalt. Viele werden sagen, sie habe bereits begonnen.

[3] Therapie. Dieser Expansions-Kontraktions-Prozess kann kaum aufgehalten werden. Große Gewaltausbrüche können vermieden werden, aber dazu sind einige Anstrengungen notwendig:

- Der Westen muss lernen, die Geschichte aus der Perspektive des Islam zu sehen – die Tabelle ist ein Versuch in dieser Richtung –, und er muss sich fragen: Wie hätten wir reagiert, wenn wir auf der Nehmerseite der Aggression gewesen wären?
- Eine derartige Einsicht muss die westliche Geschichtsschreibung durchdringen, wie es in Deutschland nach dem Ende der Naziherrschaft geschehen ist.
- Es gibt heute viele Dialoge zwischen dem Westen und dem Islam, aber sie neigen dazu, sich auf einen sehr engen Zeitabschnitt zu konzentrieren, z. B. auf die letzten Jahre (oft nach dem 11. September, als wäre das der Ausgangspunkt der Geschichte) und die nahe Zukunft. Es ist an der Zeit für eine weiter gefasste Perspektive, um den antagonistisch aufgeladenen Zeitgeist zu überwinden.
- Auch für Entschuldigungen ist die Zeit gekommen, Entschuldigung für Kolonisierung und Aggressionen im Allgemeinen und für die traumatisierenden Ereignisse im Besonderen. Was die Letzteren angeht, müssen die Muslime bzw. Araber und nicht die Historiker im Westen gefragt werden, was für sie traumatisch war. Die Opfer zählen, nicht die, die gewöhnlich das Handeln der Täter »erklären«. Die Entschuldigung besteht darin, die Tatsachen anzuerkennen, statt sie zu leugnen. Dann folgt eine gemeinsame Untersuchung, warum sie geschahen, und dann entwirft man eine gemeinsame Zukunft innerhalb eines künftigen Weltstaates und einer künftigen Weltzivilisation.
- Jetzt ist Zeit anzufangen! Dem Westen gibt Sure 8, Vers 61 einen Rat: »Und wenn sie (d. h. die Feinde) sich dem Frieden zuneigen, dann neige (auch du) dich ihm zu (und lass vom Kampf ab)!«

(März 2006)

DER WESTEN UND DER ISLAM:
EIN TEIL-ÜBERBLICK NACH DEN KREUZZÜGEN

muslimisches Land	Kolonialmacht, Angreifer	auto-kratisch	Trauma-Jahre	Ressour-cenbasis
Marokko	Frankreich 1904–1956 Spanien 1905–1956	ja	1925 Bombardierung Xauens	Bauxit
Algerien	Frankreich 1830–1962	ja	1830 Besetzung 1945 Verrat	Öl
Tunesien	Frankreich 1881–1956	?	-	-
Libyen	Italien 1912–1951	ja	1911 Bombardierung	Öl
Sudan	Ägypten, Großbritannien	ja	1898 Omdurman	
Somalia Mullah	Großbritannien, Italien 1887–1960	?	1899–1905, 1907–1920	Lage
Kalifat von Sokoto	Großbritannien (Nigeria)	ja	1903 1851–1960	Öl, Zinn
Jemen	Türkei, Großbritannien 1839–1967	?		Gold, Öl
Saudi-Arabien	USA	ja	1945 Öl-Vertrag	Öl
Kuwait (Golfko-operationsrat)	Großbritannien, Irak 1897–1961	ja	1898 1990/91	Öl
Ägypten	Frankreich 1798–1805 Großbritannien 1882–1922 Großbritannien, Israel, Frankreich	ja	1956 Suez	Baum-wolle
Palästina	Großbritannien 1922–1948 Israelische Besetzung USA-Unterstützung	ja	1916 Sykes-Picot 1917 Balfour 1948 Nakba	Arbeit Arbeit Arbeit
Jordanien	Großbritannien 1921–1946	ja	1922 Teilung	Arbeit
Libanon	Frankreich 1918–1943	-	1916 Sykes und Picot	
Syrien	Frankreich 1920–1944	-	1916 Sykes und Picot	
Türkei	Alliierte Erster Weltkrieg USA	ja	1918 Istanbul Ende der Osmanen	Arbeit
Irak	Großbritannien 1920–1932 USA	ja ja	1916 Sykes und Picot 1991–2003-Krieg	Öl
Iran	Großbritannien, USA	ja	1953 MI6/CIA	Öl
Indien	Großbritannien 1856–1947	-	1798 Mysore 1948	
Pakistan	Großbritannien 1856–1947	ja	1948	Jute
Afghanistan	Großbritannien Russland USA	ja	1938–1942, 1878–1881, 1978–1986–1989, 2001-Krieg	
Zentralasien	zaristisches Russland bolschewistisches Russland	ja ja	19. Jahrhundert 20. Jahrhundert	Öl

muslimisches Land	Kolonialmacht, Angreifer	auto-kratisch	Trauma-Jahre	Ressour-cenbasis
Bangladesch	Großbritannien, Pakistan	ja	1948, 1970	Jute
Pattani	Thailand, Großbritannien	ja	1909 annektiert	
Malysia	Großbritannien –1957	-		Gummi
Indonesien	Holland 1800–1949	ja	Aceh 1873, 1893	Gewürze
	USA		1965	
Mindanao	Spanien	ja	1521-	
	USA	ja	1898-	
	Manila	ja	1945-	

89 Versöhnung der Türkei mit Armenien: eine Friedens- und Konfliktperspektive

[1] **Diagnose.** 1915 geschah der furchtbare Massenmord in Armenien, ob man das nun Genozid nennt oder nicht. Es sollte nicht der Versuch unternommen werden, einen Zusammenhang als Rechtfertigung herzustellen, aber es sollte versucht werden, aus der gegenwärtigen Sackgasse der Ableugnung und der zerbrochenen Beziehungen zwischen der Türkei und Armenien der 1990er-Jahre herauszukommen.

Die Türkei war mit Deutschland und Österreich-Ungarn gegen Frankreich, England und später die USA verbündet. Das Osmanische Reich war in einer Alterskrise, viel zu weit ausgedehnt und politisch, militärisch, wirtschaftlich und kulturell zurückgeblieben. Die Loyalität der Minderheiten, zu denen auch die Armenier gehörten, spielte eine große Rolle. Die armenische Minderheit, die wirtschaftlich als Banker und Kaufleute und auf kulturellem Gebiet als Intellektuelle gut dastand, war sich mit der türkischen Mehrheit, die politisch, militärisch und auf dem Landwirtschaftssektor herrschte, äußerst uneinig. Eine hohe Korrelation zwischen Klasse und Nation führt gewöhnlich zu gegenseitigen Vorurteilen und zu Diskriminierung und ist tatsächlich ein Rezept für massive Tötung ganzer Kategorien von Menschen.

Eine weitere Minderheit, die Kurden, nahmen in den genannten Dimensionen einen niedrigen Rang ein. Boten hochrangige Türken niedrigrangigen Kurden Freiheit als Belohnung dafür an, wenn sie die hochgebildeten aber machtlosen Armenier auslöschten? Die Kurden bekamen zwar nicht die Freiheit, aber an vielen Orten in der Osttürkei, an denen früher Armenier gelebt hatten, leben heute Kurden.

Zur selben Zeit ereignete sich im Osmanischen Reich etwas Ähnliches. Die englischen und französischen Außenminister Sykes und Picot boten in Verhandlungen mit den Russen (wie 1917 durch russische Revolutionäre aufgedeckt wurde) den Arabern die Freiheit an, wenn sie sich gegen das Osmanische Reich erheben würden. Das taten sie, aber Freiheit bekamen sie nicht. Stattdessen wurden sie kolonisiert: Syrien und Libanon von Frankreich, Palästina und Irak von England (Palästina wurde später in Jordanien, Israel und ein Mini-Palästina geteilt), alle diese neuen Staaten wurden aus dem Osmanischen Reich herausgeschnitten. Wer da von wem gelernt hat, ist vielleicht die falsche Frage. Beide Ereignisse entsprangen der imperialen *divide-et-impera*-Mentalität. Aber England, Frankreich und USA waren die Gewinner und die Türkei, Deutschland und Österreich waren die Verlierer. Mitgefühl wird eher den Opfern der Verlierer als den Opfern der Gewinner zuteil.

[2] Prognose. Die Türkei verwestlichte unter Kemal Atatürk und verhandelt jetzt über die Mitgliedschaft in der EU. Die Türkei muss sich, wie Deutschland, reinigen, indem sie anerkennt, was geschehen ist, auch wenn keine derartige Forderung gegen die ehemaligen Kolonialmächte, die jetzt EU-Mitglieder sind, England, Frankreich, Niederlande, Belgien, Spanien, Portugal, Italien, Dänemark – und Deutschland wegen seines Massakers an den Herero in Namibia –, gestellt wurden. Die Prognose ist, dass eine Formel gefunden wird, weil sie gefunden werden muss. Auch die Massaker dieser anderen werden aus dem tiefen Schatten der Geschichte heraustreten. Sie geschahen an Nicht-Weißen.

[3] Therapie. Die Türkei muss die massive Tötung ganzer Kategorien von Menschen anerkennen und das Recht haben, die Umstände, wie die genannten, ins Feld zu führen. Sie ähneln auf verstörende Weise der deutsch-jüdischen Situation. Es wäre, als ob die Zionisten Deutschland den Krieg erklärten und deutsche Juden eine Nische besetzten wie die Armenier, wobei das deutsche Lumpenproletariat die Rolle der Kurden spielte. Aber Deutschland erkannte die Tatsachen an. Ebenso müssen das auch die Türkei, die ehemaligen Kolonialmächte in der EU und Nicht-EU-Länder wie Russland, Japan und die USA machen.

Das deutsche Vorbild des Umschreibens der Geschichtsbücher dient dazu, Normen gegen massive Tötung ganzer Kategorien von Menschen im Gewissen der Menschen zu befestigen. Auch Gedenkstätten und Friedensmuseen würden das leisten, sie würden sich außerdem der Zukunft öffnen.

Die Konstellation Türkei gegenüber Armenien ist mit der Konstellation Türkei und Aserbaidschan gegenüber Kurdistan und Armenien verbunden. Eine Entschädigung könnte die Form einer starken regionalen Zusammenarbeit, einer Gemeinschaft mit offenen Grenzen annehmen, wobei Nagorno-Karabagh einen besonderen Status bekäme (Armenien müsste sich aus einigen Teilen zurückziehen, die es zurzeit besetzt hat) und die kurdische Autonomie gefördert würde. Vielem davon müsste die Türkei zustimmen, so wie Deutschland in einer EU, die zum großen Teil aus Ländern besteht, die es einmal besetzt hatte. Und:

Wie wäre es denn mit dem Ararat als gemeinsamem Erbe, einem natürlichen Denkmal für den Frieden?

Staatsmännische Fähigkeiten werden dafür gebraucht, die der Türkei ja zur Verfügung stehen.

(Mai 2006)

90 | Versöhnung in Kambodsche: eine Friedens- und Konfliktperspektive

[1] **Diagnose.** Die Geschichte hat Kambodscha äußerst schlecht behandelt:

A - Jahrtausendelange Ausübung struktureller Gewalt von Städten (Phnom Penh) auf das Land, durch ein Hindu-Kastensystem legitimiert. Der Buddhismus mit stärkerer horizontaler Solidarität wurde schließlich Staatsreligion.

B - Invasionen und Okkupationen durch Thai und Vietnamesen.

C - Französische Kolonialisierung (Teil von »Indochina«) 1863, 1884, 1904–1953, wobei Vietnamesen in der Verwaltung benutzt wurden.

D - Japanisches Okkupationszwischenspiel 1941–1945.

E - Krieg zwischen USA und Vietnam 1961–1975 (der mit der Niederlage der USA am 30. April endete). Die USA bombardierten 1972 und 1973 als Teil des Krieges ländliche Gebiete in Kambodscha, was auch aus Phnom Penh angeordnet wurde (US-Botschaft, Lon-Nol-Regime).

F - Die Roten Khmer vertrieben die Menschen aus den Städten, ließen sie sich zu Tode arbeiten und hungern oder töteten sie gleich, Vietnamesen und Chinesen 1975–1979.

G - Vietnamesische Invasion und Okkupation 1979–1989, die Roten Khmer werden geschlagen. Die Aufstellung in dieser Phase ist: USA, NATO, Lon Nol, Singapur, Malaysia, Thailand, China, Rote Khmer auf der einen und Vietnam und Sowjetunion auf der anderen Seite.

H - UN, NGOs, internationale Gemeinschaft zwingen für die Wahl gemäß einer Demokratie westlicher Prägung den westlichen Individualismus auf. Darauf vertrauen sie mehr als auf Dialog.

In dieser Konfliktformation scheint es zwei Grundfaktoren zu geben:

- *Städte gegen ländliche Gebiete* mit Außenseitern. Frankreich mit seinem vietnamesischen Beamtenapparat, Japan, Thailand, USA und ihre kambodschanischen Verbündeten, UN, NGOs und (die meisten?) kambodschanischen Eliten, die durch Phnom Penh wirkten.
- *Kambodscha gegenüber den Nachbarn (nicht Laos) und die Kolonisatoren Frankreich, Japan und USA.*

Aus dieser Perspektive waren die Roten Khmer eine Ausnahme: Das ländliche Gebiet schlug zurück. *Natürlich ist erklären und entschuldigen nicht dasselbe. Aber* warum geschah das nicht früher? Und wann und wie wird es das nächste Mal geschehen?

[2] Prognose. Von allen Gräueltaten wurde F vom UN-Kambodscha-Tribunal, den *Extraordinary Chambers in the Courts of Cambodia* (Außerordentlichen Kammern am Gerichtshof von Kambodscha), für die Behandlung durch die Strafjustiz ausgewählt. Die Mächte, die das Spiel beeinflusst haben, können ihre Wiederbestätigung feiern. Angesichts der enormen Gräueltaten muss strafende Gerechtigkeit angewandt werden, aber es wird keine Versöhnung und wenig oder kein Gefühl von Abschluss und Heilung bringen, wenn die wenigen Führer der Roten Khmer, die noch leben, nach einem langen Gerichtsprozess verurteilt werden. Der kambodschanische Ansatz zur Versöhnung scheint unbefristeter Aufschub zu sein, denn sie kennen die gesamte Realität besser als Ausländer, die eine einzige Schreckenstat, F, benutzen, um damit alle anderen zu verdecken. Der führende Prozess ist eben der Prozess, den die führenden Mächte haben wollen.

[3] Therapie. Ein Prozess von Wahrheitsfindung und Versöhnung nach südafrikanischem Vorbild, eine *Ga-ca-ca*-Konfrontation aus Ruanda, ein *ho'o pono pono* für wiederherstellende Gerechtigkeit aus Polynesien, von den Opfern neu geschriebene Geschichtsbücher nach deutschem Vorbild könnten größere Bedeutung bekommen als die Urteile selbsternannter Richter, die ihrer eigenen Agenda. Dem soll Folgendes hinzugefügt werden: Man stelle sich
* vor, dass Eliten aus Phnom Penh, Frankreich, Japan, USA, China und den UN sich dafür entschuldigen, dass sie die kambodschanischen Landbewohner ausgebeutet und auf verschiedene Weisen getötet haben, sie politisch ausgetrickst und/oder kulturell erobert haben.
* ein Denkmal vor, das allen Opfern dieser Gräueltaten, aller Taten genauso wie aller Unterlassungen – deren Merkmal es ja ist, dass nichts getan wird und so auch die antivietnamesischen Roten Khmer unterstützt werden – gewidmet ist.
* eine Gedenkstätte, ein Friedensmuseum, vor, das der Vergangenheit gewidmet ist und noch mehr der Zukunft, in dem gewöhnliche Bürger des Geschehenen gedenken und wo sie auch ihre Träume und Hoffnungen auf eine bessere Machtverteilung zwischen Stadt und Land und dauerhaften Frieden mit den Nachbarn aussprechen können.

All das ist in einer Stadt, in der der Fluss in beiden Richtungen fließt, wo der Mao-Tse-tung-Boulevard auf die Eisenhower- und die Charles-de-Gaulle-Avenue trifft und wo eine Zeit lang Wahlanwärter je einen Ministerpräsidenten und einen Ministerposten in allen wichtigen Ministerien bekamen, nicht unmöglich. Am meisten wird jetzt ein Prozess für umfassende Versöhnung und Frieden gebraucht.

(Mai 2006)

91 | Alternativen zum Yasukuni-Schrein: eine Friedens- und Konfliktperspektive

Die Seelen derer, die im Dienste des Staates ums Leben gekommen sind, auch erstrangiger Kriegsverbrecher, zur Ruhe zu betten, ist eine ehrenwerte Pflicht. Eine Gedenkstätte, die den Jahren 1931 bis 1945 angemessen ist, sollte jedoch nicht polarisieren, sondern versöhnen. Der Yasukuni-Schrein polarisiert Japan einerseits und China, Korea und andere Opferländer andererseits und auch die japanische Bevölkerung.

Wenn man die, die im Dienste des japanischen Staates ums Leben gekommen sind, zu Göttern macht, dann ist das eine starke politische Erklärung. Als solche ist der Yasukuni-Schrein vielleicht durch die Freiheit des Glaubens und des Ausdrucks geschützt.

Aber Besuche eines japanischen Ministerpräsidenten sind eine Billigung dieser politischen Erklärung durch den Staat und als solche inakzeptabel. Auch wenn man die erstrangigen Kriegsverbrecher entfernte, würde das nichts an der Tatsache ändern.

Außerdem war in der Zeit zwischen 1931 und 1945 Japan sowohl Täter als auch Opfer. Eine angemessene Gedenkstätte muss beides in ausgewogener Weise widerspiegeln.

Die im Folgenden genannten ZEHN VORSCHLÄGE FÜR EINE GEDENK-STÄTTE sind von der Gedenkstätte in Caen, Normandie, Frankreich, und dem Okinawa-Monument inspiriert.

[1] Eine Gedenkstätte sollte *allen*, die 1931–1945 durch Kriegshandlungen ums Leben gekommen sind, ob im Dienste des Staates oder nicht, Japanern, Chinesen, Koreanern und anderen, darunter auch Amerikanern, gewidmet sein.

[2] Die Gedenkstätte würde sowohl die negative Vergangenheit als auch positive Visionen von einer Zukunft der Zusammenarbeit, z. B. in einer Ostasiengemeinschaft, zur Sprache bringen. Besucher sollten am Kummer über die polarisierende Vergangenheit und am Optimismus für eine gemeinsame Zukunft teilhaben, sodass sie gemeinsam die Vergangenheit klären und in die Zukunft eintreten können. Nur durch eine bessere Zukunft können wir wirkungsvoll die Vergangenheit überwinden.

[3] Es sollte einen Raum der Stille für tiefe Meditation und gemeinsamen Kummer geben. Dort können die, die sich darin aufhalten, Einigkeit stiftende Texte und Symbole zu betrachten.

[4] Die Gedenkstätte sollte religiös neutral und offen für religiöse und multireligiöse Veranstaltungen im Raum der Stille sein.

[5] Staats- und/oder Regierungsoberhäupter der betroffenen Länder und andere sollten dazu eingeladen werden, in der Gedenkstätte ihre Achtung zu erzeigen. Das können sie als Einzelne oder als Gruppe tun und dabei die Gedenkstätte für die Formulierung Einigkeit stiftender Erklärungen nutzen.

[6] Die Gedenkstätte sollte ein *Forschungszentrum* über die pazifische Hemisphäre haben, in dem sowohl die Ursachen der Ereignisse zwischen 1931 und 1945 als auch die Bedingungen erforscht werden, die einen Krieg undenkbar werden ließen. Das *Friedensmuseum* zeigt die Implikationen der drei Zustände Krieg, Abwesenheit von Krieg und positiver Frieden.

[7] Die Gedenkstätte sollte Würde und Schönheit mit dem notwendigen Komfort für Politiker, Angehörige der Zivilgesellschaft, Frauen- und Jugendgruppen, Künstler und anderer, die zusammen an der Vergangenheit teilhaben und eine gemeinsame Zukunft planen, miteinander verbinden.

[8] Der Aufbau der Gedenkstätte sollte sich auf Dialog und Kooperation gründen und keine einseitige japanische Aktion sein.

[9] Ein Planungswettbewerb für Architekten und andere sollte in allen betroffenen Ländern ausgeschrieben werden. Eine multinationale Jury würde entscheiden.

[10] Ähnliche Gedenkstätten könnten als Symbole internationaler Zusammenarbeit auch in China, beiden Koreas und in den USA gebaut werden.

(Juni 2006)

92 | Alternative japanische Politik: eine Friedens- und Konfliktperspektive

[1, 2] Diagnose, Prognose. Vermutlich sind Frieden mit den Nachbarn und der übrigen Welt und gemeinsamer Wohlstand Japans Grundziele. Die gegenwärtige japanische Außenpolitik jedoch, an die sehr aggressive Außenpolitik der USA gebunden, wie sie ist, lenkt Japan zunehmend in Richtung Spannungen und vielleicht sogar in einen Krieg mit den Haupt-Nachbarn China und Nordkorea (wobei Südkorea in der Klemme wäre). (Zur Aggressivität der Außenpolitik der USA sei auf insgesamt 70 Interventionen seit 1945 unter fast allen Präsidenten hingewiesen; dabei gab es zwölf bis 26 Millionen Tote.) Es kann durchaus dazu kommen, dass Japan Kriege des US-Imperiums ausficht. Außerdem ist die Bindung an die in Unordnung geratene US-Wirtschaft mit sinkendem Dollarkurs und abnehmender Kaufkraft in der unteren Hälfte der Welt und in der Bevölkerung der USA gegen die Interessen Japans. Ebenso wenig ist es im Interesse Japans, zwischen den Stühlen zu sitzen zu kommen, wenn es für die USA einmal nicht mehr nützlich ist und wenn es dann von Ostasien zurückgewiesen wird.

[3] Therapie. Zwar ist ein dramatischer Bruch mit dem Westen im Allgemeinen und den USA im Besonderen nicht zu befürworten, aber es sollte ein zweites Fenster geöffnet werden, das Japan eng mit Ostasien als Hauptauslandspartner in Verbindung bringt, dabei sollte es eine Lehre aus dem demokratischen Deutschland und nicht nur aus den USA ziehen. Aus dem Vorbild der deutschen Geschichte ergibt sich leicht eine Vier-Punkte-Alternative für die japanische Außenpolitik:

[1] *Versöhnung mit früher einmal besetzten Ländern*, besonders mit China (Volksrepublik und Republik [Taiwan]), Korea (Demokratische Volksrepublik und Republik) durch Revision der Geschichtsbücher, Bekundung von Reue, Entschuldigungen und Entschädigung für begangene Verbrechen.

[2] *Aufbau einer Ostasiatischen Gemeinschaft* (OAG) vielleicht über China und Taiwan und die Koreas hinaus mit einigen Ländern, die schon zu ASEAN gehören. Wenn Okinawa mehr Autonomie bekommt und die US-Basen entfernt wurden, kann es ein Zentrum wie Brüssel für Europäische Kommission und EU und Genf für die UN werden. Nordkorea ist vielleicht jetzt noch nicht bereit, aber wird sich letzten Endes anschließen. Verhandlungen sollten auf eine Option wie die Verhandlungen zwischen Europäischer Wirtschaftsgemeinschaft und Europäischer Kommission zielen, die für Ostdeutschland bereitgestellt wurden.

[3] *Wenn Japan seine wichtigsten wirtschaftlichen, politischen, kulturellen und die Sicherheit betreffenden Taktiken über die Ostasien-Gemeinschaft laufen lassen würde,* dann würde es sich dort verwurzeln, wo es hingehört: in Ostasien. Das würde Japan von der demütigenden und gefährlichen Rolle eines Satelliten der USA und einer eingeschränkten asien-pazifischen Hegemonie befreien.

[4] *Mitgliedschaft in der OAG schließt gute Beziehungen zu den USA und dem übrigen Westen nicht aus. Gelegentlich muss öffentlich (und nicht nur hinter verschlossenen Türen) Nein gesagt werden,* z. B. wenn die USA Expansionen plant, Nordkorea unnötig provoziert und China einkreist.

Eine derartige Politik ist mit dem Ziel gutnachbarschaftlicher Beziehungen zu vereinbaren, zumal der japanische Handel sich ohnehin in diese Richtung bewegt. Im Rahmen einer OAG könnte auch der Streit um die fünf Inseln im Südpazifik beigelegt werden, vielleicht können sie zu einem OAG-Kondominium werden, zu einem gemeinsamen Besitz, dessen Erträge gemäß einem festzulegenden Schlüssel verteilt werden.

Sowohl die USA als auch Russland könnten als Beobachter mit der OAG in Verbindung treten. Das Okinawa-Problem könnte gelöst werden und ebenso das des Northern Territory[31], indem eine Abtretung an Japan und ein zeitlich begrenztes Kondominium mit Russland mit einer ähnlichen Großzügigkeit von Japan, das die größte Insel den Ainus zurückgäbe, verbunden würde. Eitel Frieden überall! Diese Politik verlangt von der japanischen Außenpolitik, die drei Bereiche zu ändern, in denen es sich hervorgetan hat, nämlich die Unterwerfung unter die USA, eine besserwisserische Herrschaft im asiatisch-pazifischen Raum und Afrika sowie einen Mangel an nachbarschaftlicher Kompetenz. Diese drei Bereiche gilt es zu verändern hin zu einer Expertise in Ebenbürtigkeit, Gleichwertigkeit und Partnerschaftlichkeit.

Die UN sollte sich nicht auf eine dominante Sicherheitsrats-Position konzentrieren, sondern auf aktive gleichberechtigte Teilnahme an der Arbeit für Wohlergehen und gute Beziehungen zwischen Nachbarn und der übrigen Welt für alle.

Der Verfassungsartikel 9, der japanische Aufrüstung verbietet, sollte beibehalten werden, und Japan sollte zu seiner ursprünglichen Absicht, d. h. einer Bewaffnung, die mit einer rein defensiven Verteidigung des Archipels vereinbar ist, zurückkehren und militärische Operationen ausschließlich mit UN-Mandat durchführen.

(Januar 2006)

---

[31] Australisches Bundesterritorium, keine Eigenstaatlichkeit, große Städte sind Darwin und Alice Springs. – Die Übers.

93 | Die nordkoreanische Bombe: eine Friedens- und Konfliktperspektive

[1] Diagnose. Am 9. Oktober 2006 zündete Korea eine kleine Atombombe zu Testzwecken. Warum? Wenn die USA von einer Achse des Bösen, die aus drei Ländern bestehe, reden, eines davon angreift und dort eine halbe Million Menschen tötet, ein zweites Land vielleicht angreift, ist dann ein nukleares Nummer 3 wirklich eine Überraschung? Sollte das Land warten, bis es an die Reihe kommt? Welche Ziele würden die Koreas und ihre Nachbarn in einem Sechsmächtegespräch formulieren? Hypothesen:

Nordkorea will

- die USA von einem Angriff auf das dritte Land der »Achse des Bösen« abschrecken, und wenn das Land schon untergehen muss, wenigstens einen Teil der Welt mitnehmen.
- bilaterale Gespräche zwischen Nordkorea und USA über einen Friedensvertrag, der Nordkorea normalisiert. Japan soll die Verbrechen, die es zwischen 1910 und 1945 begangen hat, anerkennen.
- die Fortsetzung der »Sunshine-Politik«, der gemeinsamen Projekte von Nord- und Südkorea.[32]
- volle Autonomie: Nordkorea entscheidet souverän und unbehelligt darüber, was innerhalb seiner Grenzen passiert.

Die USA wollen

- keine atomare Ausbreitung, die eine militärische Intervention der USA abschrecken könnte.
- den Zusammenbruch des nordkoreanischen Regimes.
- einen Friedensvertrag nur mit gehorsamen Ländern (Japan, Südkorea).
- Nordkorea beim Sechsmächtegespräch mit Zuckerbrot und Peitsche lenken.

Japan will

- ein solidarischer, kooperativer Verbündeter der USA sein und deren Analysen akzeptieren.
- einen nuklearen Schutzschild, der potenzielle Aggressoren wie Nordkorea abschreckt.
- durch die Sechsmächtegespräche Stabilität in Nordostasien herstellen.
- »Normalisierung« von Japan, wobei der Verfassungsartikel 9 stark modifiziert wird.

Südkorea will

- keinen Krieg zwischen den Koreas. Es bedauert die gefährlichen Kernwaffentests.
- die Fortsetzung der Sunshine-Politik der gemeinsamen Projekte.
- zuerst die Einheit der koreanischen Nation, dann die beiden Staaten.

---

[32] Die Doktrin betont friedliche Kooperation und will Versöhnung bewirken. Drei Prinzipien: Nichtdulden von bewaffneter Provokation durch den Norden, der Süden wird nicht versuchen, den Norden zu schlucken, der Süden sucht die Zusammenarbeit. – Die Übers.

- das Kommando über alle Kriegsaktivitäten vom eigenen Land aus, die der USA eingeschlossen.

China will
- ein vernünftiger Führer der Welt sein und Weisheit verbreiten (konfuzianisch).
- darauf hinweisen, dass Nordkorea mit der Atomexplosion die Grenzen des Erlaubten überschritten hat.
- einen koreanischen Puffer zwischen sich und den US-Truppen.
- vollständige Autonomie: China entscheidet selbst, was im Land geschieht.

Russland will
- bei den Gesprächen mitmachen und wichtig erscheinen. Deutliche Ziele sind weiter nicht bekannt.

[2] **Prognose.** Vorantreiben der nuklearen Entwicklung in Japan und Südkorea, ein Ereignis zündet das nukleare Pulverfass, gegenseitiges massenhaftes Töten.

[3] **Therapie.** Eine komplexe Zielgestaltung mit Normalisierung als Schlüssel zu einer neuen Realität. Nordkorea möchte auf Augenhöhe behandelt werden, die USA geben das nicht zu und Japan gehorcht. In der Kubakrise von 1962, als die Sowjetunion Raketen mit atomaren Sprengköpfen auf Kuba stationierte, erklärten die USA das für inakzeptabel und die Sowjetunion ließ sich auf einen Handel ein: Die Sowjets zogen ihre Raketen aus Kuba ab und die USA ihre aus der Türkei. Beide waren nahe am sowjetischen bzw. USA-Stammland aufgestellt. Der Handel musste geheim gehalten werden, weil er auf Augenhöhe stattfand und sich nicht aus der Überlegenheit einer der Partner ergab. Nordkorea mag die Bombe dazu benutzen, die koreanische Halbinsel kernwaffenfrei zu bekommen oder, wenn das nicht geht, um ein Patt der Bedrohung zu erreichen. Das zersplittert Südkorea in die, die wie China auf Handel und Patt, und die, die wie die USA und Japan auf Bedrohung setzen. (Russlands Standpunkt ist unklar.)

Aber es lohnt sich, daran zu arbeiten, und zwar konsequent:

(1) Sechsparteien- *und* bilaterale Gespräche über Normalisierung im Gegenzug zu nachweisbarer Abrüstung der Kernwaffen und eine kernwaffenfreie koreanische Halbinsel.

(2) Aus Indiens Reaktion auf die Gräueltat in Mumbai lernen: ruhig bleiben, nicht etwas so Dramatisches tun, wie es der Einsatz von Raketen mit Atomsprengköpfen wäre.

(3) Die Vision einer Ostasien-Gemeinschaft lebendig erhalten, in der auch Japan eine Rolle übernimmt: anständige Geschichtsbücher und Alternativen zum Yasukuni-Schrein, also Gedenkstätten, die allen Kriegstoten und einer künftigen Zusammenarbeit gewidmet sind.

(Oktober 2006)

94 | Muslime gegenüber Christen in Mindanao: eine Friedens- und Konfliktperspektive

[1] **Diagnose.** In dem Konflikt geht es um eine Nation, die gegenüber einer herrschenden Nation und gegenüber der von der herrschenden Nation gesteuerten Regierung Ansprüche stellt. Es gibt auf der Erde 2000 Nationen in 200 Staaten, davon sind aber nur 20 (»homogene«) Nationenstaaten und nur vier Multi-Nationen-Staaten mit Gleichberechtigung – Schweiz, Belgien, Indien und Malaysia – durch Föderalismus. »Multi« bedeutet *Vielfalt*, die erst *zusammen mit Gleichheit* Entwicklung bedeutet.

Die *Bangsa Moros*, eine muslimische Nation, kamen aus Malaysia und Indonesien und gründeten 1450 ein souveränes Sultanat. 1517 hatten die Spanier die Muslime aus Spanien vertrieben und setzten das in ihrer Kolonie von 1567 bis 1898 fort. Die US-Kolonisierung von 1898–1946 führte das weiter. Ebenso die Regierungen der Republik seit 1946. Die Massaker von 1968 und 1970 bis 1972 durch die Regierungen und durch christliche Siedler-Bürgerwehren sind ein tragischer Teil der Geschichte und führten dazu, dass sich die Moro-Widerstandsgruppen MNLF und MILF (Moro Independence Liberation Front) bildeten und die terroristische Abu Sajaf Vereinigung in Aktion trat. Es existiert eine Autonome Region der Muslime in Mindanao (ARMM). Aber wie viele *barangays*, Gemeinden, gehören dazu (die Regierung meint etwas über 600 und die MILF fordert etwas über 1000)? Und wie ist es mit dem Land der Vorfahren? Diese Frage bezieht die Geschichte in einen numerischen Volksabstimmungsprozess ein.

[2] **Prognose.** Der Kampf um Unabhängigkeit oder Autonomie, gewaltfrei oder nicht, geht weiter: Es geht um hochgradige Autonomie, in der numerische und historische Ansätze miteinander verbunden sind. Diktatur sowohl der Mehrheit als auch der Minderheit soll vermieden werden. Die Kosten werden steigen: Tote, Verwundete, materieller Schaden und Einbuße an Geld. Zu den Kosten gehören auch die traumatisierten Gemüter und dass die soziale Energie von der Erfüllung der Grundbedürfnisse der Menschen abgezogen wird. Mit dem Unsicherheitsgeschäft ist mehr zu verdienen als mit Konfliktberatung und Mediation. Nationen- und Klassenkonflikte bewirken, dass Staaten weit hinter ihren Möglichkeiten zurückbleiben. Nationen wollen von »ihresgleichen« regiert werden – selbst wenn diese nicht »nett« sind[33].

[3] **Therapie.** Es gibt einen eindrucksvollen kreativen Dialogprozess mit den Regierungen, der sich auf gegenseitigen Respekt gründet. Zwingend positive, kreative Visionen der Vorteile, die Frieden mit sich bringt, gibt es jedoch nicht. Es geht um Folgendes:

---

[33] Hier macht Galtung ein Wortspiel mit dem englischen Homonym »kind«, das zu Deutsch »Artgenosse/ihresgleichen« und »nett« bezeichnet. - Die Übers.

[a] Gespräche zwischen Minderheitennationen und Regierungen wären not-
    wendig. Die Regierungen konzentrieren sich jedoch auf Waffenstillstand,
    Verfassungen, territoriale Einheit, Abrüstung und Versöhnung statt auf
    Lösungen. Der Dialog mit Christen ist für den Prozess des Zusammen-
    lebens und der Versöhnung unverzichtbar. Parallele bilaterale Gespräche
    könnten zu Dialogen zwischen drei Parteien führen.

[b] Im Allgemeinen gibt es drei Möglichkeiten zwischen Einheitsstaat und
    Unabhängigkeit: Dezentralisierung, Föderation und Konföderation. Re-
    gierungen bevorzugen Dezentralisierung, um die problematische Nation
    auszugrenzen, wie durch die ARMM geschehen. Aber dadruch wenden
    sich die Ausgegrenzten nach innen und nicht ihren Nachbarn zu.

[c] Eine föderale Lösung könnte in Mindanao auf Gemeinde-Basis ange-
    wendet werden, dann teilten sich zwei Autonomien einige Macht in der
    Region, oder mit der gesamten philippinischen Republik, aber auch auf
    nichtterritorialer Basis mit Kammern der Nationalitäten in jedem Teil des
    Landes, die Vetorecht in allen Angelegenheiten haben, die sie betreffen,
    und einem Verfassungsgericht für Schlichtung.

[d] Um dem historischen Aspekt zu genügen, könnte man erwägen, zwi-
    schen Eigentümerschaft und Treuhandverwaltung zu unterscheiden: Die
    Eigentümerschaft der Moros wird anerkannt, aber die Christen nutzen
    das Eigentum unter bestimmten Bedingungen. Die Eigentümerschaft der
    Republik bildet die Grundlage.

[e] Wegen des numerischen Aspekts könnte Mindanao erwägen, die 600
    Gemeinden unter Volksabstimmungsbedingungen zu akzeptieren, nicht
    als endgültige Regelung, sondern als etwas, das nach x Jahren überprüft
    wird. Wenn es in diesen Jahren erfolgreich ist, werden mehr Gemeinden
    dem Beispiel folgen. Wenn es misslingt, dann könnten einige Gemeinden
    das Modell verlassen: in beiden Richtungen sollte es offen sein. Es gibt
    auch die Möglichkeit gemeinsam geleiteter Gemeinden, die dann von der
    muslimisch-christlichen Vielfalt profitieren könnten.

[f] Endgültige demokratische Entscheidungen werden von den betroffenen
    Parteien gefällt. Eine Beratung im Rahmen von ASEAN könnte hilfreich
    sein. Die Prozesse in Aceh und Pattani, die früher auch Sultanate waren,
    können zum Vergleich herangezogen werden.

[g] Erfolg oder Misserfolg spielen für den Megakonflikt eine Rolle: West-Ost-
    OIC-Gemeinschaft, Casablanca und Mindanao versus Hindu-Nord-Süd-
    SAARC.

[h] Parallel dazu – nicht etwa vorher! – werden Transformation und Versöh-
    nung angegangen. Modelle dafür können die deutsche Methode des Neu-
    schreibens der Geschichtsbücher und die Südafrikanische Wahrheits- und
    Versöhnungskommission sein.

(Oktober 2006)

95 | Ortstafeln im Alpen-Adria-Gebiet: eine Friedens- und Konfliktperspektive

[1] **Diagnose.** Viele sagen, es sei ein »Sturm im Wasserglas«, wenn, wie im Konflikt in Kärnten in Südösterreich, über die Namen von Straßen und Plätzen gestritten wird. Das ist eine sehr arrogante Einstellung in nationalen Hauptstädten, wo Sprachprobleme vor langer Zeit zugunsten der herrschenden Nation in einem Land entschieden und dann sogar oft mit Gewalt durchgesetzt wurden.

Hier ist natürlich vom *öffentlichen Raum* die Rede, in dem sprachliche Zeichen erscheinen, und nicht vom Inneren eines Privathauses oder einer Wohnung. Ein Appartement ist genau, was dieses Wort bezeichnet, es ist »à part«, abseits, für sich, und die dort leben, können jedes Zeichen, das ihnen gefällt, aufrichten. Öffentlicher Raum dagegen gehört allen: Er sollte zugänglich, funktional, ästhetisch ansprechend sein und jeder sollte sich dort zu Hause fühlen. Die meisten Länder der Welt sind multinational. In einem solchen Land ist ein Zeichen in der Sprache der herrschenden Nation vor allem eine starke politische Botschaft. Auch mehrsprachige Zeichen sind das. Die Frage ist, welche Botschaft wir unterstützen wollen.

Dann sprechen wir über *Sprache,* einen sehr grundlegenden Aspekt unserer Identität, unser wichtigstes Kommunikationsmittel. Sie ist gemeinsam mit Religion, Ideologie, Mythen und Geografie das Zentrum unserer nationalen Ausdrucksweise. Wenn wir unsere Sprache irgendwo sehen, sehen wir uns. Wenn wir sie nicht sehen, dann hat man uns übergangen, und meist sogar sehr bewusst.

Das trifft auch auf Symbole zu. Raum ist eine Kategorie Kants mit fundamentalem Charakter. Ebenso die Zeit, aber dieses Problem wurde durch universelle Symbole von Stunde, Tag, Monat und Jahr geregelt. Wir haben eine entsprechende Sprache für Raum: Breite und Länge, aber wenn wir diese benutzten, wäre das, als riefe man Menschen statt mit ihrem Namen mit ihrer genauen Geburtszeit.

[2] **Prognose.** Wenn man sich nur wünscht, das Problem solle verschwinden, nützt das wenig. Raum und Sprache sind wesentliche Ecksteine der Identität der meisten Menschen. Menschen kämpfen, einige mit Bomben, manche übermalen nachts die Worte in der beleidigenden Sprache des anderen und ersetzen sie durch Worte in ihrer eigenen. In der folgenden Nacht kommt die Malerkolonne des anderen usw. usf. Diese Zeichen sind denn auch nicht nur einfach im öffentlichen Raum vorhanden, sondern sie müssen auch noch für alle so sichtbar sein, wie es irgend geht.

[3] Therapie. Wir können die Überlegungen auch umkehren. Einsprachige Zeichen gehören in die Zeit der Entstehung der Nationalstaaten, da war »Nation« gleichbedeutend mit herrschender Nation. Jetzt regionalisieren, europäisieren, ja globalisieren wir uns. Außerdem respektieren wir zunehmend das Recht des anderen, sich zu Hause und nicht als »Minderheit« zu fühlen. Das Wort ist eine schreckliche Reduktion des Menschen auf die Arithmetik zwischen Mehrheiten und Minderheiten! Wir sehen diese Menschen als Besitzer Inhaber einer Ausdrucksweise, die geachtet und geschätzt werden muss.

Was für eine territoriale Einheit schaffen wir mit vielsprachigen Zeichen? Die Schweizer schaffen die Schweiz. Eine Sprache, die Schweizerisch genannt würde, gibt es nicht. Wie wäre es mit Zeichen in Deutsch und Slowenisch? Sondern wir nur einen Teil von Österreich aus? Nein, weil einige Leute in Slowenien deutschsprachig sind. Definieren wir eine zweisprachige europäische Region, eine Euro-Region?

Darüber sollten wir sprechen. Wir finden etwas von derselben zweisprachigen Realität in österreichisch-italienischen und in slowenisch-italienischen Grenzgebieten.

Das könnte darauf hinweisen, dass in allen Grenzgebieten zweisprachige Zeichen gebraucht werden sollten, also in drei Regionen. Aber es könnte auch dreisprachige Zonen in allen drei Grenzgebieten geben, deutsch-italienisch-slowenische (oder in anderer Reihenfolge) Zeichen, in denen drei der europäischen Sprachgruppen (germanisch, romanisch, slawisch) vertreten wären. Was für ein Reichtum, was für ein Geschenk! Die Region wäre das Alpen-Adria-Gebiet.

Wir sollten das Problem vom Standpunkt der Konflikttheorie und -praxis aus betrachten. Das nichtsprachige Zeichen – was bedeutet: gar kein Zeichen – fällt weg. Wir müssen schließlich wissen, wo wir sind und wohin wir gehen. Einsprachige Zeichen der Nationalstaatengründung im 19. Jahrhundert fallen auch weg, es gibt genügend billige Farbe, um das zu ändern. Kompromisszeichen in Esperanto fallen auch weg, da sie nichts Territoriales symbolisieren. Zweisprachige Zeichen behaupten sich. Der Schritt von zwei zu drei Sprachen ist kurz im Vergleich mit dem Schritt von einer zu zwei Sprachen und deutet auf eine sehr interessante neue Realität hin. Wäre das nicht einen Versuch wert?

(Februar 2007)

96 | »Sabona« – alltägliche innergesellschaftliche »Lebens«konflikte: eine Friedens- und Konfliktperspektive

[1] **Diagnose.** TRANSCEND begann mit geopolitischen Makro- und Mega-konflikten, viele davon sind wohlbekannt und dramatisch. Aber Konflikte im täglichen Leben: in der Schule, bei Paaren und in der Familie sowie bei der Arbeit können sogar noch dramatischer sein, d. h. Konflikte auf der Mikro-Ebene innerhalb einer Person, zwischen Personen, im Umfeld (Context und Setting) und auf der Meso-Ebene sozialer Gruppen und Organisationen. Aber auch die Makro- und Mega-Ebene können darin eine Rolle spielen, und zwar ebenso wie Mikro- bzw. personale und Meso- bzw. soziale Konflikte eine Rolle in Makro- und Mega-Konflikten spielen. Nicht jede Gewalttat ist ein Ausdruck von Feindseligkeit gegen das Opfer, sondern oft ist sie eine gegen das »System«. Das allgemeine Gefühl, in der Falle zu sitzen, kann sich als Gewalt in der Schule, im Paar und der Familie sowie bei der Arbeit ausdrücken. Höhere Ebenen ziehen im Allgemeinen eine Konzentration auf niedrigere Ebenen vor.

Sabona heißt in Zulu: »Ich sehe dich«, und meint: »Ich nehme dich an, euch alle, auf allen Ebenen!«

[2] **Prognose.** Das Fehlen einer angemessenen Analyse führt dazu, dass man ein Problem auf eine einzige Ebene reduziert und dass man auf der falschen, gewöhnlich niedrigeren Ebene interveniert.

[3] **Therapie.** Sensibilität für die Viel-Ebenen-Konflikte *innerhalb der Spalten* ist unverzichtbar. Man darf sich nicht nur auf Täter oder Opfer und ihre Narrative konzentrieren, sondern man muss die Beziehungen, Kontexte, Strukturen und Kulturen, in die sie eingebettet sind, mit berücksichtigen. Sensibilität für die Übertragung der Konfliktenergie *zwischen den Spalten* ist ebenfalls notwendig, denn Frustrationen in einer Spalte können sich leicht als Aggression in einer anderen äußern.

(August 2007)

ANALYSE-EBENE	SCHULEN	PAARE, FAMILIE	ARBEIT
1 Mikro innerhalb	Mobber/Bully	Täter	Störenfried
2 Mikro innerhalb	Gemobbter/Bullee	Opfer	Konkurrent
3 Mikro zwischen	Mobber/Bully Gemobbter/Bullee	Beziehung	Konkurrenz
4 Meso, Umfeld	Mobber-Gemobbter	Täter Opfer	Störenfried-Konkurrent
5 Meso Setting	Klassenlehrer	Ehe Familie	Abteilung
6 Meso Super	Schulleiter	Verwandtschaft	Unternehmen
7 Makro Metasetting	Schulsystem, Ministerium	Ehe und Familiensystem	Wirtschaftssystem
8 Makro Gesellschaft Struktur	vertikal horizontal	Patriarchat, Elternherrschaft (im Unterschied zu Parität)	vertikal gegenüber horizontal
9 Makro Gesellschaft Kultur	Individualistisch (Ich-Einstellungen) »vs.« kollektivistisch (Wir-Einstellungen)	Individualistisch »vs.« kollektivistisch	Individualistisch »vs.« kollektivistisch
10 Mega-Zivilisationen	modern »vs.« traditionell	modern »vs.« traditionell	modern »vs.« traditionell

97 | Energieumstellung:
eine Friedens- und Konfliktperspektive

[1] Diagnose. Es besteht weitgehend Konsens darin, dass der Gebrauch fossiler Brennstoffe vermieden werden sollte, da sie nicht erneuerbar sind, ihren Höhepunkt *(peak)* überschritten haben und durch ihren Gebrauch die Umwelt verschmutzt und die globale Erwärmung beschleunigt wird. Es herrscht der Trend, alternative Energiequellen zu nutzen, die erneuerbar sind und die die Umwelt nicht – oder kaum – belasten: Solar-, Wind-, Gezeiten-, Wasser-, Geothermik- und Hydrothermik-Energie und Energie aus Umwandlung von Biomasse, Atomenergie usw. Dergleichen gibt es schon viel, und es wird immer mehr.

Aber bei der Energie geht es nicht nur um Energie und beim Öl nicht nur um Öl. Energie ist Macht, ebenso wie Öl, und das ist umso eher der Fall, je ungleicher Öl und Macht verteilt sind. Wirtschaft und Macht der USA gründen sich auf Öl, und es gibt da einen Teufelskreis: Öl heizt das Militär an, und das Militär wird dazu benutzt, die Kontrolle über das Öl zu erhalten oder zu bekommen. Öl ist in den USA eine knappe Ressource. Diesen Befund nutzen die in diesem Sektor einflussreichen Kreise auch aus, um ihre Dominanz zu erhalten.

[2] Prognose. In einem Weltsystem, in dem die Wirtschaftskräfte dominieren, wird die Öl- und Gas-Industrie ums Überleben kämpfen, und zentralisierbare alternative Quellen wie Sonnenenergie, Energie aus Windparks und aus Kernkraft werden darum kämpfen, sie zu beerben. Veränderungen werden erst dann eintreten, wenn »der Preis richtig ist«. Jedenfalls sind die entsprechend mächtigen Einfluss- und Interessengruppen alarmiert und mobilisiert!

[3] Therapie. Warum sollte man nicht Konflikte instrumentalisieren, um Ressourcenprobleme zu lösen? Zum Beispiel das Problem des Bedarfs an einer Energie, die weder erschöpft werden kann noch die Umwelt verschmutzt, und das Problem des Bedarfs an gutem Trinkwasser. Die Konflikte könnten im ersten Fall den Konflikt zwischen den USA und Iran und im zweiten Fall den zwischen Israel und den arabischen Staaten betreffen.

Öl. Der größte Ölimporteur und der in Bälde möglicherweise nächste größte Ölexporteur der Welt könnten sich darauf einigen, die Abhängigkeit vom Öl zu vermindern und ihre Ressourcen für die Erkundung von Methoden alternativer Energiegewinnung zusammenzulegen. Sichere Kernreaktoren stünden, in beiderseitigem Interesse, zur Diskussion. Norwegen könnte mit seinem enormen Öl-Fonds, von dem behauptet wird, er sei eine Altersvorsorge für das Land, an diesen Pilotprojekten teilnehmen und sie finanzieren. Von diesem Fonds werden allerdings zurzeit 20 Prozent benutzt, um US-Anleihen zu kaufen, womit dann

u. a. der Krieg im Irak finanziert wird. Iran würde den Inspektoren der Internationalen Atomenergiebehörde den Zutritt gestatten. Das Beste beider Seiten könnte zutage treten. Die Welt würde in Erleichterung aufatmen und die Methoden alternativer Energiegewinnung, die von beiden Seiten entdeckt würden, begrüßen und untersuchen.

Wasser. Die nach der Luft reichhaltigste Ressource bieten die Meere. Und doch sprechen wir von Wasserknappheit, da wir wie hypnotisiert auf Flüsse bzw. Brunnen starren. Die Araber beschweren sich darüber, dass das meiste Flusswasser aus nicht arabischen Ländern kommt: der Nil aus Äthiopien, Euphrat und Tigris aus der Türkei, der Jordan wird von Israel kontrolliert usw. Es stimmt, Meerwasser ist durch Salz »verunreinigt«, und zwar nicht nur durch Natriumchlorid. Die Menschheit hat allerdings enorm viel Erfahrung darin, beide voneinander zu trennen: Sie behalten das Salz übrig, wenn sie das Wasser in der Sonne verdunsten lassen. Zweifellos wartet da eine intelligente Innovation auf ihre Entdeckung! Dazu wird vielleicht viel Energie gebraucht, aber keine aus Öl gewonnene, sondern aus Sonne und Wind, vielleicht gar aus Spaltung oder Verschmelzung. Beide, 1. das Mittelmeer, das in Gaza die Grenzen von Israel und Palästina und weiter nördlich die Grenzen von Israel und Libanon säumt, aber auch 2. das Rote Meer, das die Grenzen von Israel und Ägypten bzw. Israel und Jordanien umspült, warten nur darauf, dass diese Innovation in die Tat umgesetzt wird. Eine Wasserfabrik an der libanesisch-syrischen Grenze würde die sechs Staaten zu Mitgliedern einer Gemeinschaft des Nahen Ostens – nach dem Vorbild der Europäischen Sechsergemeinschaft EG – machen. In einer Gemeinschaft des Nahen Ostens würden Verhandlungen und Regime über Wasser eine wichtige Rolle bei der Erfüllung ihrer gemeinschaftlichen Aufgaben spielen. Sie würde durch den Rat der Gemeinschaft kontrolliert, damit Ungleichheit und Sabotage vermieden würden.

Energiegewinnung. Dann gibt es den großen Konflikt, auf den schon oben hingewiesen wurde: die ungleiche Verteilung der Energie, die zur ungleichen Machtverteilung führt. Es ist ja wirklich pathologisch, dass ausgerechnet die Länder, die die meiste Sonneneinwirkung verzeichnen, auch die ärmsten sind! Das Ziel muss die Anwendung weitgestreuter Techniken zur Energiegewinnung sein, die so vielfältig sind, dass es eine jedem Ort auf der Erde (und jedem Zeitpunkt) angemessene Gewinnung gibt. Dabei ist die Ebenbürtigkeit aller beim Zugang zu Energie als das wichtigste Mittel zur Herstellung allgemeiner Gleichheit, eine Umschreibung für Frieden, zu beachten. Außerdem gilt bei der Schlüsselrolle, die Energie spielt: Je unabhängiger, je selbstständiger ein Land ist, umso weniger gerät es in Versuchung, zum Zweck der Eroberung und Sicherung von Ressourcen einen Krieg anzuzetteln.

(September 2007)

98 | Globale Erwärmung:
eine Friedens- und Konfliktperspektive

[1] Diagnose. Bei der Diagnose gibt es ein grundlegendes Problem: Wie viel der globalen Erwärmung ist von Menschen gemacht, ist also anthropogenetisch, und wie viel gehört zum kosmo-, helio- und terra-genetischen Prozess, der schon vor langer Zeit seinen Anfang nahm und der der Eiszeit bis auf wenige spät schmelzende Gletscher ein Ende bereitete? Erwärmen sich die Meere aufgrund von mehr CO_2 in der Luft oder ist es andersherum oder beides? Es gibt darauf zweifellos viele gut begründete (einige auch gut finanzierte) Antworten auf diese Frage. Für welche Antwort wird man sich entscheiden? Vielleicht die, die am besten zu Zivilisationscodes passt, die einem teleologisch vorbestimmten apokalyptischen Ende entgegensehen und den Kategorien »Sünde« und »Strafe« großen Raum einräumen. Einige sprechen in diesem Zusammenhang gerne über andere Katastrophen, die eindeutig von Menschen gemacht werden: Krieg, Staatsterrorismus und Terrorismus. Eine gute Reaktion darauf ist jedenfalls, unabhängig davon, ob nun der Anteil der Menschen 90 oder zehn oder noch weniger Prozent beträgt oder ob ein Zusammenwirken stattfindet, zu erkennen, dass es nichtsdestoweniger sinnvoll ist, unseren Anteil zu verringern, da wir nun einmal den tieferen Kräften des Universums gegenüber machtlos sind. Das ist schon richtig, nur sollte man sich da keinen unrealistischen Erwartungen hingeben!

[2] Prognose. Die Erwärmung schreitet fort. Die Gletscher schmelzen, die Meeresoberfläche steigt, Inseln und niedrig gelegene Landstriche werden überschwemmt, die Menschen tun, was sie immer taten: Sie ziehen um. Es wird große Völkerwanderungen geben. Neue Gebiete werden für wirtschaftliche Ausbeutung und menschliche Siedlungen eröffnet, wie die Beispiele des Wettrennens um die arktischen Gas- und Ölreserven und auf bescheidenerer Ebene der Gemüseanbau in Grönland zeigen (das eigentlich ein Eisland[34] ist, während Island ein Grünland mit heißen Quellen und Gewächshäusern ist). Es ist eher wahrscheinlich als unwahrscheinlich, dass die globale Erwärmung mehr Zusammenarbeit als Konflikte in Gang setzen wird, einfach darum, weil sie als Bedrohung der gesamten Menschheit wahrgenommen wird, etwa wie eine Invasion vom Mars. Es gibt Kräfte, die in beide Richtungen ziehen, aber diese Kräfte können ihrerseits in der Situation als Heilmittel dienen. Also sollte die Welt sich die Kosten für den Umzug teilen.

[3] Therapie. Im Mittelpunkt des öffentlichen Interesses steht die Verminderung der Treibhausgase durch die Verminderung der Emissionen. Der Kampf gegen

---

[34] Galtung macht an dieser Stelle ein Wortspiel mit den englischen Bezeichnungen *Iceland* (Island) und *Greenland* (Grönland), das ins Deutsche so nicht übertragbar ist. – Die Übers.

das Übel der globalen Erwärmung bestimmt so sehr den Diskurs, dass wir den Kampf gegen andere Übel wie 1. Sklaverei, 2. Kolonialismus, 3. Patriarchat und 4. den Krieg als ebenso illegitime wie inakzeptable Institutionen der Menschheit nicht gebührend würdigen. Welche Erfahrungen gibt es bei der Bekämpfung tief verwurzelter Übel, die die Form struktureller Mega-Gewalt annehmen?

Bewusstseinsbildung, Organisation, Konfrontation und Widerstand in der Form, dass man sich von Praktiken, die dieses Übel aufrechterhalten, trennt, sich enkoppelt und sich ausklinkt! Die drei ersten Phasen beanspruchten viel Zeit und große Hingabebereitschaft und der Kampf gegen sie nahm derart Gestalt an, dass ein Land das erste war, das mit dem Sklavenhandel und/oder der Sklaverei aufhörte, das Ende des Kolonialismus ankündigte, das Patriarchat auch gesetzlich auflöste, die Waffen abschaffte – *mit welcher Begründung auch immer: z. B.* weil man die schwarzen Arbeitskräfte auf Plantagen in Afrika profitabler ausbeuten konnte als mithilfe des schwierigen Sklavenhandels und der Sklaverei an weit entfernten Orten. Die Grundidee hier ist nicht das jeweilige mehr oder weniger annehmbare Begründungsmuster, sondern die Tatsache, dass ein Land eine Leitfunktion annehmen muss und den übrigen zeigen muss, wie die Lösung umgesetzt werden kann.

Der gegenwärtig wichtigste Ansatz im Kampf gegen die globale Erwärmung, der Kyoto-Prozess, ist ein ganz anderer. Einmal ist er multilateral und gründet sich auf Verhandlungen, die auf einen Kompromiss zielen, den ein Konsens schützt, aber Multilateralismus gibt nicht dem Ersten, der aussteigt, sondern dem Letzten, dem verdorbenen Apfel, enorme Macht. Die zuvor erwähnten emanzipatorischen Prozesse waren unilateral. Zweitens gibt es einen abwegigen Handel mit Verschmutzungs-»Zertifikaten«. Der Gedanke dabei ist, dass die Unter-Verschmutzer ihre Verschmutzungsrechte an die Über-Verschmutzer verkaufen können, weil ohnehin alles zusammen in die Kosmo-, Atmo-, Hydro- und Lithosphäre kommt. Drittens werden die Verschmutzer in der Dritten Welt freigestellt. Wenn man das auf die Sklaverei überträgt, bedeutet das den Handel zwischen weniger vermögenden Sklavenhändlern und vermögenden Sklavenhändlern zu regulieren, wobei der Handel mit Emissionsrechten (Sklaventreiberrechten) es Industrienationen ermöglicht, weniger industrialisierten Staaten ihr Anrecht auf ein bestimmtes Quantum Schadstoffemission (Sklaverei) abzukaufen. Man stelle sich einen Sklavenhalter mit »saturiertem« Sklavenbestand vor, der einem Sklavenhalter mit »unausgeschöpftem« Sklavenbestand anbietet, dessen ungenutzten Sklavenhaltungsrechte abzukaufen, um seinen Bestand weiter aufstocken zu können.

Schlussfolgerung: Der Kyoto-Prozess ist eine Falle und wird keinen Erfolg haben. Die Welt braucht ein Land oder mehrere Länder, die die Führung übernehmen, die zeigen, dass in der Praxis die Reduktion der Emissionen auf Null möglich ist und klar demonstrieren, wie das zu machen ist. Wir brauchen mehr Tatsachen und weniger Kompromisse.

(Oktober 2007)

99 | Konflikte zwischen den Regionen: eine Friedens- und Konfliktperspektive

[1] **Diagnose.** Das entstehende Weltsystem ist regional. Es wird durch Kommunikation und Transport angetrieben und durch Zivilisationsgrenzen behindert. Regionalisierung ist weder mit einer Hegemonie, die von einem großen Akteur betrieben wird, gleichzusetzen, noch ist sie mit Globalisierung, die durch eine G 8 und von multinationalen Konzernen und Banken usurpiert wird, zu verwechseln. Regionalisierung führt zu einer *Welt der Regionen*, von denen viele gar eigene Währungen haben. Ein Grund für das Zusammenkommen eines solchen Weltsystems ist die Verteidigung gegen die entgrenzte Außenpolitik der USA, ein weiterer ist das natürliche Interesse an einem Mehr an Gleichberechtigung in weltpolitischen Beziehungen, was gegenwärtig durch das feudale Veto-Prinzip der Vereinten Nationen nicht möglich ist.

Vier solcher Regionen gibt es bereits: die *Europäische Union* (EU mit 27 Ländern), die *Afrikanische Union* (AU mit 53 Ländern), die *Südasiatische Vereinigung für regionale Kooperation* (auch: *Südasiatische Wirtschaftsgemeinschaft, engl. South Asian Association for Regional Cooperation*, SAARC mit sieben Ländern) und den *Verband Südostasiatischer Nationen* (ASEAN von engl. *Association of Southeast Asian Nations* mit zehn Ländern). Drei weitere Regionalisierungstendenzen lassen sich zurzeit ausmachen: die Shanghaier Organisation für Zusammenarbeit (SCO von engl. *Shanghai Cooperation Organisation* mit sechs Mitgliedern und drei Beobachtern), Lateinamerika (LA mit 20 Ländern), *Organisation der Islamischen Kooperation* (engl. *Organization of the Islamic Cooperation*, OIC als Vertiefung der gegenwärtigen OIC, bei der das C neuerdings für Cooperation statt für Conference steht, mit 56 Ländern von Marokko bis Mindanao). Von diesen Regionen bilden jeweils die EU, LA, OIC und SAARC im Großen und Ganzen eine Zivilisation mit riesigen Minderheiten während die AU, ASEAN und SCO »polycivilizational« sind und damit die globalisierte Welt am ehesten widerspiegeln.

[2] **Prognose.** Sieben Regionen bilden natürlich sieben reflexive, selbstbezogene (intra) Beziehungsdynamiken und 21 Beziehungen untereinander (inter). Zusammen also 28 Untersuchungsfelder die unten tabellarisch aufgeführt sind. »0« bedeutet keine Beziehung, »OK« deutet ausgeglichene Beziehungen an, »?« bedeutet, dass es offene Widersprüche gibt, und »!!!« bedeutet, dass ernste Differenzen und Spannungen zu verzeichnen sind.

	EU	AU	SAARC	ASEAN	SCO	LA	OIC
EU	OK	?	OK	OK	OK	?	OK
AU		?	o	o	OK	o	?
SAARC			?	OK	OK	o	!!!

ASEAN				OK	OK	o	OK
SCO					OK	o	OK
LA						OK	o
OIC							?

Diese regionale Welt sieht gar nicht so schlecht aus mit ihren sieben »0«, 14 »OK«, ihren sechs »?« (z. B. dringt die EU in die AU und LA ein und es gibt in der AU intraregionale Probleme) und nur einem »!!!« (SAARC mit OIC). Am stärksten ist LA isoliert. Die Region, die am meisten mit anderen in Beziehung steht, ist die SCO, dicht gefolgt von ASEAN und der EU. Die Region mit den meisten Problemen ist AU (Mangel an innerer Stabilität, strukturelle Gewalt von der EU und direkte Gewalt von OIC). Das schlimmste Problem besteht zwischen SAARC und OIC mit 1,1 Milliarden Hindus im nord-südlichen Raum und mit 1,3 Milliarden Muslimen im west-östlichen Raum. Diese beiden Regionen überkreuzen sich. Sollte die muslimische *Umma* (Gemeinschaft) die politische Gestalt einer Region mit einem Kalifat annehmen, befänden sich die Muslimen innerhalb Indiens just in der Mitte dieser zivilisatorischen Kreuzung.

[3] **Therapie.** Es gibt mehrere Möglichkeiten, und keine davon ist ganz befriedigend:

- Indien könnte in der Hindutradition, die sich allem anpasst, den Sitz des *Kalifats* beherbergen. Nur Indonesien hat mehr Muslime.
- Islam und Hinduismus könnten einander als Islamo-Hinduismus näherkommen und zum judeo-christlichen (und seinem fundamentalistischen Zweig, dem christlichen Zionismus) Bestand aus dem Westen ein Gegengewicht bilden, womit die SAARC-OIC-Spannung durch Interaktion, Anpassung und Wandel gelöst wäre.
- Zu gegebener Zeit könnte dies die Grundlage für eine vereinte Region bilden, die auf das ökumenische Wesen beider Religionen gründete. Das könnte Modellcharakter für ähnliche Annäherungen zwischen EU, LA und USA annehmen.
- Der interregionale Verkehr könnte mehrschichtig und auf unterschiedlichen Ebenen koordiniert werden, so etwa wie zwei übereinander konstruierte Strecken eines Autobahnkreuzes.

Ganz gleich wie die Regionalisierung in diesem geografischen Raum vonstatten gehen mag, für die SAARC-OIC-Multiregion bedarf es vor allen Dingen einer Transformierung des Kaschmir-Konfliktes, dessen Bearbeitungsdynamik sich in weniger eisiger Himalaya-Geschwindigkeit vorwärtsbewegen sollte. Die Lösung dieses nur scheinbar eingefrorenen Konfliktes muss höchste Priorität bekommen!

(Dezember 2007)

100 | Die Vereinten Nationen: eine Friedens- und Konfliktperspektive

[1] **Diagnose.** Schon oft wurde darauf hingewiesen: Die UN sind ein Produkt des Zweiten Weltkrieges. Ebenso wie die Prozesse von Nürnberg und Tokio der Gerechtigkeit der Sieger entsprachen, waren die UN die Weltorganisation der Sieger und demzufolge unverkennbar angloamerikanisch geprägt. Die Sowjetunion und China wurden als Mit-Alliierte anerkannt, auch dann noch, als die Sowjetunion sich nach rechts hin und China sich nach links hin veränderten. Die Anerkennung Frankreichs orientierte sich wahrscheinlich stärker an den alten Gewohnheiten aus den Zeiten des Wiener Kongresses von 1815 bzw. des Versailler Vertrages von 1919. Die UN sind nun altmodisch geworden, und in den sogenannten Reformplänen werden die notwendigen Themen noch nicht einmal genannt.

Im Veto-Kern des UN-Sicherheitsrates sind vier christliche Länder und ein konfuzianisches Land vertreten. Die 1,3 Milliarden Muslime sind im Sicherheitsrat nicht vertreten, sodass dieser in muslimischen Ländern ebenso wenig Legitimität besitzt, wie vier muslimische Länder in der christlichen Welt besitzen würden. Dazu kommen noch folgende höchst bedenkliche Tatsachen:

* die feudale politische Veto-Formation hat die Vetomacht und damit die Fähigkeit, die Generalversammlung in Sicherheitsfragen zu marginalisieren.
* die Abwesenheit einer effektiven, direkt gewählten UN-Volks-Versammlung.
* der Sitz der UN in New York und damit mitten in den ihr gegenüber feindlich gesinnten USA.

[2] **Prognose.** Die UN werden immer mehr an Bedeutung verlieren und werden damit zunehmend irrelevant. Sie verlieren den Kontakt zu einer sich kontinuierlich demokratisierenden Welt und sind unfähig zu Veränderungen, da ihrem System institutionelle Blockierungen gegen die notwendigen Fortschritte eingebaut sind.

[3] **Therapie.** Offensichtlich benötigt eine sich zunehmend regionalisierende Welt auch eine wahrhaft globale UN, die dazu beizutragen vermag, die interregionalen Beziehungen, die bereits heute Gestalt annehmen, friedfertig mitzugestalten. Dabei könnte sich die UN am »Friedens-« und Sicherheitsrat der Afrikanischen Union ein Beispiel nehmen. Das feudale Relikt der Vetomacht muss abgeschafft werden. Und auch das ist offensichtlich: Einen großen Teil der Konfliktlinderung müssen die Regionen bilateral und multilateral selbst erledigen. Da die Lichter von Anglo-Amerika jetzt schnell verblassen, kommt die Zeit für ein ex oriente lux, genauer gesagt aus China und Indien, Chindien, die zusammen mit Russland 40 Prozent der Menschheit ausmachen. Sie bilden zugleich die zentralen Mächte der Shanghaier Organisation für Zusammenarbeit, der SCO (Shanghai Cooperation Organisation). China und Indien gehören zu

den ältesten Zivilisationen der Erde mit jahrtausendealten Kontinuitäten – im Gegensatz zu dem relativ jungen Großbritannien und seinem noch jüngeren Abkömmling, den USA. Im Reichtum der orientalischen Lichter stechen einige Leuchttürme besonders hervor, die eine Welt in Aussicht stellen, in der die Führung der Weltgeschicke nicht einer Macht bzw. Mächten obliegt, die legitimierte Tötungsinterventionen aneinanderreiht. Zu diesen glänzenden Orientierungsmomenten zählen:

- Der *Gandhiismus* Indiens: die Hoffnung, dass Indien zunehmend von einem der bedeutendsten Menschen, die je gelebt haben und der »einer der Ihren« ist, inspiriert wird.
- Der *Daoismus* Chinas: die Hoffnung, dass China zunehmend von den bedeutendsten Einsichten, die dieser, epistemologisch gesehen, chinesische Schatz bedeutet, inspiriert wird.
- Das *Panchsheel* [panch shila, vgl. Kapitel 62a] Indiens und Chinas mit den Fünf Prinzipien (1. gegenseitiges Respektieren der territorialen Integrität und Souveränität – 2. gegenseitiger Nichtangriff – 3. gegenseitige Nichteinmischung in innere Angelegenheiten – 4. gleicher und wechselseitiger Vorteil – 5. friedliche Koexistenz) als Richtlinien für die Welt, *und auch*:
- Die *Pancasila* Indonesiens (eine Nation, Humanität, Demokratie und Konsens, soziale Wohlfahrt, ein Gott – was so viel bedeutet wie: ein leitendes Glaubensbekenntnis) als inländische Richtlinien.

Gewaltfreiheit setzt stets eine gründlich durchdachte Differenziertheit voraus, mit deren Hilfe Verkehrs- und Umgangsregeln die weltpolitischen und innenpolitischen Vorgaben anspruchsvoll aufeinander abstimmen. Anders als der gegenwärtig vorherrschende endlose Interventionismus! Die gegenwärtige asiatische Mischung aus uralter Weisheit und neugewonnener Energie könnte eine Welt, die heute voller Pessimismus und Furcht ist, inspirieren! Die UN gehören nicht dem Westen, Anglo-Amerika, den USA, New York, Manhattan. Die UN könnten sich kulturell so verändern, dass sie globaler werden, und sie könnten sich für die nächsten etwa 60 Jahre in Hongkong ansiedeln, wo Englisch gesprochen werden würde und zusätzlich auf Chinesisch geschrieben werden könnte. Sie sollten sich außerhalb der Reichweite von US-Abhöranlagen und lähmenden US-amerikanischen politischen Intrigen bringen, und ihr Standort exponiert sie zudem offen der Einflussnahme von einflussreichen Unterstützern Israels, wo die UN doch glaubwürdig und unabhängig in einem Schlüsselkonflikt zwischen Israel und Palästina zu vermitteln bemüht ist. Abschließend: Wenn nun Demokratisierung wirklich eine so gute Idee ist, dann sollte sie auch praktiziert werden. Auch auf der Weltebene. Indem man z. B. jeden Mitgliedsstaat als Wahlbezirk gestaltet und dort fair und frei ebenso viele Vertreter wählt, wie ein Land Millionen Einwohner hat – also pro Million Einwohner ein abgesandter Repräsentant –, sodass eine zunehmend mächtige UN-Volks-Versammlung entstünde. Umgekehrt muss es UN-Botschaften in allen Ländern geben. Das kann und muss geschehen! (Dezember 2007)

Werdegang

1948–1957 Studium der Mathematik und Soziologie an der Universität Oslo

1956 Dr. der Mathematik an der Universität Oslo

1957 Dr. der Soziologie an der Universität Oslo

1957–1960 Juniorprofessur an der Columbia University, New York

1959 Gründung des International Peace Research Institute Oslo (PRIO); Direktor bis 1969

1962–1969 Studienaufenthalte als UNESCO-Professor in Santiago, Chile

1964 Gründung des Journal of Peace Research

1969–1977 Professor an der Universität Oslo (erster Inhaber des Lehrstuhls für Friedensforschung)

1973–1977 Generaldirektor am Inter-University Centre, Dubrovnik

1977–1981 Projektkoordinator der United Nations University, Genf und Tokyo

1982 Gujarat Vidyapith Universität in Ahmedabad, Indien

1984–1985 Rektor der Université Nouvelle Transnationale, Paris

1987– Lehre an der Universität Hawaii

1993 Gründung des TRANSCEND-Netzwerks für Frieden und Entwicklung

2000 Mitbegründer des Nordic Institute for Peace Research (NIFF)

2005 Lehre an der John Perkins University, Seattle

2009 Lehre an der World Peace Academy, Universität Basel

2011 Mitbegründer & Ehrenpräsident des Galtung-Instituts für Friedenspraxis & Friedenstheorie

Honorarprofessuren

1981 Universität Alicante

1984 Freie Universität Berlin

1986 Sechuan Universität, Chengdu

1993 Universität Witten/ Herdecke

Gastdozenturen

1967 Universität Kampala

1971 Universität Kairo

1970 International Christian University, Tokyo

1973 Universität Bonn

1985 Universität Princeton

1986 University of California, Santa Cruz

1987 University of California, San Diego

1990 Olof Palme-Professor, Stockholm

Beratertätigkeiten u.a.

1967: Europarat; 1970: OECD; 1975–1976: UNCTAD; 1978: FAO; 1978/1981/1982: UNEP; 1985: UNDP; 1986: UNITAR; 1995: UNRISD und Kopenhagener Weltsozialgipfel

Beiratstätigkeiten u.a.

seit 1967: Stockholm Peace Research Institute (SIPRI); 1971–1981: Max-Planck-Institut in Starnberg; seit 1982: Geneva International Peace Research Institute; seit 1983: Österreichisches Studienzentrum für Frieden und Konfliktlösungen (ÖSFK) in Stadtschlaining; seit 2000: Beiratsmitglied des Komitees für eine demokratische UNO

Mitgliedschaften

Gründungsmitglied der International Peace Research Association; European Peace Research Association; Arbeitsgemeinschaft für Friedens- und Konfliktforschung; Präsident der World Futures Studies Association (1974–1977)

Ehrendoktorwürden

1975 Universität Tampere, Finnland, Friedens- und Konfliktforschung

1976 Universität Cluj-Napoca (Klausenburg), Rumänien, Zukunftsforschung

1987 Universität Uppsala, Schweden, Sozialwissenschaften

1990 Soka Universität, Tokio, Frieden/ Buddhismus

1995 Universität Osnabrück, Sozialwissenschaften

1998 Universität di Torino, sociology of law

2000 Fernuniversität Hagen, Philosophie

2002 Universität Alicante, Soziologie

2006 Universität Autonoma de Puebla, Rechtswissenschaften

Ausgewählte Auszeichnungen

1987 Right Livelihood Award (alternativer Nobelpreis) in Stockholm

1988 Norwegian Humanist Prize

1990 Socrates Prize for Adult Education

1993 Bajaj International Award for Promoting Gandhian Values

1995 Alo'ha International Award

2000 Brage Norwegian Literary Prize für seine Autobiographie

2001 Morton Deutsch Conflict Resolution Award und Norsk Sosiologforenings Hederspris (Ehrenpreis der norwegischen Gesellschaft für Soziologie)

2005 Premio Hidalgo in Madrid (Ehrung für besondere Verdienste)

2010 Korean De-Militarized Zone Award for his long-lasting work for world peace and Korean re-unification

2011 Erik Byes Memorial Prize for fearless, burning engagement to influence the development of society in a positive direction

2011 The American Muslim Alliance's International Abdul Ghaffar Khan Peace-Builder Award

Wer ist Prof. Galtung?

Prof. Johan Galtung wurde 1930 in Oslo (Norwegen) geboren. Er promovierte in Mathematik (1956) und Soziologie (1957) und ist weithin als zentrale Gründungsfigur der Friedenswissenschaft bekannt. 1957 begann er mit einem Forschungsvorhaben, aus dem 159 die erste universitär verankerte Friedensforschungseinrichtung Europas wurde. Als Professor dieser Disziplin hat er seither an Universitäten auf allen Kontinenten unterrichtet unter anderem in Oslo, Berlin, Belgrad, Paris, New York, Tokyo, Kampala und Hawaii. Darüber hinaus war er seit 1957 in rund 150 Konfliktfällen zwischen Staaten und Nationen als Mediator tätig.

Zeichnung: Xiaonan Sun

Gegenwärtige Tätigkeiten und Titel

Prof. Galtung ist seit 2011 Ehrenpräsident des Galtung-Instituts für Friedenstheorie und Friedenspraxis in Grenzach-Wyhlen/Baden-Württemberg. Dort fungiert er seitdem als regelmäßiger Seminarleiter in Aus- und Fortbildungskursen für Studierende der Sozialwissenschaften im Allgemeinen, der Friedens- und Konfliktforschung im Besonderen und für Fachkräfte der Entwicklungszusammenarbeit. Begleitend zu diesen Kursen gestaltet er als Rektor der TRANSCEND International Peace University, die Inhalte und das Lehrangebot des Online-Studienprogrammes, dass über die Website seiner NGO »TRANSCEND International« http://www.transcend.org/tpu abrufbar ist. Dem Leitbild einer friedlichen und gerechteren Weltinnenpolitik verpflichtet, wirkt er seit 1993 als Konfliktberater für ausgewählte Regierungsstellen im Rahmen von TRANSCEND International, einem globalen zivilen Konfliktbearbeitungsnetzwerk. TRANSCEND International verbindet über 500 aktive Experten der Friedens- und Versöhnungsarbeit aus über 80 Staaten.

Vergangene Tätigkeiten und Leistungen

Für seine Leistungen im Bereich der Friedensarbeit und Friedensforschung wurden Prof. Galtung insgesamt neun Ehrendoktortitel und vier Ehrenprofessuren an Universitäten in verschiedenen Teilen der Welt verliehen. Er hat innovative soziologische Konzepte und Instrumente entwickelt, die zum Grundkanon der Soziologie und der Internationalen Beziehungen gehören. Kernbegriffe der Politik- und Medienwissenschaft und anderer Teilbereiche der Sozialwissenschaften gehen auf seinen Namen zurück. Besonders hervorzuheben sind etwa seine »Nachrichtenwerttheorie«, seine Distinktion zwischen »positivem« und »negativem« Frieden«, zwischen direkter, struktureller und kultureller Gewalt, seine zum Kerninstrument der Vereinten Nationen avancierte Dreiteilung zwischen Peace-Making, Peace-Keeping und Peace-Building sowie sein in der Konfliktanalyse zentrales Attitude-Behaviour-Contradiction-Paradigma.

Ausgewählte Preise und Veröffentlichungen

Morton Deutsch Conflict Resolution Award, 2001; Norwegian Literary Prize-Brage, 2000 (für seine Autobiographie als bestes Non-Fiction-Buch); Bajaj International Award for Promoting Gandhian Values, 1993; Right Livelihood Award auch als Alternativer Nobel Preis bekannt, 1988.

Für aktuelle Informationen zu Schreiben und Schaffen: www.galtung-institut.de/galtung

Alaska

Grönland

Island

Schweden

Norwegen

Finnlar

Kanada

Nordirland
Ulster

Dänemark

Großbritannien

Deusch-
land

Polen

Frankreich

USA

Baskenland

Spanien

Alb

Hawaii

Gibraltar

Tunesien

Marokko

Mexiko

Algerien

Libyen

Kuba

Chiapas

Honduras

Guatemala

El Salvador

Nicaragua

Costa Rica

Nigeria

Panama

Kolumbien

Ekuador

Brasilien

Angola

Peru

Bolivien

Namibia

Chile

Argentinien

Falklandinseln

Russland

Kaukasus

…awien
…ovo
Armenien

Türkei

Zypern
Libanon Irak Iran Afghanistan
Israel Kuwait
Pakistan

Korea Japan

China

Tibet Ryūkyū-Inseln

Nepal

Ägypten

Saudi-
Arabien

Taiwan

Oman

Indien

Myanmar

Sudan Jemen

Thailand Philippinen

Kambodscha Vietnam

Mindanao

Somalia Sri-Lanka Malaysia

Ruanda

Indonesien

Osttimor

Simbabwe

Mosambik

Australien

Südafrika

Neuseeland

Hinweis: Die Karte zeigt nur eine Auswahl der in den 100 Fallstudien thematisierten Orte. Sie dient außerdem nicht dem Nachvollzug von aktuellen Grenzziehungen, sondern einer groben geographischen Lokalisierung von Orten und Staaten.

EDITION Neueste Veröffentlichungen Johan Galtungs

TRANSCEND University Press
als deutsche Übersetzung im Tectum Verlag